從負到富人

最努力工作的人，絕對不是最有錢的人

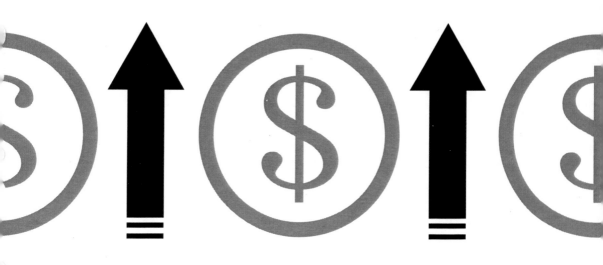

楊仕昇　王岩 —— 著

為什麼窮人越來越窮，富人越來越富？
——因為窮人只會努力存錢，而富人懂得不斷投資。

目錄 CONTENTS

第三部分　打開創業的詞典

第四部分　把握投資理念

前　言

　　貧困是一種思想障礙，而不是一種經濟狀況。要想致富，你只需要改變想法就可以了，摒棄貧窮，然後選擇富有。嶄新的經濟時代，該是在所有方面選擇富有的時候了，我們不能再將目光緊緊盯在那份對你和他們來說較高的薪水和待遇上，真正要做的是像富人一樣思考，以積極的心態採取行動。

　　億萬富翁亨利·福特說：「思考是世上最艱苦的工作，所以很少有人願意動腦。」事實上，我們的頭腦恰是我們最有用的資產；但如果使用不當，它會是我們最大的負債。

　　高財商的人強調，最努力工作的人最終絕不會富有。如果你想致富，你需要獨立的思考，而不是盲從他人。富人最大的一項資產，就是其與眾不同的思考方式，因為如果你一直在做跟別人一樣的事，你最終只會擁有跟別人一樣的東西。對大部分人來說，他們擁有的往往是多年的辛苦工作、高額的稅收，甚至終生的債務。

　　是不是任何人都可以致富？這個問題，大部分的窮人總是回答：「不。」而富人的回答是：「是的，所有的人都可以致富，致富並不那麼困難。」事實上，致富甚至很容易，問題在於，大多數人採用的方法不對。許多人辛勞終生，卻永遠生活在他們所期望的生活水準之下；向自己並不了解的領域隨便投資；為了致富賣命工作，而不是努力讓自己變成一個富人；做別人都在做的事情，而不是做富人正在做的事情。

　　不論你是誰，不論年齡與教育程度，都能夠獲得財富，也可以走向貧窮。我們都要學會富人的思考方式，不管你是誰、在哪裡、過去做了些什麼。

　　本書大致分為四大部分，第一部分即激發心智的力量；第二部分即謀求財富的自由；第三部分即打開創業的詞典；第四部分即把握投資的理念。各部分保持獨立，同時又是一個由淺入深、前後連貫的循序過程。

編者

第一部分
激發心智的力量

心智是人類最強而有力的槓桿工具，在大多數情況下，凡是我認為真實的東西最終就成為我們個人的現實。因此，現在最重要的事情是掌握現實，激發心智的最大力量，用「越來越少」的努力，爭取「越來越多」的結果。如果不如此，你創富的時間之久將超出你的想像。

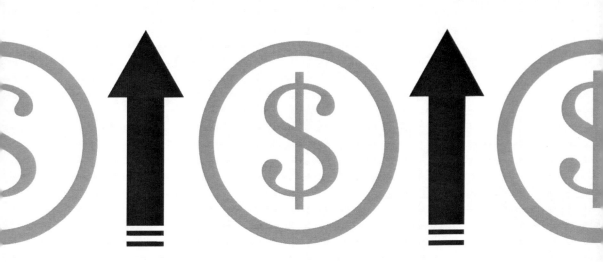

CHAPTER 01
你貧窮，但你不能怪上帝

關於貧窮，作為貧窮的你，總會講出許多讓同命相連的人似乎尤為共鳴的理由。但是，無論你怎樣為你所選擇的身分——窮人，而辯解，因為窮總是讓人無所作為。一句話：你貧窮，但你不能怪上帝。

志短則必窮

一輩子默默無聞的人很多，他們窮困潦倒，終日掙扎，從根本上講，就是他們的心底害怕成功，因而不敢選擇成功。

在人生之初，也許他們確實非常嚮往成功，嚮往財富，他們會正常工作並制定一項計畫。但是在奮鬥一段時間後，他們的工作阻力就會慢慢增加。為了更上一層樓所需的努力似乎很艱苦。他們覺得這樣下去實在不值得，因而放棄努力，甚至還自我解嘲：「我對現在的生活很知足，我是個平凡的人，也不想發什麼大財了。」

自製貧窮，艱苦樸素過一生

這種人都盡量掩飾自己的真實想法，努力使別人相信他們很快樂。他們甘願守著一個很有保障、很平凡的職位，他們往往會花好幾個小時告訴別人他為什麼對自己的工作很滿意。但是人們知道他在欺騙自己，他自己也知道他在自欺欺人。他需要一份更有挑戰性的工作，這樣才能繼續發展成長。但是，就因為有無數的阻力，使他深信自己不適合做大事。

這種人害怕失敗，害怕大家反對自己，害怕發生意外，害怕失去自己既有的東西。他們也許有才幹，只因為不敢重新冒險，才甘願平平淡淡度過一

生，可以說他們是在自製貧窮，因此也只能艱苦樸素過一生。

他們始終不肯承認是自己甘於貧窮，他們無法認清自己有選擇的權利。節儉並沒有錯，但也大可不必把美好的事物全然拒之門外。

類似這樣的話我們已聽得太多：「我很喜歡那個東西，但我真的是買不起」、「我買不起」、「我承受不住」。沒錯，你是買不起，但你永遠存在這個念頭，那你一輩子就真的只能繼續「買不起」。

你不妨換一個比較積極的想法，諸如：「我會買的，我要得到這個東西。」當你在心中建立了「要得到」、「要買」的想法，就同時有了期待。

慢條斯理，絕不冒一分險

慢條斯理，即活得太過謹慎的人，他們往往藉口條件還不具備，不肯輕易行動，因而坐失了很多良機。

也許你聽過這個笑話：

「昨天晚上，機會來敲我的門，當我趕忙關上警鈴，打開保險鎖，拉開防盜門，它已經走了。」

具有過度安穩心理的人，常常會錯失一次次獲得財富的機會，所以人生就應該抓住稍縱即逝的機會，過度謹慎就會失去它，我們知道，這種過度安穩的心理，並不能給人帶來真正的安全感。麥克阿瑟將軍說：「安全是生產的能力。」為自己的需求努力生產而獲得自尊與自信的人，總是比將問題留給別人去解決的人更有安全感。

在瑞典，政府告訴每一位公民，政府會終身照顧他們。任何公民到醫院看病都不必付帳，政府代付；嬰兒出生時，政府會付帳，並供養母子；如果收入不足以維持最低的生活，政府也會給予補助。

有了這種完美的安排，瑞典人應該是最快樂的民族了；可是，瑞典除了有西方國家最複雜的稅收制度外，還有成長最快的青少年犯罪率，急速增加的毒品問題和最高的離婚率。所有這些，還要加上瑞典老人的問題，瑞典退休的老人在西方國家中有最高的自殺率。

真正有安全感的工作無法由別人提供，必須由自己爭取。字典上對安全的解釋是：安全是免於風險與危險的自由，免於疑惑或恐慌的自由，而不是焦慮或不確定。

「等一下」將成為「永不」

賽凡提斯（Miguel de Cervantes Saavedra）說：「取道於『等一下』之街，人將走入『永不』之室！」

在職者比失業者更容易找到好工作；而失業越久的人，就越不易找到好工作，這是人所共知的道理。大部分人共同存在的一個問題，就是對工作過分挑剔，一直在尋找完美的工作或待遇，可是他們並不自知他們不是完美的員工。他們總是過分強調工作應當能提供諸多福利與高薪。對於已經有工作、且做得相當順利的人而言，這個要求並不過分；但對沒有工作的人一開始便如此要求，似乎不太現實。

你至少要先起步，才能到達高峰。一旦起步，繼續前進便不太困難了。工作越是困難與不愉快，越要立刻去做；你等得越久就變得越困難，越可怕。

做事切忌過度鄭重與缺乏自信。在興趣熱誠濃厚時，做事是一種喜悅；興趣熱誠消失時，做事是一種痛苦。

在我們的一生中，每人都有良機佳遇的到來，但總是一瞬即逝。我們當時不把他抓住，以後就永遠失掉了。

有計畫而不去執行，使之煙消雲散，這對於我們的品格力量會產生非常不良的影響。計畫而努力執行，這就能強化我們的品格力量。有計畫不算稀奇，能執行定下的計畫才算可貴。應該就醫而拖延著不去就醫，以致病情嚴重而不能再被醫治，這樣的人為數不少吧！

習慣之中足以誤人的莫過於拖延的習慣，世間有許多人都是為此種習慣所累而至陷入悲境。拖延的習慣，最能損害及減低人們做事的能力。假使對於某一件事，你發覺自己有著拖延的傾向，你應該直跳起來，不管那件事怎樣的困難，立刻動手去做不要畏難、不要偷安。應該將「拖延」當作你最

可怕的敵人，因為他要竊去你的時間、品格、能力、財富與自由，而使你成為他的奴隸。要醫治拖延的習慣，其唯一方法，就是事務當前，立刻動手去做。多拖延一分，就足以使那件事難做一分。「要做立刻去做！」這是百萬富翁的格言。凡是將這句格言做為座右銘的青年，都不會有悲慘的結局。

自甘墮落，與錢無緣

總是有人自找麻煩而陷自己於逆境中，並說這就是人生。生活是不會無風起浪的，都是由自己的錯誤想法一手造成。

選擇貧窮，從不敢奢望好運降臨

破壞的力量其實根本不像我們想像的那麼大，如果它真有那麼大，那是因為我們沒做好選擇，沒有掌握好命運。一旦人們認識了選擇的威力，那麼人生將完全改觀。但很多人至今還不知道，是他自己的想法、選擇給自己帶來了後患，而絕非外界某些不可見的力量。

在現實生活中，到處有人固執己見，不是這裡有問題，就是那裡出毛病；這種想法深植人心，使人不得安寧。本來工作得好好的一個人，一切都很順利，可是他還是不放心，偏要去想：「我現在是有工作沒錯，可是誰知道能持續多久？」果然沒多久，他就丟了工作。比這更糟的是，日用品的帳單積了一大疊，往後的房租也沒辦法繳，眼前一時還找不到別的工作；這個時候，小孩又生病了，我自己也跟著病倒，一大筆醫藥費眼看跑不掉，還有家裡的各種開銷都在等著他，他住進了醫院，住院費更加使生活狼狽不堪。最後，他又找回了工作，開始償還積欠的債務，就在一切慢慢恢復正常，錢也還的差不多的時候，又有事情來了 —— 所以，只要有幾次類似的經驗下來，這個人對所謂「好景不長」的想法自然深信不疑。

當我們周圍的人都充滿煩惱時，我們自然不太容易安於自己的順境。然而，我們該知道，很多人之所以不斷受挫，主要是因為他們未能正確支配選

擇命運的威力，所以事情才會演變成那樣。當事事都很順心的時候，有相當多的人不免會暗自慶幸，太美好的東西使人不安，怕它們隨時會跑掉，這種恐懼顯然普遍存在，所以，我們必須不斷教育自己：所謂「好景不長」根本就是一句謊言。不久之後，這種想法自然會變成我們的信念。

如果我們看不到快樂的人，我們便會斷定：人生就是這樣。殊不知，一個人往往可以影響一群人，在這個世界上仍然有成千上萬的人一貧如洗、居無定所，他們甚至不再奢望能改善他們的生活。為什麼我們一定要活在陳舊教條的陰影下面，把現狀看成一成不變呢？其實，真的抱定好運必會降臨，那就一定降臨。

任其自然，不思進取

地球上自有人類以來，人便憑藉「選擇的能力」在滄海桑田的變遷下，不斷追求進步。隨著現代文明利器的發明，人逐漸在支配、駕馭自然界。就機械文明而言，它給人的生活帶來的方便與享受是無止境的。既然我們已經能夠掌握自然界，現在也就面臨更重要的課題 —— 主宰自己。

多少世紀以來，人類一直在發揮「選擇」的威力，可是，並不自覺。現在我們已經自覺了，我們終於恍然大悟：世界上大部分的困難、阻礙、原來都是「人為」的。人類為自己創造了機械文明，使生活更方便、更舒適。可是，與此同時，人的內在精神生活卻越來越複雜、多慮，這不是必要的，因為現在已發現這種做選擇的威力，可以自行「選擇」，活得更有人性。

現在，必須自己勇於承擔後果與責任，因為我們所做的一切皆出於自己的選擇，也許你不願意承認，但事實是如此。「選擇的威力」將使生活如你所願，不必借用外力，而是依靠我們本身，這種天賦的威力能使人成為一個真正的人！你將體會到：人依靠的力量，不在於金錢、汽車、房子以及所謂的財富，而是在於內在心智的威力，這種威力來自整個宇宙，是宇宙的一

體。只有這種力量才能實現我們的一切理想。

　　每個人都應該懂得，生活本身是人生最為重要的內容，所以人的第一要務即是他對這個「生命」的責任；如果他付出關注和心意，生命就能如他所願；如果他疏忽，不關心這個生命，生命自然不會如他所願。為了自己也為了我們身邊的人，應該讓生命盡力發揮，不要自甘墮落。我們有選擇命運的能力，要相信自己能做得更好。

奴性心理：假如誰肯給我一點錢的話……

　　常常聽到有人會說：「假如誰肯給我一點錢使我能付清貸款……那我就……了。」

　　而最為不幸的是，許多人相信這件事，所以一直在等人提供那筆錢。我們一直鼓吹要幫助別人，如果你給一個人一隻野兔，你只能供養他一天；但是如果你教他打獵，就等於供養他一生。這種狩獵的教訓很有意義。

免費午餐，代價在後

　　懶惰從來沒有在世界歷史上留下好名聲，也永遠不會留下好名聲。懶惰是一種精神腐蝕劑，因為懶惰，人們不願意爬過一個小山崗；因為懶惰，人們不願意去戰勝那些完全可以戰勝的困難。如果你想使一個人殘廢，只要在足夠長的時間裡給他「免費的午餐」，讓他養成不勞而獲的習慣就行了。

　　那些生性懶惰的人不可能在社會生活中成為一個成功者，他們永遠是失敗者。成功只會光顧那些辛勤勞動的人們。懶惰是一種惡劣而卑鄙的精神重負。人們一旦背上了懶惰這個包袱，就只會整天怨天尤人、精神沮喪、無所事事。

　　有些人終日遊手好閒、無所事事，無論幹什麼都捨不得花力氣、下功夫，但這種人的腦袋可不懶，他們總想不勞而獲，總想占有別人的勞動成

果，一天到晚都在盤算著去掠奪別人的東西。

懶惰思維：財富不會與我同行

很多成功勵志方面的書籍，都講述了這樣一個有趣而有發人深省的故事。

這個故事來自美國南方的一個州，過去那裡住著一個樵夫，他給某一個人家供應木柴達兩年多之久。這位樵夫知道木柴的直徑不能大於十八公分，否則就不適合那家人特殊的壁爐。但是，有一次，他給這個老主顧送去的木柴大部分都不符合規定的尺寸。主顧發現這個問題後，就打電話給他，要他調換或者劈開這些不合尺寸的木柴。

「我不能這樣做！」這個樵夫說道，「這樣所花費的工價就會比全部柴價還高。」說完，他就把電話掛了。

這個主顧只好親自來做劈柴的工作，他捲起袖子，開始勞動。大概在這項工作進行一半時，他注意到一根非常特別的木頭。這根木頭有一個很大的節疤，節疤明顯被人鑿開又堵塞住了。

這是什麼人做的呢？

他思考了一下這根木頭，覺得很輕，彷彿是空的，他就用斧頭把它劈開了。一個發黑的白鐵卷掉了出來，他蹲下去撿起這個白鐵卷，把它打開，吃驚的發現裡面包有一些很舊的五十美元和一百美元兩種面額的鈔票。

他數了數恰好有兩千兩百五十美元，很明顯，這些鈔票已經藏在這個樹節裡許多年了。這個人唯一的想法是使這些錢回到他的主人那裡。

他抓起電話打給那個樵夫，問他從哪裡砍了這些木頭。這位樵夫是消極的心態維護著他的排斥力量。

「那是我自己的事情。」對方儘管做了多次努力，還是無法獲悉這些木頭是從哪裡來的，也不知道是誰藏在樹內。

現在，這個故事的要點並不在於諷刺。我們中有很多人總盼著發財的

機會，但他們一點都不肯吃苦，這也不想做，那也不想做，只想等好運氣降臨。他們不懂，其實好運氣永遠是為勤勞的人準備的。就像上面那位樵夫，即使運氣降臨，也不會知道。

　　所以，真正的幸福絕不會光顧那些精神麻木、四體不勤的人們，幸福只在辛勤的勞動和經驗的汗水中。懶惰，只有懶惰才會使人精神沮喪、萬念俱灰；勞動，也只有勞動才能創造生活，給人們帶來幸福和快樂。任何人只要勞動，就必然耗費體力和精力，勞動也可能會使人們精疲力竭，但它絕對不會像懶惰一樣使人精神空虛、精神沮喪、萬念俱灰。可見好運在每一個人的生活中都是存在的，然而，以消極懶惰的心態對待生活的人卻會阻止佳運降福與他。

　　如果你生病了，你一定會認為自己身體的某些部位不對勁，然後立刻向別人求助，做適當的處置；同樣的道理，如果在你的生活中，財富不能充分循環，那麼一定是你的某些部分發生了問題。你的生命原本上是指向更富裕的生活，而貧窮違反了生命本來的欲求，你絕不是為了今天在茅屋中穿著襤褸的衣服，餓著肚子過日子而出生在這個世界的。你應該過著幸福及更富足、更成功的生活才對！

　　假使人們堅決要求，並不斷奮鬥去取得這富裕和充足，總有一天會認識這條規則 —— 每個人都能成功！

　　只要普天下的貧困者，能夠從他們頹喪的思想、不良的環境中轉身，而朝著光明愉快的方向努力；能立志要脫離貧困與低微的生存，則在最短的時間內，這種決心，一定可以使社會飛速進步。而世界上沒有一件東西，可以推翻你的這種決心時，你會發現，從這自尊心理、自信心中，你是可以獲得無窮力量的。

　　這樣自己就能像富裕的人一樣生活，就能享受富裕的人所得的享受。而大部分貧窮者的毛病就是他們沒有建立可以脫離貧窮的自信，他們一直在向貧窮低頭，那麼貧窮也是他們應有的命運。

排斥工作：只想消費，不想賺錢

許多看似朝氣蓬勃、剛參加工作的年輕人，往往自以為了不起，而不肯踏踏實實做好現在的工作，其主要思維的過程如下：

首先：「我需要錢。」

第二：「我應該值更多的錢。」

第三：「可是他們是不會再給我更多錢的。」

第四：「因此，我要減少我的工作量。」

這些言論都很坦白，大多數人都認為這種邏輯不但合理而且是正當的，就如朝來暮去一般，這種想法也是一步接一步的。而主要問題在於這不是一種簡單的直線型想法，而是一種循環式的想法，因為這四個步驟最終導致——

第五：「現在我需要更多的錢。」

也就是說，一旦對工作這種漠不關心的態度轉變成習慣性的敵意後，他們能從工作中獲得的滿足就越來越少了。如此的惡性循環使他們心理欲發不平衡了，他們將工作視為浪費時間又不能得到應有的報酬；唯有不工作的時間才是快樂的；一想到要浪費任何休閒時間，他們就會感到沮喪，甚至可能會大驚失色。

「我不想工作得這麼辛苦」

只要你稍做調查，就會驚訝的發現，許多人都會承認他們目前所從事的並不是他們真正想要做的工作。

在他們看來，最重要的是必須有錢才能過理想的生活，這是他們的目標；但他們的生活態度卻是本末倒置。換言之，他們因為需要錢，才想得到錢，至於他們是否應得到那麼多錢，卻是不在考慮之內的。通常，他們都很自信的認為自己應比當時所得值得更多才對。既然待遇不理想，他們就消極怠

工，這樣雖然可能無法改變收入，卻可以減少投入工作的精力。反正努不努力，決定權掌握在自己手中而非雇主手中。

許多人辯稱，他們沒有必要熱衷於自己的職業，想要在職業中獲得滿足是太奢望了。我們身邊最常聽到的也是：「這樣辛苦的工作不適合我。」

不過受過大學教育的學生，不論在學校或畢業後所要求的都不只這些。他們不只想找一份工作，他們要的是事業，是一個能滿足自己成就欲望的職業／這目標對他們來說，意義重大，事實上比他們想像的還大。

當人們無法在工作中達成目標的時候，很可能會被迫從其他的地方尋求滿足，許多人也確實藉著運動、嗜好等來求得滿足，不過效果不佳。

這是一個和工作有關的危機，對於個人生活都有很大的潛在影響。有些人不從工作與愛情兩方面去求發展，卻完全想從愛情上尋求滿足。他們企圖藉著人際關係來滿足一切需要，但這個方法是永遠行不通的！

愛情所能提供的滿足，和人們所積極尋求的需要比起來，實在太不成比例了。就算找到了意中人並且瘋狂相愛，卻很可能只維持短暫的關係。所以，只有愛情是不行的。

凡是對工作缺乏參與感，其欲望是永遠無法得到滿足的。即使他們毫不鬆懈地追求，收穫也是有限。

「我簡直是在做苦力」

現在我們試著把那些視工作為苦力的年輕人的經歷劃分為三個階段。

第一階段，他們開始工作後，立刻就明白他們需要錢才能過理想的生活，在以前他們並不是如此。學生時代他們採取的方式和大多數學生相同：設法以手邊能動用的錢過活，有多少錢就過多少錢的生活。那時侯收入的差距並不會使彼此之間產生太大的隔閡。

但開始工作後則不然，收入的差距使人的距離越拉越大。學生的娛樂及

服裝都很便宜，而且同伴們對於金錢也都只有起碼的要求，因此只要少數學生認為，擁有較多錢財是改善社交生活的最好辦法。他們承認手邊有現錢的確有助益，但並不像外表或其他事情那麼有用。一旦他們開始工作，看法就馬上改變。起初兩年中，他們發現了要打入合適的社交圈，最急需的就是錢。

而又是什麼阻撓了他們取得發展所需要的資金呢？他們把一切問題都歸罪於工作，於是就進入了危機的第二階段，至此，他們不但有一個明顯的問題存在，同時也知道原因所在了。也就是說，他們對工作缺乏激勵性和吸引力這件事，已經無法再保持客觀的立場了。他們將工作視為追求一切理想的阻礙，最後終於將工作視為做苦力。

若把這種抱怨的現象歸咎於選錯了工作，只要換換公司或甚至另選產業就能彌補過來的話，那是根本沒抓住問題重心。

他們認為待在公司實在是浪費，他們那夥人只會做垃圾生意，我甚至不應該將寶貴的時間放在工作上。

簡言之，這些人剛開始工作時，都無法夠和工作真正融合在一起。幾年下來，疏離的程度漸漸擴大。雖然他們起初都說希望有個事業並且也有心要發展事業，但最後他們所擁有的只是一份工作而已。

他們與工作之間的距離倒使他們產生一種或許有用的觀點。不像那些一味埋首工作的人那樣看不清全域。

基本上，他們視工作為麻煩事，希望能盡速解決，並且認為：唯有找出一個能戰勝制度的方法才能同時解決所有的問題。事實上，他們是置身於工作之外的，而且與一般局外人一樣，特別注意工作的目的。在他們的眼裡，努力工作毫無目的可言，至於全神貫注於工作的樂趣他們是體會不到的。既然工作內涵已不重要，那就只有外表比較要緊了。他們將注意力轉移到服裝上面，這實在是個很迷人的轉變。

當穿著整齊時，他們看起來的確引人注目。當然，給人一個良好的印象是很重要的，問題是他們除了服裝之外就沒有其他條件可以支撐他們了。在

內心深處，他們承認已不再對辦公室的日常工作感興趣，但卻急著想要獲得升遷及加薪。若無法以工作表現來爭取，就只好以服裝來取勝。

而到了第三階段危機的挑戰就是打擊制度。

他們盤算著要如何打擊制度，都會覺得愉快萬分。他們甚至自詡到：「我們可以預知老闆什麼時候要來，他來時總是看見我在忙著。」

試圖在工作上打擊工作制度和學校裡打擊學校制度，具有相同的目的。我們猜想這些試圖打擊制度的人，是在尋求一個能快速增加報酬的公式或訣竅。但是，他們所做的每一件事並非都是這麼有意識的。

究其根本，這些人用不認真的工作態度來作為報復薪水太低是有意的，至於講究穿著並且要求管理工作並不是什麼有計畫的行動。他們非但不曾察覺自己的行動，也不了解自己如此做的原因，只是在潛意識中試圖藉著快速爬升起來戰勝制度，這也是他們主要的中程目標。如果成功了，他們就會擁有金錢和地位來過自己理想的生活。

他們似乎很有野心，也認為自己的確如此，這也算是一項勝利吧！至少他們把工作擱置一邊也就避免了因工作而帶來的寂寞，不然，也許就得孤獨的追求自己的工作理想了。

窮人辯白：「要是我有錢，我也會很開心」

當我們提到成功的人，並談到他們如何樂觀與積極時，失敗的人會說：「他們的積極與樂觀一點也不值得奇怪，因為他們一次生意就賺十幾萬，如果我一次也能賺十幾萬，我也會很開心的。」

失敗的人認為成功的人每次都賺那麼多錢，所以會很積極：這顯然是因果倒置。成功的人所以能每次賺那麼多錢，是因為他們有正確的心理態度。

滿腹愁腸，一籌不展

在許多場合中，我們都會遇到過一些沮喪、消極、失敗、憂鬱、破產以及不快樂的人。這些人屬於消極階層，卻又都不願充實他們的心靈。

任何人都配享有美好幸福的生活，你也一樣，可以理直氣壯的追求並保有你鍾愛的一切，好景可以長存永在。

也很多人，他們有了一點幸福就努力緊抱著那一點快樂，深怕它跑掉。還有些人，當他們自覺蠻快樂的時候，就會懷疑是不是有什麼不對，他們最擔心的莫過於眼前的幸福會不會持久。

星星不會撞上月亮，月亮不會撞上太陽，太陽也不會撞上地球。同樣道理，為什麼我們的生活就不能毫無阻礙的順利進行？只要我們能領悟「選擇的威力」之真諦，生活就能毫無阻礙，一帆風順。選擇「不完美的不能持久的事物」的想法，將能使你的生活全面改觀。正如有人說過：「這裡就是天堂，問題是我們一般人不懂得該怎樣去尋求各種幸福。」

這就是我們為什麼要保持一顆快樂的心。但是切忌走向另一個極端，即不可得意忘形。

我們常常看到有些人本來過得好好的，但這種順境似乎都持續不了多久。他本來過的很好，什麼也不缺，但是他犯了一個錯誤——過於自信。他沒有為自己的幸運感謝人生，沒有踏實小心的維護他的幸福，反而讓自己輕飄飄，忘乎所以，不自覺地陷自己於逆境中。「過於自信」往往會毀掉許多人的前途，其傷害性不下於任何其他我們所能想到的因素，而且很少有人檢討這點，我們亦未加警惕。上天並沒有要我們妄自菲薄，可這也並不意味著什麼可以自滿。很多人有這種自滿傾向而不自覺，也正因為是不自覺，就很可能一蹶不振。他們受挫失敗，還不能正確分析被挫敗的原因，這樣，世界上失意的人不能不添了許多。

工兵打扮，小人物一個

當一個軍人穿上軍裝時，就會真的感覺到自己是個軍人；當一位女士為赴宴打扮得花枝招展時，她也會真的感覺到甜蜜約會般的情調。同樣的理由，一個經理打扮得像個經理時，就會覺得自己真的是個經理，因而表現出經理的架勢與風度。有個推銷員曾說：「除非我看起來好像工作順利，否則不會真的感覺很好。如果想爭取到大訂單，就一定要感覺自己的業績很好才行。」

事實就是這樣，你的儀表會對自己說話，也會對別人說話。它可以讓別人決定對你的看法。從理論上看來，我們應當看重一個人的內在而不是外表，但請你不要太天真，大家都是以你的外表衣著來打量你，因為你的儀表是別人打量你的第一印象，而且這印象會持續下去，在許多方面影響別人往後對你的看法。

在一家超市，有一整桌的無籽葡萄，每一磅只賣十五美分；另一張桌上也擺了許多葡萄，用塑膠袋子包裝得很漂亮，每兩磅三十五美分。

如果你問：「這兩種葡萄究竟有什麼不同？」市場內的店員會回答：「就是那個塑膠袋而已。」他們用聚乙烯袋子裝的葡萄銷量大概是沒有包裝的兩倍。包裝後外觀不一樣，銷售成績也完全不一樣。

當你在公共場合推銷自己時，請你記住：經過包裝美化以後，就會有更好的成交率，而且還能以更高的價錢成交。

是的，一個人的衣著好像會說話一樣。衣冠楚楚者的儀表能告訴大家：「這裡站著一個精明能幹、很有前途且能擔當大任的人。」他值得受人器重與信任。由於他很尊重自己，因此我們也要尊重他。而工兵打扮的人就令人不敢恭維了。他們的儀表好像在說：「這裡有個落魄的人，他不修邊幅，毫不起眼，擔負不了什麼重任。」

你說呢？

CHAPTER 02
貧或富源於你的心態

　　貧或富源於你的心態，失敗或成功源於你的選擇。許多富人在他們擁有財富之前跟你我一樣，是一個普普通通的人，甚至有的還身無分文。也有許多繼承億萬家產的富家子弟在短短幾代之內，有的甚至在一代內就淪為平民。富豪與平常人之間保持著一種正常的流動性，正是由於這種流動性才使財富保持了最大的穩定性，因而富人在不停變化，而社會的財富卻在不斷成長。

為何貧困之人如此之多

　　人類主要的弱點之一，就是一般人太熟悉「不可能」這三個字。這種人對於事物不成功的法則相當清楚，也相當熟悉哪些事是做不到的，他們會在挫折中倒下，並且在貧窮、不幸和痛苦中度過一生。他們之所以會如此，是因為他們負面消極的應用了自我暗示的原則。這種現象的原因在於，所有的意念衝動皆傾向於以實質的對等物表現出來。

　　潛意識無法區分積極性或消極性的意念衝動。透過我們的意念衝動，我們提供它什麼材料，它就做什麼。潛意識可以毫不遲疑的把受恐懼驅使的意念轉化為事實，正如他可以立即將受到勇氣或信心驅使的意念，轉化為事實一般。

　　一切的指示和所有自我提供的刺激，透過五種感官而傳到內心，都可稱為「自我暗示」。換一種說法，自己對自己的暗示就是自我暗示。它是一種溝通的媒介，介於產生意念的有意識部分與產生行動的潛意識部分之間。

　　透過一個人有意識的自願產生的主宰意念，自我暗示的原理都會自動將這些意念傳達給潛意識，並對它產生影響。造物者如此造人，用意在於使人類能完全控制藉由五種感官傳到潛意識的物質，但是，這種說法並不表示，人人都隨時在應用這股控制力。相反的，大部分的例子中人們並沒有應用它，這也說明了，為何貧困之人如此之多。

心態的力量

　　人的一生有順境和逆境，命運之神是公平的，當它往你左手中塞東西的時候，它也從你右手中奪走了一些東西。你可曾有對別人的發問侃侃而談、胸有成竹的體驗？可曾有過一帆風順、春風得意的時光？或許是在籃球場上，你的大力灌籃所向披靡；或許是在商業交涉中，你不動聲色，但卻成竹在胸。這一切是那麼的美好，使你如沐春風。但在某一段時期裡，你可能處處碰壁，甚至連走路都會摔跤。那種痛苦和無奈可能使你苦不堪言，欲哭無淚。人生為什麼會出現這種尷尬？人為什麼有時候會事事順心，有時候卻屋漏偏逢連陰雨？

　　其實，這一切，都是由人的心態所決定的。當你處於積極進取的良好狀態時，你會顯得自信、堅強、快樂、興奮，思想活躍，思維敏銳，渾身有用不完的力氣。但是，當你處於消極頹喪的心態時，你表現出來的是恐懼、憂慮、心浮、氣躁、多疑、悲傷、焦慮等等，這使你精神萎靡，毫無鬥志。我們每個人都會在這兩種好壞不同的心態中更迭轉換，似乎是在進行一系列的角色大匯演。研究表明，我們的行為發端於我們的心態，只有對自我的內心狀態進行全面而透徹的了解之後，我們才能順利改變自我，並走向卓越。

　　人生就是這樣，當你春風得意、事事順心時，往往是駕輕就熟，左右逢源，沒有做不好的事情。但是一旦你情緒低落、意志消沉時，做出來的事情往往是陰差陽錯，紕漏百出，這使你感到萬分惱火和懊悔。

人們都或多或少的體驗過這些心態，但是很少有人想到要刻意去控制它。追求人生目標的結果只有一個，不是成功，就是失敗。哲人告訴我們，什麼樣的心態導致什麼樣的結果。因此，成功學大師拿破崙‧希爾說，一個人能否成功，關鍵在於他的心態。

成功人士始終用積極的思考、樂觀的精神和輝煌的經驗支配和控制自己的人生；失敗人士是受過去的種種失敗與疑慮所引導和支配的，他們空虛、猥瑣、悲觀失望、消極頹廢，最終走向了失敗。

運用積極心態支配自己人生的人，擁有積極奮發、進取、樂觀的心態，他們能樂觀向上的正確處理人生遇到的各種困難、矛盾和問題；運用消極心態支配自己人生的人，悲觀、消極、頹廢，不敢也不去積極解決人生所面對的各種問題。據說美國有一位電氣工人，在一個四周布滿高壓電器設備的辦公桌上工作。他雖然採取了各種必要的安全措施來預防觸電，但心裡始終害怕遭高壓電擊而送命。有一天，他在辦公桌上碰到一根電線，就立即倒在地上死了。身上表現出觸電致死者的一切症狀。但是，這位工人在碰觸電線時，電線中並沒有電流通過，電閘並沒有合上。他是被自己以為觸電的「意念」殺死的。

意念自殺是心理和生理因素二者互相影響所起的作用。假如一個人勇敢堅定，遇事鎮定自若，絕不可能出現意念自殺的現象；相反，意志薄弱，感情脆弱，遇到可怕的事就恐懼萬分，就可能被自己的意念引出病變或被殺死。由此我們可以看到心態的力量是多麼巨大。

創富需要強大的欲望力量

拿破崙‧希爾曾講過這樣一個故事：從前有個將軍，以寡敵眾，力求必勝，冒險犯難，將士兵用船載往彼岸，卸下裝備之後，便下令燒船，拂曉攻擊之前他正色對士兵說：「你們都看到軍艦已被燒毀了，這一仗我們就是非勝

不可，否則我們沒有人可以活著離開這裡。我們只有兩條路 —— 勝利或者死亡，再無其他選擇。」他們真的勝利了。對此，希爾評論道：「如果我們想在最惡劣，最不利的情況下取勝，我們必須自動將船隻燒掉，把所有可能的退路切斷，只有這樣我們才能保持必勝的熱忱與心態，這是成功的必備條件。」

要成功的自我創富，就必須有強大的願力。那麼何為願力呢？願力是指明確的志願與無堅不摧的欲望所表達出的力量。

願力中的「願」即志願，屬於立志的範疇。對創富而言，我們所說的志願，還應有兩個基本要求：

一是志向遠大，而且要將目標具體化。也即是說，你必須確定你要求的財富的數字，不能空泛而論。如：我這一生決心要賺多少錢 —— 成為百萬、千萬還是億萬富翁；而這意念中要賺多少錢 —— 十萬、五十萬……一定要明確定下來，不能只停留在「我想擁有許多許多的錢」，僅有這樣一點空泛的連小孩子都能做到的想法，你是不可能賺到錢的。

當然，遠大的目標，從來也不可能是一朝一夕的。俗話說「冰凍三尺非一日之寒」、「千里之行始於足下」，為了實現遠大的目標，你還得建立相應的中期目標與近期目標，由近期目標逐漸向中期目標推進，使人確確實實看到財富的累積，從而增強成功創富的希望，才能達到最終創富的目的。

二要使志願保持在一個高尚的層面。崇高的目標表現在：吸引巨大財富，不排拒財富。但這些目標必須以不破壞社會的法律、社會公德以及不損害他人利益為標準。否則，你的成功不會被人民承認且不說，還將遭到唾棄和正義的懲罰。事實上。許多真正憑藉強大願力而獲取巨大財富的佼佼者，他們在創造財富的同時，是常常樂於與別人分享成功的愉悅，或者把精神財富如創富意識、理論、思想傳授於人，或者把物質財富無私的回報社會的。他們稱這叫「壯麗的著迷」。許多值得人們敬仰的大富豪都是如此，足見創富之心又多麼純良與崇高。

明確、高尚的創富志願，同時需要有無堅不摧的欲望力量的催化。「欲

望」即想得到某種東西或達到某種目標的要求。沒有堅不可摧的創富欲望或成功欲望，創富者遠大的創富目標便永遠不可能達到。人的欲望越強大，目標就越接近，正如同弓拉得越滿，箭頭就飛得越遠一樣。在成功的創富道路上，是沒有困難和不幸能夠阻擋創富的腳步的。有了明確高遠的目標，又有火熱的、堅不可摧的欲望力量，必然產生堅決有力的行動，一個人只有不畏艱難，不輕言失敗，信心百倍，朝著既定目標永不回頭，才會在有生之年成功的創造出財富。

想像力產生意念，意念產生財富

希爾博士說：「人類的唯一極限是限他的想像力。他還沒有達至顛峰，因為他只知道有想像力這回事，而不知道它的無限運作。」

希爾認為想像力有兩種：

第一，綜合性想像力。經由這種功能，人可以把舊觀念或計畫編排成較新鮮的化合物。

第二，創造性想像力。經由這種功能，人可以運用他的心靈力量與宇宙的無限智慧溝通；它就是一切偉大創作的靈感的來源。

綜合性與創造性想像力都是越使用越靈敏，就好像拳擊手的肌肉一樣，越經鍛鍊便越發達、越結實。你的想像力可能因懶散而變得脆弱，但它亦可能因勤練而變得靈敏。

可口可樂就是「想像力創富」的實例。希爾博士說：「無論你是誰，不管你住在什麼地方，不論你從事何種職業，你以後要記住，每次你看到可口可樂這四個字，就會記得它是由一個單純的創意所創造出來的。」

如何獲得財富？百萬富翁們對此都有相同的認識，那就是：首先要對足以使你達成既定目標的某種事物，產生熾烈的欲望。

記住，「想要」某種東西，與「志在必得」是截然不同的。一旦你有了熾

烈的欲望，就會產生強烈的使命感，使你排除原先認為難以克服的阻礙。如果一個人相信自己做得到，那麼任何事情都難不倒他。

亨利·福特年輕時便有這樣一種想法：設計一種不需要馬來駕駛的四輪車，並且可以用燒汽油的引擎來驅動四輪車。這個想法始終縈繞在亨利·福特的腦海中，他做夢都想實現自己的這一夢想。當他製造第一部「無馬車」時，一些目光短淺的人們 —— 多半是他的親友和鄰居，都嘲笑他，有些人還稱呼他是「瘋狂的發明家」。

不論瘋狂與否，福特知道自己要什麼 —— 他有熾烈的欲望，不怕任何負面的因素或限制，包括受教育程度不高，或非機械系出身，他努力自修充實自己，為了自己的夢想，他夜以繼日，辛勤工作，有時甚至忘了可愛的妻子和兒子。當一個人下定了決心，任何事物都不能阻止他實現自己的目標。

福特改變了美國的面貌。他大量生產的汽車，成為一般家庭都能負擔的交通工具，全國各地暢行無阻。整個工業都隨著汽車業的發展而成長：有了福特的「大鐵罐」才有了後來的公路網、相關的服務業、速食連鎖店及汽車旅館。

記住，凡是人心所能想像，並且相信的，終能實現。立定志向，追求成功，隨時充實自己，你的欲望終會化為滾滾的財富，流向你身邊。

今天，就從現在開始，我們先形成「金錢意識」，直到這股對財富熾烈的欲望，驅使我們創造出能獲得金錢的明確計畫為止。

擺脫貧窮思維

貧窮與人類的最高幸福和願望相背馳，「富裕」、「充足」，天下眾生都應有份。

許多人總以為自己已盡了最大的努力同貧窮搏鬥，但實際上他們連一般的努力都沒盡到！

　　貧窮本身並不可怕，可怕的是貧窮的思想，是認為自己命定貧窮、必須老死於貧窮的這種信念！

　　假使你覺得自己的前途無望，覺得周遭的一切都很黑暗慘淡，則你當立刻轉過身來，朝向另一方面，朝向那希望與期待的陽光，而將黑暗的陰影遺棄在背後。

　　心中不斷地想要得到某一東西，同時孜孜不倦奮鬥去求得某一東西，最終我們總能如願以償 ── 許多人就因為明白了這層道理，而掙脫了貧窮的生活！

　　有一則關於一位牧師的令人驚奇的小故事：

　　他在一個星期六的早晨，打算在很困難的條件下，準備他的嘮叨的布道講演。他的妻子出去買東西了。那天在下雨，他的小兒子吵鬧不休，令人討厭。最後，這位牧師在失望中拾起一本舊雜誌，一頁一頁的翻閱，直到翻到一幅色彩鮮艷的大圖畫 ── 一幅世界地圖。他就從那本雜誌上撕下這一頁，再把它撕成碎片，丟在起坐間的地上，說道：「小約翰，如果你能拼好這些碎片，我就給你二十五美分。」

　　牧師以為這件事會是約翰花費上午的大部分時間。但是沒過十分鐘，就有人敲他的房門。這是他的兒子。牧師驚愕的看到小約翰很快拼好了一幅世界地圖。

　　「孩子，你怎麼動作這麼快？」牧師問到。

　　「啊，」小約翰說，「這很容易。在另一面有一個人的照片。我就把這個人的照片拼到一起，然後把他翻過來。我想如果這個人是正確的，那麼，這個『世界』也就是正確的。」

　　牧師微笑起來，給了他的兒子二十五美分。「你也替我準備好了明天的布道。」他說，「如果一個人是正確的，他的世界也就會是正確的。」

　　這則故事給予我們以很大的啟示：如果你想改變你的世界，首先就應改變你自己。

我想贏，結果我贏了

阿賽姆的同事中有一位青年銷售員，他在工作時常常使用卡內基的自我鼓勵警句以控制自己的心態。他是一個十八歲的大學生，只是在暑假期間到保險公司去做出售保險單的銷售員。在兩週的理論訓練期間，他學到了不少東西，其中有：

1. 一位銷售員在離開銷售學校後的最初兩週內所養成的習慣，應在他的事業中保持不變；
2. 當你有了一個銷售目標時，你就要不斷努力，直到達到這個目標為止；
3. 力爭上進；
4. 在你需要的時刻，要用自我激勵警句，如「我覺得健康，我覺得愉快，我覺得大有作為」去激勵你自己朝著預定的方向前進。

他在有了一些銷售經驗之後，就定了一個特殊的目的 —— 獲獎。要想做到這一點，他至少要在一週內銷售一百份保險單。在那一週星期五的晚上，他已經成功地銷售了八十份，離目標還有二十份。這位年輕人下定決心：什麼也不能阻止我達到目標。他相信自己所受的教育：人的心理所能設想和相信的東西，人就能用積極的心態去獲得它。雖然他那一組的另一位銷售員在星期五就結束了一週的工作，他卻在星期六的早晨又回到了工作職位。

到了下午三點鐘，他還沒有做成一筆買賣。他受過這樣的教育：交易可能發生在銷售員的態度上 —— 不在銷售員的希望上。

這時，他記起了卡內基的自勵警句，滿懷信心的把它重複五次：「我覺得健康，我覺得愉快，我覺得大有作為！」

大約在那天下午五點鐘，他做成了三次交易。這距他的目標只差十七份了。他記起了：成功是由那些肯努力的人所保持的。他又熱情的再重複幾次：「我覺得健康，我覺得愉快，我覺得大有作為！」大約在那天夜裡十一點鐘時，他疲倦了，但他是愉快的：那天他做成了二十次交易！ 他達到了他的目標，獲得了獎勵，並學到一條道理：不斷的努力能把失敗轉化為成功。

積極向上的心態，實際上是一種不可抵擋的力量。「我想贏，我一定要贏，結果我贏了。」一個人可以指揮這種心態力量去達到任何願望的正當目的，當然，包括控制身體疼痛和心理疼痛。

許多人宣告他們自己終身囚禁於心靈的監獄中，卻不顧這個事實：他們是帶著鑰匙進入監獄的，他們不知道自己帶有這把鑰匙，這監獄就是他們在自己建立的自我消極心態。

記住：無論恐懼的黑禿鷹在哪裡盤旋，哪裡就會有什麼東西睡著了需要被喚醒，或者某種死了的東西需要被掩埋。

把光線放進黑暗

凡是真正偉大的人，都能統治他的精神國土，主宰他的種種情感。他掌握相輔相成、相克相滅的原則，知道怎樣去用相反的思想消滅各種鬱悶、罪惡的思想，像醫生用抗生素一類的東西去消滅侵蝕他的身體的細菌一樣。

同樣，掌握了成功學法則的人，他知道該怎樣用愉快思想來抵消失望和頹廢。他知道樂觀的思想會戰勝悲觀思想，和諧可以去除混亂，健全思想可以消滅病態思想；他知道愛的思想可以趕走悔恨、嫉妒、報復的思想。

我們許多人往往因為不懂得心理健康學而心胸染毒。我們發現，用積極的思想抵消種種消極的思想，其實與扭開了冷水水龍頭調節熱水的溫度一樣容易。

我們思想的溫度，就像決定水的溫度一樣；假使我們的頭腦由於動怒而發熱，我們可以開發愛的思想、和平的思想，怒氣的熱度自然會全消。在愛的面前，恨是一刻不能生存的，寬恕的力量會抵消嫉妒與報復的心理，它們是不能同時存在的。大部分的人不幸，就在一味想驅逐心中的「不好」，而不知用「好」來抵消「不好」。他們想趕走心中的恨，但不知求助於它的對立面。

我們不能趕走室內的黑暗，但我們可以把光線放進去。

想像握有財富的感覺

光「期盼」不會帶來財富，可是如果能把「渴望」財富的心態，變成「唯一的信念」，然後定出追求財富的明確計畫，並以絕不認輸的毅力來支持，這才真正會帶來財富。

一八○○年，由於一次小意外，皮埃爾‧杜邦（Pierre DuPont）蒙生了投身火藥業的欲望，他決心生產出和英國貨品質一樣好的火藥，並且雄心勃勃的聲明，他的工廠將採用法國的技術，生產全美乃至世界最好的火藥。

此時的皮埃爾除了年輕，沒有任何資本。但他一心想成功，而且相信火藥業一定會有無限的前景，自己的願望也終能實現。

為了獲得政府的支持，皮埃爾帶著父親寫給傑佛遜的信去拜訪總統。他向總統指出，美國製造的火藥品質太差，而從英國進口的火藥價格又太高，這對美國來說是十分危險的，他希望政府能資助他生產優質的火藥；但傑佛遜總統答應向他提供一切便利，唯獨不能給予他財政上的援助，因為政府資助一家私營企業，這在美國歷史上還沒有先例。

身無分文的皮埃爾只得轉而向父親求助。為了獲得父親的資金支持，皮埃爾費盡心機，極力勸導。飽受挫折的老杜邦儘管相信兒子的話有道理，但不免心存疑慮，最後，他同意出資二點四萬美元，而三點六萬美元總投資餘下的部分，他要兒子自己到法國募資。

法國之行使皮埃爾收獲頗多，他不僅籌到了餘下的款項，而且還從法國政府方面得到了充分的技術支持和所需的機器設備。

一八○四年，皮埃爾‧杜邦的首批黑色火藥終於製造出來了。它色澤鮮豔，爆炸力強，比美國製造的任何火藥品質都要好。與從英國購買的火藥相比，也毫不遜色。皮埃爾製造的火藥一面世，便引起了轟動，訂單像雪片般

飛來，銷售額直線上升。杜邦工廠的利潤滾滾不斷，皮埃爾·杜邦的事業也由此蒸蒸日上。

把對財富的欲望轉化為對等實質利益的方法，包含六個明確而實際的步驟：

1. 在心中定出所渴望金錢的明確數目，只說「我想要有足夠的錢」是不夠的。
2. 想清楚決定以何種付出來得到你所渴望的金錢（天下沒有白吃的午餐）。
3. 設定你決心擁有這筆金錢的明確日期。
4. 擬定達成目標所需的明確計畫，並立即付諸行動，無論你是否已有心理準備。
5. 拿出紙筆寫下一份清楚精確的聲明，上面記載想獲得的金錢數量、獲得的期限、追求金錢所需付出的代價以及達成目標所要用的計畫。
6. 大聲朗讀此聲明兩次，一次在睡前，一次在清晨起床後。朗讀時，試著讓自己看到、感覺到，並相信自己已擁有了這筆錢

無論如何，你必須確實遵循以上六個步驟所敘述的種種指示，尤其是第六個步驟特別重要。也許你會抱怨，在你並未實際得到這筆錢之前，你不可能「看見自己有錢」，但這正是熾烈的欲望所能為你提供的幫助。如果你真的十分強烈的「渴望」有錢，進而將你的這種欲望演變成魂牽夢縈的意念，你便毫無困難的使你自己「相信」你會得到它。你的目標是要得到這筆錢，你只要不斷強化你想獲得這筆錢的決心，這就會使你自己「相信」你一定會得到它。

以上六個步驟皆出自美國鋼鐵大王安德魯·卡內基。卡內基剛開始時只是鋼鐵公司的一名普通工人，儘管自己出身低微，他仍努力設法運用這些原則，為自己賺進了遠超過億萬美元的財富。

還有就是，此處所提及的六個步驟，都曾被湯瑪士·愛迪生仔細查檢驗過，他深切肯定它們不僅是累積金錢所需的途徑，更是達成任何目標不可或

缺的步驟。

這些步驟不需要你辛勞工作，不需要你做出犧牲，也不要求你變得荒謬不實或是過度輕信。運用它們無需受過高深的教育，但成功運用這六個步驟必須要有足夠的想像力。這種想像力使人看得出、而且能夠了解到，累積財富不能只靠機會、緣分、和運氣。我們必須知道，所有累積巨額財富的人，在獲得財富以前，都一定有過某種程度的夢想、希望、期盼、欲望和計畫，然後才得到了財富。

在此，你還要知道，除非你對金錢產生強烈的「欲望」，並且真的「相信」自己會擁有它，否則你絕對不可能成為富翁。

CHAPTER 03
窮路富出，消滅貧窮的自我

事實上，在生活中我們每時每刻都在改變自己。在每一個人內心深處，我們都希望從生活中獲取更多的東西，擁有比現在更多的財富。在自我意識不斷提升的過程中，我們就實現了這種轉變。

自我意識的重生

任何一個具有「貧窮」意識的人獲得新生，從而具備有錢人的意識之前，那個人必須經歷一個痛苦階段，在這個階段，作為窮人的自我將死去。因此，如果你的自我還緊緊拉住「貧窮」的立場不放，那就趕緊鬆手吧，只有這樣你才能成為有錢人。

如果你貧窮，你就會透過否定那些富人來為自己的寒酸辯護。透過蔑視那些有錢人，你認可了自己的貧窮。對於你的自我來說，這不僅僅是一種關於富人的態度，更是一個選擇不富有的過程。

透過否定那些有錢人，我們自然而然放棄了自己成為其中一員的選擇。我們阻撓著任何可能的發財機會，因為深知：當我們改變了自己的價值觀，變得富有的時候，那些為貧窮辯護的理由也該壽終正寢了。

自我生活在我們體內，並能將它們的思想付諸現實，因此改變我們的思維看起來似乎是自我的死亡過程。當然，當我們改變自我的思維時，自我是不會死去的。整個過程就像一個毛毛蟲蛻變成一隻美麗的蝴蝶。那隻蝴蝶仍然是同一個自我，只是它對生活的態已然不同。

可能的抵制

　　轉變的過程是痛苦的，之所以如此，是因為我們的自我並不希望我們轉變。如果你已進入了這一過程，但還沒有徹底實現，這時，你可能會時不時反思改變自己命運的想法是否正確。那時，你不再考慮自己的目標，而是開始考慮失敗的可能性。你的「自我」會使你內心充滿恐懼，你開始懷疑自己是否走錯了路。

　　如果你感到自己憂心忡忡，你就應當明白：你內心深處根深蒂固地抵制變化，又殺了回來，它重新控制了你。這種抵制對你進行百般勸說，使你停步不前。

　　此時，該是你認識到「你不是你的自我」的大好時機了。

　　自我是你的奴隸，而不是你的主體。如果你摸透它對變化的恐懼，你就會發現支配它簡直易如反掌。要控制它，你首先必須弄明白為什麼「自我」會使你憂心忡忡，之後，改變你的態度，不必再擔心憂慮，挺起胸膛拿出信心。

　　為了重建你的信心，你需要花一些時間回顧一下，你第一次有勇氣行動時的心情。你要再想想實現轉變的好處。列一個收益清單，當你有所顧慮時就大聲朗讀，使你義無反顧，勇往直前。

　　只要你始終保持清晰的頭腦，將自己成功之時的情境牢記於心，你就會在同自我的這場鬥爭中取得勝利。

　　如果你無法克制這種抵制，你就根本不可能實現這種轉變。在轉變中，你為自己選擇了一個新的身分，也選擇了一塊新的天地 —— 這個選擇只有在你承認對以前承擔責任時才能發生。

　　自己的所有是自己選擇的，除非你承認這個現實，否則你永遠都不可能做出新的選擇。

不選擇的結果

　　沒有誰願意忍受貧窮 —— 我們只是不能選擇富有而已。不能選擇富

有，其實就已經做出了選擇，因為言外之意就是選擇了貧窮。當我們走到人生的岔路口，一條通向貧窮，一條通向富有，面對選擇，我們卻走進了泥濘不堪的小路上，跟在大多數人的屁股後面，我們最終到達目的地——「貧困之城」

要擺脫貧困，就要意識到：你之所以貧窮是因為你選擇了不富有。這是你需要跨越的第一個藩籬。

如果你站在了反對富有的立場上，從而形成了甘於貧窮的思想。那麼不言而喻，你已經做出了選擇：甘願貧苦的過一生。

當你意識到「變成有錢人只不過是一種選擇而已」時，那你其實就已經選擇了富有。

貧窮是創富的條件

「成為富人的條件是什麼？」

富人的回答是：「貧窮。」

人若是曾被貧窮折磨，對財富的欲望和毅力會比別人強，才會不斷湧出構想，並有超群的行動力。

在美國北部的芝加哥及華盛頓地區，有一種蟬要在地下生活整整十七年，這些蟬被稱為「十七年蟬」。十七年一到，在極其有限的期間內，幼蟲集體湧出地面，一平方公尺同時有幾百隻幼蟲準備蛻變成成蟲。

蟬的一生是短短的兩個星期，人生大約有七八十年，而生命的年齡與地球四十六億年的歷史對比，人與蟬都不過是眨眼間、不可預測的生命而已。正因為如此，生命之火燃燒著的每一刻才顯得十分珍貴。只要向理想挑戰，樂觀勇敢的生活，才能體現出生命的價值。

假使你覺得自己的前途無望，覺得周圍的一切都很黑暗慘淡，則你當立刻轉過身來，將黑暗的陰影遺棄，把貧窮的疑懼的思維驅走。你應該得到

「富裕」，那是你的天賦權利！

卡西歐電腦社長樫尾忠雄，曾這樣說過：

「我切身體會到，貧窮是父母所留下來最大的財產。因為貧窮，使人想到要奮發圖強，從身無分文、白手起家創立事業，最終目的就是要趕快從貧窮中脫離！我以前最常想的就是，要過像樣的生活，要吃像樣的食物……」

卡西歐社長是基於貧窮的原動力才創設公司，使該公司成為東京證券交易所第一間上市的公司，取得了相當了不起的發展。確實，貧窮是成為富翁的要因之一，可以說貧窮為富有之母。貧窮沒有美德可言，它和其他疾病一樣，是一種病態，也需要治癒。

法國大作家巴爾扎克（Honoré de Balzac），曾經靠借錢生活，日子非常窘迫。年輕時做什麼都失敗，幾乎一事無成，一度債台高築。但這並沒有擊垮他，反而成為他奮發圖強的催化劑。他拚命寫作，才使一部部暢銷書相繼問世，例如《歐也妮·葛朗台（Eugénie Grandet）》、《高老頭（Le Père Goriot）》等。

你的價值由你決定

良好的自我心像對一個人是否能成功，確實占有著關鍵性的地位。你認為自己是怎樣的人就會有怎樣的表現，這兩者是一致的。你若覺得自己一文不值，就不會得到有價值的事物。

成功與快樂的起點，就是良好的自我心像。喬伊斯博士是一位作家，專欄作家與心理學家。他認為一個人的自我觀念是人格的核心，會影響人的學習、成長與變化的能力、選擇朋友、配偶與職業等等。堅強的和有為的自我心像，是成功的生活的最堅實基礎。在你真正喜歡別人以前，你必須先接納自己。在你未接納自己以前，動機、設定目標、積極有為的思考等等，都不會發揮作用。而許多人並未察覺，即使一個未受教育的心靈，也可能有無限潛能。

有一位朋友講了他的親身經歷：

「幾年前，有一次我載了一個搭便車的旅行者。當他坐下了以後，我就知道又犯了一次錯誤，因為他喝了酒而且也太愛說話了。他很快透露自己剛從監獄裡釋放出來，是因為走私而被判了十八個月監禁。當我問他是否有任何能在出獄後運用的知識，他馬上回答說他已經學到美國每一個州內，每一個郡的名稱。

坦白說，當時我猜他在撒謊，所以我要證明他所說的是否真實。我就選擇了卡羅萊納州來試驗他，因為我在那裡住了將近十八年。這位乘客僅受過很少的教育，但他所說的卻證明，他真的知道州內所有郡的名稱。」

文化程度與你的身價無關

你需要清楚了解的一個要點是：教育和聰明並不同。有許許多多成功人物僅僅受到很少的教育。所以說你不能以僅僅受到有限的正規教育為藉口而不思上進，你也沒有理由因此而要有不良的自我心像。

教育固然重要，但是獻身給你的工作更為重要。一個人的工作，超過他能力所能及的才能，而激發潛能時，才能闖出一番事業。《McClure》雜誌的老闆麥克盧爾（Samuel Sidney McClure），受一八九三年美國第一次經濟衰退的波及，精神上幾近崩潰，身體也覺得不舒服，便找上了心理學家。麥克盧爾是貧賤起家，每分錢都是親身賺來，有時也會遇到很大的困難，到三十六歲的時候，他就抱定了辦雜誌求發展的希望。但是現在因經濟衰退，幾乎到了瀕臨失敗的邊緣。他向心理學家，看看如何才能幫他度過這次難關，而且說他覺得他的能力不夠，因他所做的事情實在是超過了他力所能及。

心理學家是否建議他丟棄一部分工作呢？不，他絕不會提出這樣的做法，他告訴麥克盧爾，堅持在自己的職位上勇往直前，因為如果你被迫做超過你能力的工作。必定能得到最大的成功。麥克盧爾受到鼓勵後，果然堅強走出了困境，而且成了當時全美最大的雜誌社老闆。

美國西北大學（Northwestern Universit）的校長華特·司各特曾說：「工作過度並沒有像一般人所猜想的那樣危險普遍。整天做事很有成就會覺得很

安適，而整天無所事事反而會覺得很吃力。一個人對工作極有興趣，覺得戰勝工作上的困難是一種快樂，比那些以為工作是一種重擔的人還來得輕鬆許多。」

你要比你能多做的還要多做一點。把這種過多的工作做為一種刺激，使你盡力發揮潛能。這樣你便有一種滿足感，覺得你成功了；如果你覺得工作太重，便會把你的精力完全用在擔憂，而不是在工作上。你要養成富人的態度，覺得完成了工作是一件有成就感的事，如果有份外的工作要做，就會更快樂。

財富永遠被冒險的人擁有

什麼人能在事業上獲得成就，回答是「具有冒險精神的人」。

這裡所說的「冒險的人」，也就是指企圖透過工作、以自我實現為目的的人。想創造財富卻不敢冒險，那是不可能的。富人清楚知道風險在所難免，但他們仍充滿自信的在風險中爭取事業的成功。

何謂風險？風險是由於形勢不明朗，造成失敗的因素。冒風險是知道有失敗的可能，但堅持掌握一切有利因素，會贏取成功。風險有程度大小的區別。風險越小，利益越大，那是人人渴望的處境。富人會時刻留意這種有利的機會。但他們寧願相信，奉獻越大，機會越大。富人不會貿然去冒風險，他會衡量風險與利益的關係。確信利益大於風險，成功機會大於失敗機會時，才進行投資。富人雖甘願冒險，但從不魯莽行事。

風險的成因是形式不明朗，若成功與失敗清楚擺在面前，你只需選擇其一，那不算風險。但當前面的路途一片黑暗，你跨過去時，可能會掉進陷阱或深谷裡，但也可能踏上一條康莊大道。富人事前預計到種種可能招致的損失，對自己說：「情況最糟也不過如此！」然後用盡所能實現目標，即使失敗了也覺坦然，對自己、對別人無愧。

非常受歡迎的當代日本作家渡邊淳一，過去曾在札幌的大學醫院擔任外科醫生，而他也拋棄了穩定的金飯碗，投身於作家行列，冒險上東京，最後

才成為知名的大作家。

靠石油事業一夜之間成為百萬富翁的人中，有位叫保羅‧蓋提（Jean Paul Getty），他在年輕時也受過許多挫折。幾經挫敗之後，他以五百美元的便宜價格購得一礦區，終於挖出石油。此處一天可生產七千桶的石油，所以他立刻變成百萬富翁。當時，周圍的人都以充滿嫉妒的口吻說：「保羅真是太幸運了！」

可是這和中獎類的幸運不同，因為他的行為值得帶來幸運，獲得報酬也是理所當然的。

實際上，石油的鑽探並沒有那麼容易，鑽一千口井有石油的大約只有兩百口，而鑽出的石油能夠賣出獲利的只有五口，也就是僅僅百分之零點五的機率。再加上鑽探一口油井的經費，真可說是淒慘的連續作戰，不單要有資金，更要有勇氣（冒險心）才行。由這個角度看來，保羅‧蓋提有資格成為百萬富翁。

「不！那只是幸運挖到而已，著手去做成功率低的事，這是有勇無謀。」

或許有人會這麼說。姑且不論鑽油是否屬於投機性事業，但事實上當時的鑽油者常想：「遲早總會挖到！」光就這層意義而言，的確是太投機了。但保羅的情況不同，因為當時鑽油幾乎都不重視所謂的「地質學」，探測師的主流從來都是憑對土地的直覺來鑽探，由於如此，他們一聽到地質學，就都輕蔑的冷笑。可是，聰明的保羅不只對土地有靈感，也很努力學習地質學，更仔細聽專家的意見，盡量收集有限的資料選定礦區。結果，他才能掌握幸運，以五百美元的低價購得礦區。

保羅‧蓋提不只是有冒險心的人，其慎重也可見。換句話說，他已充分了解冒險心與衝動是不同的，保羅的經驗告訴我們：

雖說為了招來財富冒險精神是必要的，但絕對不可以衝動。因為冒險精神與衝動看起來好像差不多，其實本質上是天差地別。財富絕不會對懦弱的

人微笑，但也對有勇無謀的莽夫沒有興趣。

一位富人說：「對於失去一切可能性的事業，投注一生的積蓄，那就是有勇無謀。雖然沒有經驗，心生不安，但向藏有新的可能性的工作挑戰，那才是有勇氣。」

從貧窮走向富裕需要的是把握機會，而機會的道路平等的鋪在人們面前。

在我們身邊許多富人，並不一定是比你「會」做，更重要的是他比你「敢」做。

保羅·蓋提成為百萬富翁的事實告訴我們：

「風險和利潤的大小成正比，巨大的風險能帶來巨大的效益。」

「幸運喜歡光臨勇敢的人，冒險是表現在人身上的一種勇氣和魄力。」

冒險與收獲常常結伴而行。險中有夷，危中有利。要想有卓越的結果，就要敢冒風險。我們雖然有成為百萬富翁的欲望，但卻不敢冒險，那怎麼能實現偉大的目標？

世上沒有萬無一失的成功之路，動態的命運總帶有很大的隨機性，各要素往往變幻莫測，難以捉摸。在不確定性的環境裡，人的冒險精神是最稀有的資源。管理學理論認為：克服不確定性和新鮮不完善性的最佳方法，莫過於擁有一位具有冒險性的策略家。

在富人的眼裡，生產本身對於經商者就是一種挑戰，一種想戰勝別人贏得勝利的挑戰。所以在生意場裡的人，人人都應具有強烈的競爭意識。「一旦看準，就大膽行動」，已成為許多商界成功人士的的經驗之談。甚至有人認為，成為富人的主要因素便是冒險，做人必須學會正視冒險的正面意義，並把他視為成為富人的重要心理條件。

對於行動的成功來說，智者和愚者的差別就在於採取行動的時機 —— 智者早一步，愚者晚一步。準備過頭與準備不足幾乎一樣糟糕。要妥善準備，要抓住財富。除非我們採取行動，設法促使事情發生，否則我們的生命會被逐漸侵蝕。

現在就去做

任何時刻，當你感到拖延苟且的惡習正在悄悄向你靠近，或當此惡習已迅速纏上你，使你動彈不得之際，你都需要用這句話來提醒自己。

總有很多事需要完成，如果你正受怠惰的鉗制，那麼不妨就從碰見的任何一件事著手。這是什麼事並不重要，重要的是，你突破了無所事事的惡習。從另一個角度來說，如果你想規避某項雜務，那麼你就應該從這項雜務著手，立即進行。否則事情還是會不斷困擾你，使你覺得繁瑣無趣而不願動手。

當你養成「現在就去做」的習慣，你就已經掌握個人主動進取的精義了。

如果你存心拖延逃避，你就能找出成堆的理由來辯解，為什麼事情不可能完成、做不了——而為什麼事情該做的理由卻少之又少。把「事情太困難、太昂貴、太花時間」種種理由合理化，要比相信「只要我們夠努力、夠聰明、衷心期盼，就能完成任何事」的念頭容易太多，我們總是不願承諾，只想找藉口。

你可能曾經看過某些人在接近人生旅程的盡頭時，回顧一生說：「如果我能有不同的做法……如果我能在機會降臨時，好好利用……」這些未能得到滿足的生命，只充塞著數不清的「如果……」，他們的生命在真正起步之前就已經結束了。

「現在就去做」可以影響你的生活，它可以幫助你去做該做而不喜歡的事；在遭遇令人厭煩的職責時，它可以教你擺脫延遲。它會幫你抓住寶貴的剎那，這個剎那一旦錯過，很可能永遠不會再碰到。

當我們窺見夢想即將成真的曙光，且著手準備實現時，可能會覺得這些偉大的夢想令人震懾。

這裡套用某位禪師的話來說：「要走遠路，先察近處；要成大業，先慎小事。」另一位禪師說：「研磨寶石，歷多時才見其減損；栽植樹木，積日久始

見其茁壯。」這兩句話正說明：從小處著手，為成功做準備，終可在大處回收成果。

跨出去，別猶豫！

準備非常重要。無論如何，第一步一定要做好準備工作，但緊接著更重要的是採取行動！小心不要患上只準備不行動的「分析癱瘓症」，我們可能花了大量時間準備旅行，結果卻根本沒上路。應該仔細研究達成願望的最好辦法，並分析自身處境、長處，個人所必須面對的挑戰，所可能遭遇的障礙，以及實現夢想所須具備的全部條件。

謹慎的人會嚴謹分析大目標，而得到許多較小且容易達成的單位目標，然後再累積小成就已取得大成功。如果經過反覆分析，仍然患得患失，不敢付諸行動，就患了所謂「分析癱瘓症」。

分析和準備本身都不是目的，只是達成目的的手段——我們是藉其完成人生目標，千萬不可本末倒置，一味的準備，遲遲不展開追求目標的實際行動。

一種人旁觀事情發生，另一種人促使事情發生。

這個世界上，觀眾已太多，我們需要更多演員，更多實際參與、推動、實行、貢獻和開創的人。

莫耶士（Bill Moyers）就讀於北德州州立大學時，硬著頭皮寫信給總統侯選人詹森，自願加入助選團，為詹森爭取德州選票。莫耶士勇敢跨出這麼一步，使他成為公共人物。在極短的時間，成了美國總統的新聞祕書，然後當上某電視新聞網的評論員，成為也許是美國有史以來最有影響力的廣播人。莫耶士多年按理始終擁有展現才華的機會，這一切皆啟始於一封自我推薦信：既他主動跨出的第一步，也就是「行動」兩個字。

我們的一生中，有許多重要的人際或社會關係，皆因我們鼓起勇氣，採

取主動而得以建立。別質疑自己「憑什麼做這件事？」輕易為自己找到脫逃的藉口。

生命中充滿了許多的機會，是否要主動爭取，好好利用機會，就得看你自己的決定了。除非你付諸行動，否則你注定平庸一生。所以別再拖延，今天就動手吧！

設定目標

地球上的每個生物內部都有一個標準的調整裝置。人類也有內部調整裝置或指南針，但稍有不同的地方是人類可以自己設定方向。

目標：精神生活的支柱

目標，是人未來生活的藍圖，人精神生活的支柱。

愛因斯坦為什麼年僅二十六歲，就在物理學多個領域作出一流的貢獻？試想，當時愛因斯坦二十多歲，學習物理學的時間不算長，作為一個業餘研究者，他的時間更是極為有限。而物理學的知識浩如煙海，如果他不是運用直接目標法，就不可能在物理學的三個領域都取得第一流的成就。他在《自述》中說：「我把數學分成許多專門領域……物理學也分成為各個領域，其中每一個領域都能吞噬短暫的一生……可是在這個領域裡，我不久就學會了識別出那種能走向深邃知識的東西，而把其他許多東西拋開。」

愛因斯坦的做法有哪些好處呢？

其一是可以早出成果，快出成果。

其二是有利於高效率學習，有利於建立獨特的最佳知識結構，並據此發現最佳過去未發揮的優點，使獨創性的思想產生。這種方法還可以使大膽的「外行人」毅然闖入某一領域並突破。

對準創造目標，並不是意味著沒有一點知識也可以創造，而是指只有在階段時間內集中精力掌握某一領域所具備的知識，才能較快取得成果。

　　當有令你朝思暮想想渴望得到的東西時，你應該怎麼辦呢 ？ 諾貝爾醫學獎得主湯瑪斯‧亨特‧摩根（Thomas Hunt Morga）說的好：「不要把志向立得太高，太高近乎妄想。沒有人恥笑你，而是你自己磨滅了目標。目標不妨設得低一點，就有百發百中的把握。」

　　美國著名整形外科醫生麥斯威爾‧瑪爾茲（Maxwell Maltz）曾說：「任何人都是目標的追求者，一旦達到目的，第二天就必須找第二個目標，動身起程了……」

目標偉大，人生才更偉大

　　不同的目標就會有不同樣的人生。

　　在現實生活中，更多的是沒有任何成就的普通人。普通人之所以為普通人，是因為他們沒有計畫任何事情。大部分人都沒有具體的目標，所以當他們沒有成就時，他們就會解釋說他們並沒有真正失敗，因為他們從未設定目標。這是他們比較安全、又沒有風險的做法。

　　人生像是一輛腳踏車，除非你前進，否則你就會搖晃跌倒。不論你從事什麼職業，都沒什麼不同，不論你是醫生、商人、律師、推銷員、牧師等，都有富裕的人跟你從事相同的工作。一些富裕的人經營服務業，但也有一些服務業的主人破產了；一些富裕的人從事推銷，也有貧窮的人在推銷；有富裕的律師，也有貧窮的律師；這個名單列也列不完。機會首先跟個人有關，然後才跟職業有關，職業只要在個人盡其所能時，才會為他提供機會。

　　不管你做的是什麼，在相同的職業上已有許多人貢獻良多。使你成功或失敗的不是職業或專業，而是你對自己以及職業的看法。偉大的目標應該是「你必須在偉大之前，先看到他的偉大」。

　　偉大的目標，首先是個長期的目標。沒有長期的目標，你可能會被短期的種種挫折擊倒。理由很簡單，沒人能像你一樣關心你的成功。你可能偶爾覺得有人阻礙你的道路，而且故意阻止你進步，但實際上阻礙你進步最大的人就是你自己。其他人可以使你暫時停止，而你是唯一能永遠做下去的人。

如果你沒有長期目標，暫時的阻礙可能構成無法避免的挫折。家庭問題、疾病、車禍以及其他你無法控制的種種情況，都可能是重大的阻礙。

當你設定了長期目標後，開始時不要嘗試克服所有的阻礙。如果所有的困難一開始就解決得一乾二淨，便沒有人願意嘗試有意義的事情了。

偉大與接近偉大的差異，就是領悟到如果你期望偉大，你就必須每天朝著目標工作。每天的目標是人格最好的顯示器——包括奉獻、訓練與決心。

偉大的目標還必須是堅定的。一般人在人生道路上，只是朝著阻力最小的方向行事，他們只能成為大多數的普通人，而不是偉大的特殊人物。

凡是偉大的人物從來不承認生活是不可改造的。他會對於他當時的環境不滿意，不過他的不滿意不但不會使他抱怨和不快樂，反而使他充滿熱忱，想闖出一番事業。

我們敬仰那些成功者，是因為他們做了許多事，希望自己也能效法其精神；但是，假使我們做了一件還稱得上有價值的事卻失敗了，便藉故來掩飾自己，那我們則是以自己的缺憾來自炫。缺憾應當作為一種激勵，而不是作為一種寬恕。

重要的地方不在你所做的是什麼事，而在你應當做一些事，而最大的錯處便是不做事——躲藏在困難的後面。那麼，什麼時候應當自認無用，又什麼時候應當和困難奮鬥呢？

將目標具體化

通常會有許多你無法控制的事情，你將無法預期有什麼事物會介於你跟目標之間。與其無謂的浪費時間，不如取出一張白紙，把你所能做的事都寫出來，把你的各種目標一一寫在紙上，以及浴室的鏡子上。然後在下端寫下：我將實現。這種過程將透過「徹底將你的目標融進你的潛意識」，從而設定方向。

生活中，也許有人會批評你是與眾不同的，當然，你是對的。在人生過程中，能開啟有價值的生命地窖，並且得到你想要的東西，這是值得的。你

對那些批評者不必以為然。從沒有人會為批評者立過一座雕像，所以你大可不必對他們太尊敬。

有人可能會嘲笑你，但是我要強調一點，嘲笑別人的人，都是在渺小世界中喪失生命中美好事物的小人。

儘管渺小的世界都在嘲笑，但是偉大的世界中人們，都聚集在哈德遜河兩岸，觀看富爾頓（Robert Fulton）駕駛他所發明的汽船通過這條河；儘管渺小的世界都在嘲笑，但是偉大的世界中人們，卻在貝爾做出歷史性的電話拜訪時凝神傾聽；儘管渺小的世界都在嘲笑，但是偉大的世界中人們，卻在萊特兄弟第一次乘滑翔機離開地面時揮手歡呼。渺小的世界可能在開始的時候嘲笑你，但是我們堅信偉大的世界中人們，將會在終點歡欣鼓舞的慶祝你的成功，你達到目標所得到的事物並不會比達成目標後，你變成什麼更重要。

洛杉磯郊區曾有個沒見過世面的孩子，十五歲就擬了個題為「生命清單」的表格，表上列出：「到尼羅河、亞馬遜河和剛果河探險；登上聖母峰、吉力馬札羅山和麥特荷恩山；駕馭大象、駱駝、鴕鳥和野馬；探訪馬可波羅和亞歷山大一世走過的路；主演一部像《泰山》那樣的一部電影；駕駛飛行器起飛降落；讀完莎士比亞、柏拉圖和亞里斯多德的著作；譜一部樂譜；寫一本書；遊覽全世界的每一個國家；結婚生孩子；參觀月球……」

他把每一項編了號，共一百二十七個目標。當把夢想莊嚴的寫在紙上後，他開始循序漸進的實行。十六歲那年，他和父親到喬治亞州的奧克費諾基大沼澤和佛羅里達州的埃弗格萊茲探險。他按計畫逐個逐個實現了自己的目標，四十九歲時，他完成了一百二十七個目標中的一百零六個。

這個美國人叫約翰·戈達德（John Goddard），獲得了一個探險家所能享有的榮譽。他集腋成裘、不辭辛苦的努力實現包括遊覽長城（第四十號）及參觀月球（第一百二十五號）等目標。

戈達德讓人感動之處，不僅僅是因為他創造了許多人間奇蹟，做了許多有益於人類的事情，更重要的他那種矢志不渝的奮鬥精神，那種熱愛生活、

珍惜生命的人生態度，以及由「生命清單」而延伸出來的優質人生。

每日默想目標完成時的情景

你可以朝向某個已經定義的方向看去：向北、向南、向上或向下。在這方面，你會看到一些你想到達的目的地。成為百萬富翁也是這樣。

如果我們一路開車往北，沿途會經過許多城市，但是我們得要決定哪個才是我們的目的地。

目的地可能是某一項特定的產品或某一條特定的生產線（例如柯達投入拍立得相機的市場），或是某個市場地位（例如艾維士設定目標想成為全歐第一，而且持續下去）。方向和目的地的唯一差別只在於，方向定義的範圍較寬廣，而目的地定義的範圍比較狹隘。一旦定義了目的地。便可以著手檢查通往目的地的方法。這是探索財富過程中，更進一步開拓事業生涯的過程。因此，空泛的說「我需要很多很多錢」，那是沒有用的，你必須確定你追求的成功的具體評價標準。

是的，必須在你能夠達成目標之前先「看見目標完成」。你如果制定了目標，那麼你就應當在付諸行動的同時，每日默想目標實現時的情景。如果目標一天不得實現，你就一天不得安寧。如果你想要達到目標，在達到之前，心中就要「看見目標完成」；相反，如果你給自己設定障礙，總覺得目標是不可實現的，那麼，事實上你將正是如此。

生活中有很多人準備寫一本書，爬一座山，打破一項紀錄或做一項貢獻。剛開始時，他的夢想與野心毫無限制，但是在生活的道路上，並非一切都那麼隨心所欲，他會好幾次碰壁。這時候，他的朋友與同事會消極的批評他，結果他就容易受到消極的影響。這也就是為什麼建議你要小心選擇那些跟你分享目標的人。

「容易受消極影響」的人，會從「命運的預言家」那裡聽到一些消極的垃圾，後者只會給前者失敗的藉口，而不是成功的方法。

從未設定目標的人，在生活各方面都難以令人滿意。讓我們看看巴比倫

成功學院（Babylon Success Institute）給推銷員的忠告：如果你從未設定目標的話，我建議你由一種短期的目標開始。選擇你最好的一個月。加上百分之幾的業績做為一個月的目標。在這個月裡選擇最好的一天，把它記下來，並保存資料。在最好的一天裡，寫下你要打破的一個月目標，每天需要達成的平均目標。你的平均日的數字，會比最好的一天的數字小得多，所以你有信心去達成一個月的目標，等完成後再在你轉到第二個月的目標之前要先達成第一個月目標，這是很重要的。達到每月目標以後，可以把該目標乘以三，再加百分之十作為季目標。這次保存最好一週的紀錄，然後把季目標除以十三，所得的數字即為每週的平均目標，亦即每週能達到這個數字就能打破季目標。實質上你的每週平均值低於你最好一週的數字，但是只要維持平均值，你就能達到目標。

達到季目標時，你就把季目標的結果乘上四，再加上百分之十作為年目標。這百分之十的步驟是合理而且可以達到的。在實質上能增加不少業績。基本的步驟跟以前相同，取出你最好的一個月，大膽寫在一張卡片上，然後求出達到年目標每月需要做到的平均值。每月的平均值終究遠低於最佳一個月的數字，所以你應該很有信心做完這項工作。

注意，要把目標適當的寫在一張或多張卡片上。你要把它寫得清清楚楚，以便於你閱讀每一行中的每一個字。將這些卡片保護好，並隨時把這些目標帶在身邊，每天都要複習這目標，請記住；行動才是我們的目標。當世界上最長的火車靜止不動，在它的八個驅動輪前面放塊小小的木頭，就能使它永遠停在鐵軌上。而同樣的火車以每小時一百里的時速前進時，卻能洞穿五英尺後的鋼筋混凝土牆壁。這就是你的寫照。請現在就開始去取得行動的勇氣，衝破介於你跟目標之間的種種阻礙與難關吧！

排除干擾，全力聚焦你的目標

試著做這樣一個小遊戲：把放大鏡拿來放在報紙上，離報紙有一小段距離。如果放大鏡是移動的話，永遠也無法點燃報紙。然而，放大鏡不動，你

把焦點對準報紙，就能利用太陽的威力，報紙就會燃燒。說明不管你具有多少能力、才華或能耐，如果你無法管理它，將它聚集在特定的目標上，並且一直保持，那也無法挖掘你的內在潛能，無法取得成就。

如果你並不覺得不滿意，你便不會想改進現狀，也就不會有光明的理想。

如果你自滿於理想上的成就，那實在是你進步的障礙。

理想可以做為一種刺激，因為理想可以把現在和將來的區別擺在眼前，催促他改進現在的狀況。如果他只是空想著成為一個大人物，或是以為自己已經是個大人物，那麼他便永無任何改進。那麼應當怎麼前進呢？

聰明的人，最初要畫出路線，在中途樹立許多小目標，對於最近的目標積極進行，因為這可以在比較短的時間內實現。最後的大目標距離很遠，恐怕只能隱約看見。據說拿破崙曾經說過這樣一句話：「一個人只曉得要往何處去，是不會走得很遠的。」

你所要時時注意的是眼前的步驟——如何越過石頭，如何跳過溪流，如何繞過山腳，如何避免從絕壁上滑下去。

發明電話的貝爾，是每個將近成年的小孩都羨慕的人物。但是他最初是否決定了以發明電話為目標呢？並非如此。如果等他有了這種理想再去發明電話，恐怕他就不會成功了。他之所以發明電話，是因為他努力於另一個不同的目標。

他在一間聾啞學校裡當教師，在那裡和他與學生結了婚。幾年之後，他經過許多實驗，想發明一種用電的工具，使他的妻子能夠聽見聲音。在他的種種實驗之中，偶然之間發明了電話。

這是一種偶然的事情嗎？他並不是呆坐著夢想成為一個大發明家。他只是專心工作，因為他對於眼前的問題決意要解決，才肯罷休。

人生的意義便在於做事，在於有進步，閒坐著默想你的成就直到老死，實在是個大錯誤。偉大的人物直到他完全精疲力竭了，才肯放手，不管他以往的成就如何。

人類的願望始於不滿足。不滿足是表示你需要更好的東西。你要注意這種標記，因為他可以催促你多方面前進。

志向並不是一種天賦的祕密。你應當想像到將來種種的發展，繼而發展出你的志向。不可做一個空泛的夢想家，要曉得如何確實前進，從你現在的地位，向著你想要達到的地位前進。你要真實認清你自己。「你將來想做什麼人，先要看看你現在的什麼人。」

目標要能刺激你把現在的工作做好，要把眼前的問題解決，才能夠前進，向目標行動。

不斷修正目標

如果一個人過度沉浸於自己的理想中的目標，而忘卻了自己的實際情況，就會有一種錯覺，覺得自己離目標更近，這容易造成他的自滿，而忘卻眼前的工作。

一個遠大的目標不可掩蓋目前的需要。固然，一個人要曉得往何處去是重要的，曉得自己與目標的距離也很重要，但必須有一種確實的計畫，依著計畫由現在的地位前進以達到目的地。至於前進的速度並不是最重要。重要的問題是：我現在做的事，是否能達到最後的目的。

許多大人物從一種工作換到別種工作，是因為他們覺得走上了錯誤的道路。卡內基如果不是看到了另有一種更大的發展，恐怕他一生還在鐵路上做事。他堅決辭謝了賓夕法尼亞鐵路管理局升他為副總管理的機會。這並不是一種隨便的見異思遷。他是想擁有更好的發展，而他覺得在賓夕法尼亞鐵路局做事不能達到目的。

恐怕你要試走幾條路，然後才能達到你真正想要達到的地方。恐怕你難免要換幾種工作，或回頭望望，但是你這種改變必須是根據以往的經驗經過聰明的考慮。你的改變不可因好變動，或是因為對目前工作的畏難。

排斥財富的心魔

希爾博士說：「無論你是誰 —— 不管你的年齡大小、教育程度高低、職業是什麼 —— 你都能夠招致財富，但也能夠排拒財富。」

你可能在心裡說：「這是老生常談！我願意看這本書，當然是歡迎財富而不會抗拒財富！」

真的嗎？那麼你看看你有沒有以下這些消極心態 —— 這些排斥財富的心魔：

1. 憤世嫉俗，認為人性醜惡，時常與人為忤，缺乏人和；
2. 沒有目標，缺乏動力，生活渾渾噩噩，有如大海漂舟；
3. 缺乏恆心，不懂自律，懶散不振，時時替自己製造藉口逃避責任；
4. 心存僥倖，空望發財，不願付出，只求不勞而獲；
5. 固執己見，不能容人，沒有信服，社會關係不佳；
6. 自卑懦弱，自我壓抑，不感信任本身潛能；
7. 或揮霍無度，或吝嗇貪婪，對金錢沒有中肯的看法；
8. 自大，虛榮，傲慢，喜歡操縱別人，嗜好權力遊戲，不能與人分享；
9. 虛偽奸詐，不守信用，以欺騙人家為能事，以蒙蔽別人為雅好。

如果你有以上九種「心魔」，你已經有不少消極心態在阻礙你的創富之旅。

以上各項是最常見的消極心態，然而以下兩項，卻是最嚴重的消極心態：

1. 過分謹慎，時常拖延，不能自我確定，未敢當機立斷；
2. 恐懼失敗，害怕丟臉，不敢面對挑戰，稍有挫折即退。

為什麼最後兩項是「最嚴重的消極心態」？前述各項「心魔」無疑會阻延和拖垮一個人的「創富」；然而最後兩項，卻令人意志消沉，態度消極，縱使偶有發財之念，也無膽量想下去。

有著這樣的消極心態，他們的「自我形象」，只是一個「普通人」，甚至一個「窮人」；潛意識完全被這種「負面自我形象」掩蓋了，試問，這些人如

何能走出創富的第一步？

　　一個充滿消極心態的人，不只會抗拒好運，更會不自覺的吸引厄運。生命就是潛意識的投射；如果你的潛意識盡是怨憤、恐懼、嫉妒、不和……你的生命就會不由自主地呈現這種狀態。

　　請大家細細思量這段話，「自我檢討」一番：「一個現年二十五歲的人，倘使到六十五歲退休，他有大約十萬工作小時在裡頭。加上消極心態的宏大力量，你有多少工作小時可以積極主動的使用呢？要是被消極心態牽制，又有多少工作時間，會從你的生命中失掉？」

　　這是希爾博士的金言，也是「自我創富學」的基石:「人的心靈能夠構思、而又能確信的，它就可以成就（whatever the mind of nan can con conceive and believe, it can achieve）。」

　　這個方程式就是：想像力＋信念＝成就

　　它告訴我們：人類一切精神與物質的成就，都是先由人的心靈構思出來，然後由信念實踐的結果。

CHAPTER 04
培養富有的習慣

《富爸爸，窮爸爸》的作者羅伯特·T·清崎（Robert Toru Kiyosaki）說：

「有些習慣讓你致富，有些習慣讓你貧困。很多人貧困終生，就是因為他們有貧困的習慣，如果你想致富，你所要做的就是要培養一個富有的習慣。」

富有習慣之一 —— 珍視時間的價值

無論我們生活的世界有多麼的不公平，但至少每天二十四小時的時間對每個人來說是絕對公平的。而對於成功者而言，對於時間的價值的珍視，是取得最大財富的必要保證。

作出每日工作計畫

沒有哪一位足球教練不在賽前向隊員細緻周密的講解比賽的安排和戰術。而且事先的某些計畫也並非一成不變，隨著比賽的進行，教練一定會根據賽情作某些調整。但重要的是，開始前一定要作好計畫。

你最好為你的每一天和每一週定計畫，否則你就只能被迫按照你桌上的東西分配你的時間，也就是說，你完全由別人的行動在決定你辦事的次序。這樣你將發覺你犯了一個嚴重錯誤 —— 每天只是在應付問題。

請記住，沒有任何東西比事前的計畫，更能促使你把時間集中運用到有效的活動上。研究結果證實了一個反比定理：當你做一項工作之時，你花在制定計畫上的時間越多，做這項工作所用的時間就會越少。不要讓一天繁忙的工作把你的計畫時間表打亂。

按日程工作表行事

為了更好的實施你的計畫，建議你每天制定兩種工作表，而且最好在同一張紙上。這樣一目了然，也便於比較。

在紙的一邊或在你的記事本上列出某幾段特定時間要做的事情，如開會、約會等。在紙的另一邊列出你「待辦」的事項──把你計畫要在一天完成的每一件事都列出來。然後再審視一番，排定優先順序。表上最重要的事項標上特別記號。因此，你要排出一、二段特定的時間來辦理。如果時間允許，再按優先順序盡量做完其他工作。不要事無鉅細的平均支配時間，同時你要留有足夠的時間來處理突發事項，否則你會因小失大，因為無法完成主要工作而洩氣。

「待辦事項表」有一項很大的缺點，那就是我們通常根據事情的緊急程度，來排定它包括需要立刻加以注意的事項，其中有些事項很重要，有些並不重要。但是他通常不包括那些「重要卻不緊急」的事項，諸如你要完成、但沒有人催你的長遠計畫的事項和重要的改進專案。

因此，在列出每天「待辦事項表」時，你一定要花一些時間來審閱你的「目標表」，看看你現在所做的事情是不是有利於你要達到主要的目標，是否與其一致。

在結束每一天工作的時候，你很可能沒有做完「待辦事項表」中的事項，但是你不要因此而心煩。如果你已經按照優先次序完成了其中幾項主要的工作，那麼這正是時間管制所要求的。

需要特別提醒的是：如果你把一項工作（它可能並不十分重要）從一天的「待辦事項表」上移到另一天的工作表上，且不只是一兩次，這表明你可能是在拖延此事。這時你要向自己承認，你是在摸魚，你就不要再拖延下去了，而應立即想出處理辦法並著手去做。

你最好在每天下班前幾分鐘擬定第二天的日程工作表。對於那些成功的人士來講，這個方法是他們做有效的時間管理計畫時最常用的一個。如果拖

到第二天上午再列工作計畫表，那就容易做得很草率，因為那時又面臨新的一天的工作壓力。這種情況下排定的工作表上所列的常常只是緊急事務，而漏掉了重要卻不一定是最緊急的事項。

避免帕金森定律（Parkinson's law）的辦法似乎很明顯：為某一工作定出較短的時間。也就是說，不要將工作戰線拉得太長，這樣你就會很快把它完成。這就是你為什麼要定出每日工作計畫的目的。

改變行為模式

要向好的方面改變，就必須與那些多年養成的習慣搏鬥。改變你的行為模式有兩種方法。一種是強迫自己按照新設計的行為模式去做，直到這種模式成為你的一種習慣為止；另一種是利用獎勵辦法使自己逐漸形成一種新的習慣。

如果你要徹底改變你原來的行為模式，你就要認真採取一些對策，以幫助你加強或消除某些習慣。你最好畫出一個表格，以利於你能夠正確評估出你的進度。你或許要運用所謂厭惡的辦法，但是這個辦法會產生令人不愉快的作用。

對我們大多數人來說，要認識到重要的一點：任何事後可以使我們感到愉快的行為，往往會促使我們去做，而且更有可能再度去做。你可以從別人那裡得到鼓勵，也可以給自己某種獎賞自我鼓勵。例如，當你完成一項困難或乏味的工作之時；繼續去做一項優先工作，而不躲避它去做次優先的工作；著手去做一項令人不愉快的工作；拒絕一項與主要工作無關，而且做起來又回耗費時間的要求等等。這種獎賞可能微不足道，但只要能使你覺得愉快就行了，但這裡有兩點要注意：

第一，為懈怠而自我處罰，不如為成功而自我獎賞更加有效，因為積極的鼓勵是使人改變行為模式最有效的方法。

第二，你要為每一次「小」的成功獎賞自己，而不要專等「大」的成功。例如，當你開始填報所得稅表，但是很快就厭煩而停止下來時，你就不要因

為沒有填好而處罰你自己，而要因為已經著手而獎賞自己。當你再次填表的時候，你再獎勵自己一次。

一旦你開始做某項工作，就要把它做好，不要半途而廢。

當然，如果工作一環套一環，而不能一次做完，這項建議就不太適用。那你該怎麼辦呢？

很簡單，你可採用各個擊破法。把這件工作化解成若干個分段，最好用文字記錄下來，然後強迫自己完成一個工作階段後間歇一下。這樣在每告一段落的時候，你就不會覺得頭緒紊亂，而且會覺得離大功告成不遠，隨時都可以鼓足力氣做下去。這樣當你每前進一步時，你就有完成某一件特定事情的感覺，並且十分清楚自己下一步該做什麼了。接著再寫的時候，你就不需要重新理出頭緒，也就不會白白浪費時間和腦力了。

把工作分成若干環節或若干段落去做，你就會養成所謂的「強制完成」的良好習慣，並為你每天省下很多時間。

如果拖延是你行為模式中的主要問題，那你就改變行為模式，不能再拖延了。

具體改變行為模式的有效方法有以下三個：

1. 分階段實施法
2. 平衡評估表
3. 養成有系統的習慣

下面我們具體分析一下這三種方法並看看如何去使用。

分階段實施法

當你發覺自己在拖延一項重要的工作時，你可以盡量把它分成許多小而易於立即去做的工作，而不要強迫自己一下子完成整個工作，但要做好你表中所列的許多「階段工作」中的一項。

例如，你已經拖延很久，不去打一個你應該打但可能會令你不愉快的電話。在這種狀況下，採用「分階段實施法」你就可以這樣去做：

1. 查出電話號碼，並且寫下來。
2. 定出一個打通這個電話的時間。（要求你立刻去打通電話顯然有些超出你現有的意志力量，因此讓自己輕鬆一下。但是要有個補償，那就是堅定承諾在某一時間打通這個電話，並且把這個時間寫在你的行事曆上。）
3. 找到一些相關的資料，看看這個電話到底與什麼有關，究竟是怎麼一回事。
4. 先要心裡想好自己要說些什麼。
5. 打通這個電話。

如果這是一件重要工作，而且細分的階段也很多，那就排一個詳細的計畫表。但是要使每一件細小工作簡化便捷到可以在幾分鐘之內做好。這樣當你在每次與人會談之間，或在等電話的幾分鐘內，就可以解決一兩項立即可以做好的小事。沒有這張工作分段表，你可能永遠不會著手去做這件大工作。

請記住：這項整個工作的第一階段 —— 第一件可以立刻去做好的小工作 —— 就是用文字列出這件整個工作進行中的許多分步驟。

分階段各個擊破的原則不只可以用在作戰計畫之中，也可以用於工作之上。只要你動動腦筋，任何事都可以迎刃而解。

平衡評估表

使你脫離困境的另一個好辦法，是用文字來分析你所要做的事情。

在一張紙的左邊，列出你拖延某一件工作的所有理由，在右邊則列出你著手完成這件工作可能得到的所有好處。

這樣對比後的效果會極為驚人，在左邊你通常只能有一兩個情感上的藉口，諸如「這會遇到尷尬的場面」，或「我會覺得很無聊」等等。但是在右邊，你會列出許多好處，其中第一個好處就是完成一件令人不愉快的工作的那種解脫感。

這種效果表現得非常快速而富有戲劇性，你會從怠惰中清醒，並開始工作，獲得你表中所列的許多好處。

養成有系統的習慣

第三種方法，也是最基本的方法，是基於我們認識到不能立刻採取行動，並不是因為這件工作有什麼特別的困難，而是我們又已經養成了拖延的習慣。拖延很少是因為某些特定事項，通常是由一種根深蒂固的行為模式所導致。如果我們能夠改變思考習慣，前面的兩個方法就不很重要了。

這種事實非常重要。那些辦事效率高和效率低的人的最大差別往往在於，辦事效率低的人習慣想：這件工作雖然必須做，卻是一件令人不愉快的工作，因此我盡量把它放著；而高效率的人則這樣想：這項工作辦起來雖然令人不愉快，卻必須做，因此我現在就要把它辦好，好早一點把它忘掉。

對於很多人來說，一想到要改變某種根深蒂固的習慣，他們就感到不自在。他們已經努力過好多次，單純以意志力量來改變習慣，結果都失敗了。其實並沒有什麼困難，只要你採用合適的方法。

美國心理學之父威廉‧詹姆士（William James）有一篇談習慣的著名論文，討論過一種辦法；後來的行為學家經過研究，也確認這個辦法有效，這個辦法大致是這樣的：

一、你受到我們所說的這些觀點的激勵時，就立刻決定改變舊習慣。迅速採取這第一步極為重要。

二、不要試圖一次做太多的事情。不要想一下子完全改變自己，現在只要強迫你自己去做你所拖延的事情之一。然後從明天起，每天早晨開始，就做「待辦事項表」上最重要的一項。對於最重要的事項，我們應該分配一段特定的時間去做。

最令人不愉快的事常常只一件小事，如：

◆　你早就想提出的道歉；
◆　你一直沒有和你的一位同事面對面澄清的問題；
◆　你早該解決的一項令你厭惡的雜事。

不論它是什麼，你一定要在你拆閱信件、回撥昨天留下的電話，或辦理

你每天早晨例行工作等等之前，把這件小事情解決掉。

這個簡單的辦法很可能決定你一整天的心情。一天雖然過去了十五分鐘，但你已經辦好你一天必須做的最令你不愉快的事情，這樣你就會有一種輕鬆愉快的感覺。這樣做幾天以後，你就會養成一種終生不變的習慣，這正是行為學家所稱道的自我加強的行為——這種行為會給你帶來實質性的獎賞，因而可以鼓勵你繼續朝著好的方面轉變。這也正是嬰兒學習站立的途徑。嬰兒從站立中獲得的成功感，加強了完成第一次站立所進行的各種動作，而這些動作不久就變成第二天性。同樣的，「現在就做」的習慣也可以變成第二天性。

雖然你一天只強迫自己照這個辦法做一次，但是你不久會發覺這會影響到你一整天的決定。別人每交給你一項不愉快的雜務，你都會渴望把它先解決掉，好迅速得到解決此類工作之後的那種愉快感。

這個辦法的妙處，是改變了你對雜務的心理感受，因而在你面前不再有任何你根本不打算去做的事情。你打算去做那種雜務，否則你不會把他列在你的「待辦工作表」中。這個辦法會使你輕易地把這件工作列為第一項，而不是第五項或第十項。

三、你要接受一項忠告。在你的新習慣逐漸固定形成這段時間，尤其的在起初兩個星期，你必須要特別小心，不容有任何例外。

四、列出時間記事表。時間記事表是控制時間最有效的工具之一，一不要把填寫這種表當作例行公事。它是一種自我診斷與自我指導的方法，每隔幾個月，特別是當你辦事效率降低時，要採用這種方法來提高你的辦事效率。使用這種記事表要比看起來容易得多。

制定一張每日時間記事表，根據你自己的狀況不斷加以修正。這種表可以包括兩類：一類是「活動事項」，另一類是「活動目的」。把一天的辦公時間按每十五分鐘一個時間段，然後在上面打兩個記號，每一類下面各一個，並且按照需求，在「備註」欄中寫明你確實做了些什麼。

每日時間記事表			
時間	活動事項	活動目的	備註
06:00 ～ 06:15			
06:15 ～ 06:30			
……			

你可以把這張表放在一邊的架子上，不使用的時候就看不到它，然後每半個小時左右（不得超過一小時）填寫一次。一天累積起來，填寫這張表大概只要三四分鐘，但是他產生的效果極為驚人。

你會發現，你以前根本說不清楚你的時間究竟都用到哪裡去了。你的記憶力在這方面是不可靠的，因為我們往往只記得一天中最重要的事情 —— 也就是我們完成了某些事情的時刻 —— 而忽略掉我們浪費或未能有效利用的時間。瑣碎的事項，小小的分心都不太重要，我們記不住。但這些正是我們最需要辯明並加以修正之處。

填寫這個表兩三天之後，你會驚訝的發現，你有很多地方可以改進。例如，你可能會發現你以前並不知道你竟然花了那麼多的時間用於閱讀貿易刊物、報紙、報告等等，因此想找出一個辦法來減少用於這方面的時間。你也可能會驚訝的發現，你竟然花了那麼多時間用在赴約的路上，因此想辦法改進行程表，一次去幾個地方，或多利用電話。你也可能會發現你把計畫十五分鐘的喝咖啡、休息時間竟延長到四十分鐘（從辦公桌到咖啡店的來回）。花四十分鐘或許是值得的，但是唯有你從文字紀錄中確實看出你究竟用了多少時間之後，你才能夠判定是不是值得花那麼多時間。

不過最重要的是，你會更驚訝的發現，你實際上居然只用了一點點時間，做你承認是最優先的事。而和你東奔西走處理那些次優先的事務相比，你用於計畫、預估時間、探尋和利用機會，以及努力達到目標等等的時間真是太少了。

我們每個人都要自律，要繪製或填寫時間記事表。當你真正做到之後，保證你會出現一些驚喜的效果：

1. 在幾天之內，你只需用遠比你想像中少得多的時間來填寫記事表。
2. 它一定會為你使用時間指出重要的改進途徑。

所以從今天開始，填寫一張時間記事表吧！

把握今天

珍惜時間，最重要的是要把握今天。一位良好的時間管理者應該認識到這一點，今天是我們唯一能夠運用的時間，一定要合理支配。過去已經是一去不回，明天只是未來之事。世界上每一件事情的完成，都是由於某一個人或某些人認識到了一點：只有今天是行動的唯一時間。

珍惜今天，這對大多數人似乎已是一種常識，但是可以肯定的說，我們大多數人很少能夠完全把握這一不言自明的真理。

十九世紀的蘇格蘭作家、歷史學家及哲學家卡萊爾（Thomas Carlyle）曾說：「我們的主要工作不是去遙望未來都無法清楚的東西，而是去做好目前的事情。」十九世紀的英國散文家、批評家和社會改革家羅斯金（John Ruskin），把「今天」這兩個字刻在一小塊大理石上，放在桌子上，以便經常提醒自己。

讓我們重提一次前面那位哲學家的名言吧：

昨天是一張過期作廢的支票。
明天是一張尚未兌現的支票。
今天是可以流通的現金。
好好珍視時間、運用時間吧！

富有習慣之二 —— 迅速而有效的作出決定

對於那些低效的企業來講，也是因為很多人為的因素，如過多的會議、討論、瓶頸現象、工作環境等。對於每一位成功者而言，他們都具有一種良好的習慣 —— 迅速而有效的決定。對於生存於競爭激烈中的現代人來講，更

應該培養這種良好的習慣。

打破「瓶頸」現象

造成「瓶頸」現象的原因可能是猶豫不決、懶惰、優先次序不當、頑固或要求過分。這是管理時間中遇到的最大問題，因為如果你是以為管理者的話，你浪費的不僅僅是你個人的時間，而是一群人的時間。

典型的「瓶頸」都是有類似下面這些人造成的：

◇　對於新辦法不置可否的高階主管；
◇　核定下一項計畫之前，舞文弄墨的官員；
◇　喜歡吹毛求疵的老闆；
◇　習慣拖到最後才確定論文題目的教師；
◇　要下屬每事必問，但詢問時又找不到的老闆，等等。

「瓶頸」現象的造成，固然可能是由於某一個人要做的事情太多，但也可能是由於某個人沒有足夠的事情可做，後者會堆積起一大堆資料，使別人（常常是使他們自己）認為他們很忙。對付這些人的方法，是給他們更多而不是較少的工作，並且訂下期限。這個辦法會像疏通堵塞的水管一樣，可以發揮驚人的效果。

我們要找出「瓶頸」的所在，第一個要找的地方是你的辦公桌、你「待處理」的卷宗、你自己的「待辦事項表」。並且記住：「瓶頸」常常是在瓶子的上端，所以趕快把你辦公桌上的檔案處理乾淨，以便於盡快轉移到另一個人的桌子上。

懊悔 —— 非常浪費時間

沒有什麼事情比懊悔更浪費時間了。

紐約一位著名的精神病醫師，在即將結束他一生的職業生涯時指出，他發現幫助人們改變生活的最有用的觀念，是他所謂的「四字真言」，前兩個字是「如果」：「我的很多病人都是把他們的生命花在過去，為他們在許多狀況中沒有做到應該做的事情而身心痛苦。例如：『如果我為面試多準備一下就

057

好了……』、『如果我把我的真正感覺告訴老闆就好了……』、『如果我接受過會計訓練就好了……』如果一個人過於沉醉與悔恨的大海中，情緒就會嚴重萎縮。」

克服這一問題的辦法很簡單，就是用「下次」來取代「如果」。例如，我們可以把上面的三句話改為：「下次我要好好準備……」、「下次我要說出我想說的話……」、「下次有機會我要接受訓練……」。

實行這個簡單的方法，直到養成習慣為止，永遠不要再重提你過去犯的錯誤。當你發現自己仍在想著過去的錯誤時，你要忠告自己：「我要用不同的方式去做。」

富有習慣之三 —— 行動之初設定最終目標

成功人最明顯的習慣之一就是，他們往往在行動之前，就清楚地知道自己要達到一個什麼樣的最終目的。根據這一目標，自己必須確實做到哪些事情，然後一一付諸實施。

首先，讓我們一起來聆聽英國散文家約瑟夫·艾迪生（Joseph Addison）的這段話：

「當我看到偉人的墳墓，我心中的所有羨慕之感都泯滅了；當我看到美人的墓誌銘，我心中的一切奢望都消失了；當我在墓碑旁碰到悲哀的父母，我的心被同情所軟化；當我看到父母的墳墓，我感到那些必定會很快跟著去的人悲哀是沒有用的；當我看到國王同廢黜他的人躺在一起，當我想到生前互相爭鬥、死後並排安葬的智者，或者以能言善辯劃分世界的聖人，我就想到人類無謂的競爭、宗派和辯論，感到悲哀和驚愕，當我看到墓碑上的日期 —— 有的人是昨天剛剛去世的，有的人六百年前已經作古 —— 我考慮有那麼一個偉大的日子，我們大家都成為同一時代的人，一起出現在這個世界上。」

一開始心中就有最終目標，最根本的一點是，從今天開始就要把你生命

最後的景象、圖畫或模式作為檢查其他一切的參考物或標準。你生命的每一部分——今天的所作所為，明天的所做作為，下週的所作所為，下個月的所作所為——都可以從整體來檢查，從什麼確實對你最重要來檢查。只要明確的記住最終目標，你就能肯定，不管哪一天做哪一件事都不會違背你所確定的最重要的標準，你生命的每一天都會為你設想的終生目標作出最有意義的貢獻。

　　一開始心中就懷有最終目標，意味著一開始就清楚知道自己的目的地。它意味著你知道自己要去哪裡，這樣你就比較清楚你現在在哪裡，你邁出的每一步總是朝著正確的方向前行。

　　人們發現自己取得的勝利毫無價值，是在犧牲他們忽然意識到對他們重要得多的東西的情況下。各行各業的人——醫生、院士、演員、政治家、主管、運動員和水電工——常常為得到更高的收入、更多的承認或者某種程度的專業能力而奮鬥，最後發現他們的追求使他們沒有看到真正重要的東西，卻為時已晚。

善用目標管理

　　「目標管理」這個術語，是由著名經濟學家和管理學家彼得·杜拉克（Peter Ferdinand Drucker）在一九五五年創造的。從此以後，這個術語就成為全世界商界領袖的共同詞彙。

　　目標管理，是依照特定目標而不是依照程序和規定進行思考，這個觀念鼓勵人們問這樣的問題：

◈　「我們究竟要努力做什麼？」
◈　「我們為什麼做這件事？」
◈　「有沒有更好的途徑？」

　　而不是問：

◈　「這是遵照公司的政策嗎？」
◈　「這是上面要我們做的嗎？」

◆ 「這是不是能使我們雇用更多的人，擁有更大的權力？」

確定目標，以及分配時間去從事最能達到這些目標的活動，是任何機構求得效力的要訣。勞倫斯·彼得（Laurence J.Peter）解釋道：「在缺乏一項適當的目標之下，管理方面一個典型的反應是增加輸入 —— 雇用更多的人，驅使員工更辛苦的工作，提升員工的資格。缺乏目標來確定程序，個人就可能只會增加輸入，忙於做些意義不大的活動，卻無法完成任何事情。」

許多人和機構很容易只忙於程序方面的事情。推銷員一再去拜訪早就沒有生意做的老顧客；主管只根據下屬給他帶來多少麻煩，而不是根據他們有多少看法來評價員工；或只要求大量的文字報告，而不自己去看實際進展情況。類似這樣的人浪費自己的時間，也浪費別人的時間，因為他們沒有關注自己最終的目標。他們只想要大家忙個不停，維持一種制度，以及粉飾表面。

制定目標實施期限

很多人只要加上一點點壓力，就能把工作做得更好，而自我設定的期限就可以提供你所需要的壓力，使你繼續把工作完成。只有在你為一項工作設定一個期限之後，你才會有一個真正的行動計畫，否則那只是一個虛無縹緲的希望，即你想在某一個時刻做件事情而已。

請記住帕金森的定律：「工作會延伸到填滿所有的時間。」因此，派給自己或別人的任務，永遠不能沒有期限。

有時把你的期限宣布出來也有幫助，這樣別人會因此期盼你在某個時間之前把工作做好，從而增加一種驅策力。如果工作很複雜，你可以給自己設定幾個中期目標的完成期限，這樣你就可以用一種均衡的進度來做這件事，而不必在最後時刻拚命趕工。

一旦你為自己設定了期限，就要遵照你所設定的期限。如果你養成了延緩期限的習慣，期限就會失去功效，不但不能驅策你，也不足以刺激你左右的人。

富有習慣之四 —— 盡量減少書面工作

對於那些大型企業的員工來講，最為頭痛的工作程序之一，就是每天必須完成的書面工作。不知這些企業的管理者有沒有想到過或親自檢驗這些書面工作的實際結果？

對於一個成功人來講，他會盡量精簡各種書面的工作，這樣既可以減少員工的工作量，也可以節省公司資源，更為企業贏得意想不到的效果。

時間就是金錢，設想你或你屬下要按小時來計酬，而不是月薪甚至年薪，這樣你也許更能體會到時間的分分秒秒的價值。

將書面工作合理化

英國著名的馬科斯—史賓塞連鎖零售公司的董事長、百萬富翁西蒙・馬科斯，在一九五六年的一天晚上，看到他的一家零售店在下班很久以後還亮著燈，他走進去一看，原來是兩名職員正在加班整理存量卡片。後來他發現他所有的公司，每年差不多要填一百萬張這種卡片，於是他下令要人研究是不是真的需要這些卡片。研究的結果表明，這些卡片並不是非要不可。

免除填寫存量卡片使公司獲得了很大的好處，又促使公司大清理所有分公司的書面工作。該公司對每一項表格、檔案以及那些成為一種工作程序的每一種書面工作都加以檢視，並且讓每一位職員問問自己：「如果懷疑這項書面工作的價值，就把它丟掉。」

不到一年時間，整個公司共有兩千六百萬張卡片和檔案，重達一百二十噸被清理掉。例如，上下班卡片就給廢除掉了，一年就是一百萬張。

馬科斯—史賓塞公司廢除了不必要的書面工作，而且一直堅持這種做法。公司從簡化和廢除不必要的書面工作著手，以達到有效運用時間的目的，整個公司在實施這一原則以後收效極大。在一九五六年到一九七三年之間，公司營業額增加了百分之三百六十一，利潤增加了六倍，商店據點增加了一倍，而員工卻從兩萬六千七百減少為兩萬六千。公司認為，減少書面工

作以及因此帶來的高漲的士氣，對公司的業績至關重要。

之後美國連同其他國家的許多公司都研究了馬科斯—史賓塞公司的做法，並且加以效仿而獲益匪淺。例如美國廣播公司前幾年在系統的清理工作中做了詳細的記錄，從檔案中清除了一千五百萬張紙張；一家有影響的石油公司清除了五分之二的紀錄，而檔案室的開支由過去一年兩萬美元減少為五千美元。

丟掉不必要保存的檔案資料

各公司部門的檔案資料之所以如此繁多，主要是因為我們在決定要不要把某份資料歸檔的時候向自己提出了一個錯誤的問題。我們總是問自己：「我以後有沒有可能會參閱這項資料呢？」這時你的答案總是「有的」（其實任何事情都是有可能的），因此我們就把每一份資料都歸檔。

如果我們不問這個問題，而問另外一個問題：「如果有一天要用這項資料卻找不到，我將怎麼辦？」這時你的回答通常是「找不到這項資料也沒關係，總可以找到辦法。」但如果你真的需要這項資料，通常總是會有些簡單的方法找到它。例如，你為什麼要保存一份公司內部刊物呢？如果你需要一份某一期刊物，辦公室可以找到；人事部通知下個星期一放假，你為什麼要把這項通告歸檔呢？你只要在行事曆上記錄即可，然後把這份通告丟掉。萬一有什麼問題，你知道人事部的檔案中必然有一份，最壞的結果也只是再打個電話給人事部，請再送過來而已。

保存太多的紀錄，也是一種不安和自我防衛的症候。這表明你較少關注達到目標而更多注重公文形式，你的想法只停留在過去而沒有針對現實。現在請記住馬科斯—史賓塞公司的格言：「如果懷疑會不會用到，就把它丟掉。」

富有習慣之五 —— 分清事物的輕重緩急

一個高效而成功的職業人士懂得如何把重要而緊急的事情放在第一位，

控制自己不會變成一位「工作狂」，他們懂得如何授權他人，如何減少干擾、如何集中注意力……因為他們有良好的富有習慣 —— 分清事務的輕重緩急。

現在，請你先認真回答下面這兩個問題：

1. 有哪一件你可以做但現在沒有做的事，如果你經常做的話，會對你個人的生活發生巨大的積極變化？

2. 在你的商業或職業生活中，有哪一件會產生類似的結果？

我們知道，確定一項活動的兩個要素是緊急和重要。緊急意味著需要立即注意，是「現在」，例如，電話鈴響了是緊急的，多數人不會讓電話鈴一直響著而不去接。

緊急的事通常是明顯可見，它們給我們造成壓力，非要我們採取行動不可；而不緊急的事往往是令人愉快、容易完成、有意思的，但經常是不重要的！讓我們看看下面這份「時間管理表」就很清楚了。

時間管理表		
	緊　急	不　緊　急
	I	II
重要	危機緊迫的問題 期限逼近的項目	預防 建立關係 尋找新的機會 計劃、改造
	III	IV
不重要	臨時插入的事，電話 郵件，報告 會議 直接而緊迫的問題 受歡迎的活動	瑣碎而忙碌的工作 某些郵件 某些電話 消磨時間 娛樂活動

另一方面，重要同結果有關係。如果某件事很重要，它會對你的使命、價值觀、優先的目標作出貢獻。

我們對緊急的事會很快作出反應。那些重要而不緊急的事要求人們具有更多的主動性和積極性。我們必須主動行動以抓住機會，促成事情的發生。

如果我們不具有積極主動的習慣，如果我們不清楚什麼重要，不清楚我們希望自己的生活產生什麼結果，我們就很容易轉向對緊急的事做出反應。

讓我們分析一下時間管理表的四個方格：方格 I 既緊急又重要，它處理的是要求立即注意的重大結果，我們通常把方格 I 的活動稱為「危機」或「問題」。我們在生活中都有一些方格 I 的活動。但是方格 I 耗費了許多人的精力。這些人是危機處理者、注重問題者、受限期驅趕的生產者。

只要你集中於方格 I，它就會變的越來越大，直至主宰於你。這就像大浪衝擊，一個大問題來了，把你擊倒，你掙扎著起來，又面臨另一個大問題，把你甩在地上。

一些人幾乎每日每時都被問題弄得焦頭爛額，唯一的解脫是躲避到方格 IV 既不重要又不緊急的活動中。看一看他們的表，他們百分之九十的時間花在方格 I，剩下的百分之十的時間大部分用在方格 IV，只有微不足道的一點注意放在方格 II 和方格 III 上。這就是透過危機管理生活的人的生活。

還有一些人把大量的時間花在方格 III「緊急但不重要」的事上，以為他們是在方格 I。他們把大部分時間花在應付緊急的事上，以為這些事也是重要的；但是現實情況是，這些事情的緊迫性常常基於別人的輕重緩急和期望。

把時間幾乎完全放在方格 III 和方格 IV 的人，基本上過著不負責任的生活。

卓有成效的人避開方格 III 和方格 IV，因為不管是否緊急，它們都不重要；他們還會縮小方格 I 的規模，把較多的時間放在方格 II

方格 II 是卓有成效的個人管理的核心，它處理的是一些不緊急但很重要的事情。如建立關係、制定長遠計畫、鍛鍊、保養、準備 —— 所有那些我們知道需要做，但因為不急而很少時間去做的事。

著名管理大師彼得・杜拉克認為，卓有成效的人不注重問題，而是注重機會。他們充實機會，減弱問題，從預防的角度考慮。他們有真正方格 I 的危機和緊急情況需要立即注意，但數目比較少。他們把注意力集中到方格 II 的能

力培養活動上，以此保持生活的平衡。

記住時間管理表，現在用一點時間考慮怎樣回答前面我們提出的兩個問題。它們適合於哪一格？它們重要嗎？它們緊急嗎？

它們顯然是重要的，非常重要但是不急，並且因為不急，所以你們不做。

現在再看一看這些問題的實質：在你的個人和職業生活中，有什麼事如果你經常做的話，會使你的生活發生非常積極的變化？

養成快速閱讀的習慣

如果你的問題是在閱讀上花費太多的時間，那接受速讀訓練並不能解決你的問題，最好的解決辦法是選擇閱讀資料。

有些人確實有不好的閱讀習慣，如總出聲閱讀或不必要的重讀某些句子。速讀訓練班有助於克服這些壞習慣並提高閱讀速度。但一份令人驚異的資料報告說，這些速度大有進步的人在幾個月後，又會退回他們的老習慣。至於宣稱說一分鐘可以讀四萬字（等於是在十二分鐘內讀完《飄》這麼厚的一本書）且仍能明白他們閱讀內容的說法，那就要看看一家著名大學所做的實驗結果：兩位接受過速讀訓練的人在閱讀一篇內容中加插另一篇論文句子的文章，竟然不知道他們所閱讀的文章根本不通，直到另一位沒有接受速讀訓練的人指出來才知道。

我們確實很難拒絕閱讀的誘惑，請記住英國批評家盧卡斯（Robert E.Lucas Jr.）的這段話：「常識告訴我們，準備做一件工作或閱讀一本書時，若不先問自己：『這是不是值得花掉我生命中的一段時間？』就永遠不會去做這件工作或閱讀這本書。」

檢視一下你的時間記事表、日程表、業餘活動、書刊預定閱讀表和你划手機的習慣，並去掉所有不能為你帶來成就感或滿足感的每一件事。

富有習慣之六 —— 杜絕拖延

拖延是有礙成功的一種惡習，我們很多人的身上都潛藏著這種惡習，但是，我們很多人並不認識到自己身上的這一缺陷，他們反而找出各種理由為自己辯解，而成功者總是乾脆果斷。

魯迅先生說過：耽誤他人的時間等於謀財害命。由此可見，自我拖延時間則無異於慢性自殺。那麼你是否經常拖延時間？如果你同大多數人一樣，就會說：「是的。」不過，你也許已經討厭自己的這種不良習慣，並希望在生活中消除因拖延而產生的各種憂慮。但是，你總是沒有將自己的願望付諸於確實的行動。

其實，你所推遲的事情都是你曾經期望盡早完成的，只是由於某種「原因」而一拖再拖。有時你甚至每天都要對自己說：「我的確應該做這件事了，不過還是等一段時間再說吧。」

拖延的原因何在

心理學家認為，造成拖延的主要原因是因為缺乏安全感、害怕失敗，或無法面對一些有威脅性、艱難的事，或是害怕黑夜。這些都是主要原因，但還有一些導致拖延的因素。潛意識也是導致人們拖延的因素，他們知道該做什麼事，但原因不明，就無法去做。

拿一張紙，然後把那些導致你拖延的原因寫下來。最少寫十條，盡可能的去寫。你會發覺，真正的原因要比你所列的多出很多。

有效克服拖延惡習

首先，想想所以你已拖延下來的要事 —— 你該寫的信或報告、你該打的電話，或是你該念的書，把它們全寫在一張紙上。

接著拿出前面你所寫下的導致你拖延的原因的那張單子，兩相比較，你該做的事和你沒有做的原因。假如你該做的事真的很重要的話，你沒辦法在兩張單子之間自圓其說，當你了解這點時，你就不該再拖，而要趕快把事情完成了。

接下來，請你看看下面我們提出的所有建議，其中有些可能正好適合你，有些建議你也可能會發覺一些可以採用之處。選定一個對你最有用的，然後開始去做，等你建立信心時，再回頭看看其他的。只要你想得到的，就加上去，但要小心的計劃你的工作，別因為計畫太多而又搞砸了。在你遇到困難時，更要保持你的熱度。犯了錯就要接受它，但要設法使它變得更好。

1．保持快樂

你對工作的感覺，會大大影響你做事的方式。你如果十分快樂的接受，這件工作就會更順利完成，而且可以分享別人的快樂。但如果你對工作感到生氣和不滿的話，這件工作就會變得冗長，你也更有可能犯下很多錯誤，而周圍的人也會慢慢疏遠你。

林肯說過：「你想讓自己有多快樂，你就會有多快樂。」只要你去練習，你就可以做到這一點，但一開始你要想些快樂的事情。把恐懼、憤怒、挫折感全部從心中抹除，面對別人也要快樂一點，在周圍盡量找些快樂的事，看些令人快樂的書、喜劇片，碰到好笑的事就開懷大笑。

2．控制你的情緒

學會認識你的情緒，試著讓你的情緒幫助你，而不是破壞你，在開始工作之前，你應該換上另一種情緒，假如正是因為這種情緒而使你拖延的話，就更要改變這種情緒。但首先你必須了解你情緒的本質。

但要注意的是，如果你太注意自己的情緒，你可能會耗費大部分時間去控制你的情緒，結果卻什麼都沒做。你越了解自己，也許會越害怕發現什麼。這種恐懼感也會導致你的拖延，除非你學會如何去克服。

3．克服心中的恐懼感

對於那些導致拖延的因素，你必須直接面對。假如你怕自己會犯某些錯誤，就把它寫下來，然後寫下你準備如何去解決這些頭痛的問題。如此一來，你的恐懼就會消失，但你一定要訓練自己做這些練習。

卡內基在《人性的優點（*How to Stop Worrying and Start Living*）》一書

中，對克服憂慮提出了幾點很好的建議：

◆　問問自己，可能發生的最糟結果是什麼？

◆　詳細寫下你的憂慮。

◆　如有必要的話，接受這種最糟的情況。

◆　寫下解決這個問題的所有方法。

◆　決定哪種方法最好。

◆　立刻按這種解決方法去做。

◆　對你認為糟的事情，平靜的改善。

4‧訓練你的心智

這種心理訓練要盡可能多做，下面是一些具體的訓練方式：

‧沉思——集中於精神，用點時間去聞聞花草，看看日出日落，充分享受景物、聲音、味道，體驗這些感覺的樂趣。

‧學習——每天讓自己學點新鮮東西，以保持心智的新鮮。

‧回想——想想過去發生的事情，它們能指引現在和將來。

‧開始行動——做些需要有責任感和想像力的工作。

‧完成——把一件工作，或生活中的某些事加以完成，尤其是那些你曾經忽略過的東西。

‧創造——給予這個世界一些東西，這些東西也許在你離開這個世界後仍能有用。

這些聯繫不但能幫助你行動，而且能幫助你完成你以前所不可能完成的工作。假如你不想再拖的話，你不僅僅需要用頭腦，你還要運用所有的感官。

5‧肯定自我

你也許因為缺乏動力，或是感到灰心，覺得自己無用而拖延工作，假如確是如此，你就必須改造自己，並且改變你的自我形象，抽出一些時間，對自己進行一次精神式的訓話，告訴自己，你為什麼是個優秀能幹的人。認清自己的力量所在，把弱點放在一旁，因為現在人們已經對這些考慮過多。

自誇一點會增加你的信心，並且增加你的熱度。你要相信自己，你所能

完成的工作就越多，做得也越好。

6‧細分工作

有時候要完成一件複雜、沉重的工作並不容易，但有個辦法可以削減它的分量，使你比較容易去完成它。

假如你覺得工作很複雜，那就盡量分解它，直到你了解它的組成為止。假如你一點一點去做，你會做得更多。假如你把工作分解得很好，那只需要幾分鐘的時間就能完成一個細節或嚴格部分。你會發覺完成工作的速度，超出了你預計的速度很多，你也會發覺，這樣比你原來所想像的容易的多了。

在你逐漸細分完工作之後，你會有更多的熱忱來加快完成工作，而且你能從這裡獲得更大的滿足。但假如你走到了一個死巷，就別再走下去，你可以先做別的部分，直到這個障礙消除。當你往別處想，做別的部分時，你的心智就會有一個休息的機會，等你再回頭去做時，你可能已經有了解決問題的方法；但假如你一直坐在那等，你可能一直被憂慮所困擾，而覺得束手無策，或者你硬是往前鑽，也許會四處碰壁。

細分你的工作，這種辦法對那些不太令人愉快的工作尤其有效。假如一個人必須做一件他不喜歡的工作，幾乎每個人都可以做上短短的一段時間。因此，把困難的工作分解成細小的部分，然後把它們安排在你喜歡做的工作空當之中。雖然這樣需要多點時間去做，但當你完成之時，你一定會很高興。

先從要事著手

開始做事之前，要好好安排工作的順序，但要謹慎的做這件事。艾德溫‧布利斯說過，支配時間的一些基本方法，可以為你決定工作的優先順序，下面是他提出的幾點建議：

◈ 重要而緊急的工作 —— 這些工作應列第一位。你必須立刻去做，否則你將自食惡果。

◈ 重要但不緊急 —— 這些工作則位於第一種工作之後。但大部分人都因這些工作可以拖延而忽略了它，這包括身體檢查、寫信給朋友，或對自

己的妻子（丈夫）說「我愛你」。

◈ 緊急但不重要的工作 —— 這些工作在別人的表上應列為優先。但如果
你撇下了你自己的重要工作，而先做這些工作，那你就得從別人那裡尋
找支持了。

◈ 繁忙的工作 —— 假如你能控制住，在做完一件困難的工作後，不只是
休息。但要是花了太多的時間去做它，就是另一種形式的拖延。

◈ 浪費時間的工作 —— 這些工作應該從你的順序表中刪除。

在你開始工作時，你可以自由改變優先順序，不斷重新檢討，你才知道
什麼是該先做的工作。時時想著自己的目標，爾後再按部就班的完成。

富有習慣之七 —— 做事積極主動

對每一位成功之人來說，他們始終積極的思考問題，並積極的解決問題。

可以這樣認為：我們的感覺有時並不是自己的感覺，我們的心情有時
也不是自己的心情，甚至我們的思維也不是自己的思維。我們能思考這些事
情，這個事情本身就使我們區別於這些事情和動物世界。自我意識使我們能
夠超脫，甚至能夠仔細考慮我們如何「考察」自己 —— 我們自己的模式，取
得成效的最基本模式。它不僅影響我們的態度和行為，而且影響我們如何看
待別人，它成為我們的人類本性的指示圖。

由於人類具有自我意識這種獨特的能力，我們能仔細考慮我們的模式從
而斷定它們是依據現實和原則，還是一種條件反射和周圍環境的作用。

選擇積極主動的習慣

著名精神病專家維克多·法蘭克（Viktor Emil Frankl）在研究人的本性的
基本原理時，認為在任何環境下取得卓越成就的一個人，第一個、也是最基
本的習慣 —— 積極主動的習慣。

凡是積極主動的人都十分熟悉「責任感」這一詞，他們並不把自己的行
為歸因於環境、條件和條件反射。他們的行為是根據價值而進行有意識的選

擇的產物，而不是他們根據感覺受條件支配的產物。

由於我們人類生性積極主動，如果我們的生活依靠條件反射和周圍環境的作用，那是因為我們根據有意識和無意識的決定選擇使這些情況支配我們。在作出這種選擇時，我們變得消極被動。消極被動的人常常受到自然環境的影響。如果天氣很好，他們就感到愉快。如果天氣不好，那就影響他們的態度和行為；而積極主動的人則能掌握他們自己的天氣，不管下雨還是出太陽，對他們都毫無影響。

當然，積極主動的人也會受到外來刺激的影響，這些影響有自然的、社會的，還有心理方面的。但是，他們對刺激的反應，不管是有意識的還是無意識的，都是根據價值作出的選擇或反應。正如愛蓮娜·羅斯福（Anna Eleanor Roosevelt）所說：「沒有一個人能不經你同意就傷害你。」著名的政治家甘地也說過：「如果我們不把自己的給他們，他們無法奪走我們的自尊。」我們總是心甘情願容忍遭遇，我們總是認同遭遇對自己的傷害，而且這種傷害遠遠超過我們最初的遭遇。

其實並不是遭遇在傷害我們，而是我們對遭遇所做的反應在傷害我們。當然，有些事情確實會使我們在身體或經濟上受到傷害，會引起悲痛。但我們的性格、基本特徵並不一定受到任何傷害，我們所經受的最困難的經歷是個大熔爐，它能夠鍛鍊我們的意志，培養我們的性格，發展內在能力。

我們經常可以看到有些人處於十分困難的境況，他們也許病入膏肓，也許身體嚴重殘疾，但他們卻保持驚人的精神力量，維克托·法蘭克提出，人的一生中有三種中心價值：

◆　經驗價值，即我們每天所發生的情況；
◆　創造價值，即我們使之產生的情況；
◆　態度價值，即我們在諸如病入膏肓之類的困難境況下，作出的反應。

在這三種價值中，最高的價值應該是態度價值，不管是按照模式還是按照重新組織的意義。換言之，最重要的是，我們如何對我們在生活中經歷到

的事情作出反應。

積極主動的習慣可以訓練

在每天的日常生活和工作中，我們應發展自己積極主動的能力，去緩解那些不平常的生活壓力。如我們如何作出承諾並信守承諾，我們如何處理交通堵塞，我們如何對待一個發火的顧客或不聽話的孩子。我們如何觀察自己的問題，把我們的精力集中在何處。我們如何使用積極的語言。

你可以在一段時期內堅持實驗一下積極主動的原則，這段時期內只在你的影響圈裡活動。做出小小的承諾並信守這些承諾，讓自己成為一座燈塔，不要成為一個法官；成為一個模特，不要成為一個批評家；盡力解決問題，而不是成為問題的一部分。

在你的婚姻、你的家庭、你的工作中試一試。不要為別人的缺點爭辯。不要為你自己爭辯。在你犯錯誤後，立即承認錯誤，改正錯誤，並從中吸取教訓。不要染上怪罪別人、指責別人的習氣。在你能控制的事情上做努力。在你身上、在如何努力上下工夫。

不要用譴責的眼光，而應用同情的眼光去看待別人的缺點。問題不在於別人沒有幹什麼事或別人應該做什麼事。問題在於你自己選擇對情況作出什麼反應，你應該做些什麼。如果你開始想問題「擺在那裡」，那就別再往下想。這種思維本身就是問題。

日復一日的行使其基本自由的人，會逐漸擴大自己的自由；不行使其基本自由的人，將發現那種自由逐漸消失，直到他們實際上「被動的過日子」—— 他們按照父母、同事和團體的旨意行事。

我們對自己取得成效負有責任，對我們自己的幸福負有責任，對我們大部分的環境負有責任。

富有習慣之八 —— 理解他人並與他人保持合作

除了睡覺，我們大部分的時間都在交流。交流是一個雙向的過程——理解他人與尋求被人理解。每一位成功者都具備這樣一種很好的習慣，他們善於理解他人，並樂於與人合作。

推己及人的四種反應

在現實生活中，我們在聽別人講話時總是聯繫我們自己的經歷，因此我們往往以四種方式做出反應。

◈ 評估——我們同意還是不同意；
◈ 探究——我們按照自己的看法提出問題；
◈ 勸告——我們根據自己的經驗提出建議；
◈ 解釋——我們試圖根據我們自己的動機和行為來猜度別人、解釋他們的動機和行為。

我們作出這些反應是自然而然的，但是，它們對於我們真正理解別人的能力，有什麼影響呢？

當別人真的感到痛苦，而你又是真的抱著想理解他的純真願望聽他傾訴時，他們就會對你坦露胸懷，而且速度之快會使你吃驚。他們希望能直抒胸臆。假如你真的尋求理解，沒有虛偽，不耍詭計，那就一定會有這樣的時候，另一個人使你獲得的全面的認識和了解確實會使人感到吃驚。同理並不總是需要交談，事實上，有時言語倒可能會礙事。光憑技巧行不通，一個非常重要的原因就在於此。那種理解超越了技巧，孤立的技巧只會礙事。

也許會有人說，同理傾聽的時間太多，剛開始它也許是要多費一點時間，但是以後它會節省很多時間。假設你是一個醫生，而且想確定一個好的治療方法，你可能做的一件最有效的事情就是作出正確的判斷。你不能說：「我實在太忙了，沒有時間診斷。就這樣治療吧！」移情傾聽需要時間，但是較之在一條路上已經走了好幾里又回過頭來糾正誤解、重做、忍受意想不到的和沒有解決的問題，以及對付由於沒有給人心理空氣而造成的結果等情況，它花的時間要少得多。

　　一個有洞察力的同理傾聽者，能很快看到內在的問題，並且能夠表現出能使對方毫無顧忌的敞開的理解，直到真正抵達存在問題的柔軟核心。

　　人們希望得到理解。在尋求理解一個人的過程中所投入的時間無論有多少，在你根據對困難和問題的準確了解，和憑藉當一個人感到被深刻理解時形成的高額感情存款帳戶而努力時，那些時間投資給你帶來的在時間方面的報酬，都比你實際投入多得多。

尋求被人理解

　　首先尋求理解……然後尋求被人理解。尋求理解需要有體諒之心；尋求被人理解需要有勇氣。

　　古希臘人有一套很好的哲學，它體現在三個順序排列的詞中，它們就是道德因素（ethos）、感情因素（pathos）、和理性（logos）。這三個詞包含先尋求理解並作出清楚的陳述之精髓。

　　道德因素是指你個人的可信性，是人們對你的真誠和能力的信任。它是你造成的信任，是你的感情存款帳戶。感情因素是與感情移入有關的方面 —— 它有感情。它意味著在另一個人與你交流時，你和他在感情上息息相通。理性說的是邏輯性，是作陳述時的推理。

　　請注意它們的順序：道德、感情和理性 —— 你的道德、你的關係、你的陳述中的邏輯，這涉及到另一個重要的模式的轉變。大多數人在陳述他們的主張時，總是直接訴諸理性 —— 左腦的邏輯。他們首先不考慮道德因素和感情因素，就想使另一個人相信那個邏輯的正確性。

　　不管怎樣，你總是可以先去尋求究理。這個主動權在你自己手裡。如果你這樣做，如果你把注意力集中於你的影響圈內，你就能真正、深刻的理解另一個人。你能獲得你的努力所需要的準確情況，能夠很快觸及問題的要害，並且給他們所需要的心理氧氣。

　　能接受影響是能影響別人的關鍵。你的影響圈開始擴大。你對你的擔心範圍中許多事情施加影響的能力得到加強。另外，還要注意你發生什麼情

況。你對別人的了解越深，你對他們的評價就越正確，你對他們也就越尊重。觸及另一個人的靈魂，就像在聖地上行走。

一切都是協同作用

在相互依賴的互相影響中，你無法控制別人的模式，或控制製作過程的本身，但巨大的協同作用就存在於你的影響範圍中。

你自身內部的協同作用完全在此圈之內，你可以尊重兩個側面 —— 即分析的一面和創造的一面。你可以珍重它們之間的差異，運用它們的差異去催化創造力。

即使你處在很壞的逆境之中，也可以維持自身中的協同作用。你大可不必把無禮的舉動都看作是針對自己的，可以避開消極力量。你可以利用別人的優點，改進自己的觀點，擴大你的視野。

在相互依賴的情況下，你可以鼓起勇氣，做到坦率，表達自己的想法、感情和經歷，你採用的方式應能激勵別人也做到坦率。

你可以尊重其他人的差別，如果某人和你意見不一，你可以說：「很好，你從不同的角度看待它。」你不必同意他們的意見，你只需肯定他們，你還可以尋求理解。

當你只看到兩種選擇 —— 你自己的和「錯誤」的時候，你可以尋找一個合作的第三選擇。幾乎任何時候都存在第三種選擇，如果你利用雙贏的哲學努力，一般說來，你總可以找到一個更有益於所有人的解決方法。

成功需要合作，合作需要溝通

恩格斯在《反杜林論（*Anti-Dühring*）》中引用了拿破崙的例子，拿破崙在描述騎術不精但有紀律的法國騎兵、和當時無疑最善於獨鬥但沒有紀律的騎兵 —— 馬木路克（Mamluk）之間的戰鬥時說：「兩個馬木路克兵絕對能打敗三個法國兵；一百個法國兵與一百個馬木路克勢均力敵，三百個法國兵大都能戰勝馬木路克兵，而一千個法國兵總能打敗一千五百個馬木路克兵。」

用愛溝通

你必須愛自己，然後才能把愛施捨給其他人。愛是獨立的，而且是以我們和其他人分享為基礎的，並且基於獨立性的選擇，而不是出於依賴性的需求。真正的愛，就是由兩個具有維持本身生活能力的個人所組成的關係。只有獨立的人，才能自由選擇維持一種關係。不獨立的人，他們都因為有所需求，才會繼續維持關係。

當你我面對一個可能成為朋友的陌生人、一個將來可能和你做生意的人，或是我們自己的家人時，我們的態度是熱誠而不是自私的。我們關心的是其他人，不是我們自己。當我們在內心對其他人 —— 而不是對我們自己 —— 產生興趣時，他們將能感覺到。相反的，當人們和那些只在腦中想到自己利益的人交談時，對方就會產生不舒服的感覺。這就是所謂的非言語溝通：「你雖然說得如此大聲，但我卻聽不懂你在說什麼。」

富有習慣之九 —— 追求雙贏

在這樣一個相互依存的年代，除了雙贏模式以外，其他的模式都不是最佳選擇，它們都會對長遠的關係產生影響，而這種負面影響最終會讓自己付出代價。成功人做事的習慣之一便是如此，如果不能達到雙贏，他們大多數情況下寧可選擇不做。

卡內基技術研究所的一項研究表明，在工作中獲得成功所要求的技能，百分之八十五是基於個性，只有百分之十五是因為技術和訓練。任何人際關係，無論是私人交往，還是業務關係，如果它是以成年人的那種互利的觀念來支配的話，對雙方來說只會有益。你為別人提供急需的東西，人家也會滿足你的要求。

人際交往的六個模式

我們常說，人際交往真的太複雜了。事實上，只要我們歸納一下人際交

往，便可歸納六種模式：

1. 雙贏
2. 我贏你輸
3. 我輸你贏
4. 雙輸
5. 贏
6. 雙贏或不做交易

下面我們分別闡述一下這六個模式。

（1）雙贏

該模式是人際關係和商務交往中的一種最佳狀態了，在這種模式下，雙方都本著一種尋求互利的精神和心態。這種關係也意味著雙方的協議和解決辦法是互利的，並且令雙方都感到滿意。

追求雙贏交往模式者把生活看做一個合作的舞台，而不是一個角鬥場。而現實生活中，大多數人喜歡用二分法來考慮問題：強或弱、硬球或軟球、勝或敗。但是這種思維方法根本上就是錯誤的。它的基礎是力量和地位，而不是原則。雙贏模式基於這樣一種觀念：事情的好處很多，人人有份，一個人的成功不是以犧牲或排斥別人的成功為代價而取得的。

尋求雙贏模式者相信事情的結果一定會有第三種選擇。它不是你的方法，也不是他的方法，而是一種更好、更加高明的選擇。

（2）我贏你輸

雙贏的一個替代模式是我贏你輸，現實中的很多交往模式便是如此。奉行這種模式的人認為，「如果我贏，你就是輸。」

在競爭性很強以及缺乏信任的條件下，我贏你輸的思想會有一定的存在空間。但是，就其主流而言，生活並不是一場你死我活的競爭。我們不必每天都同我們的配偶、子女、同事、鄰居和朋友競爭。「在你們的婚姻中誰是勝利者」，這是一個荒唐可笑的問題。如果兩個人都不是勝利者，那他們就是失敗者。生活基本上是一個相互依存的 —— 而不是一種獨立的 —— 現實。

你所希望的大多數結果都取決於你與其他人之間的合作，而我贏你輸心理阻礙了那種合作。

（3）我輸你贏

對這種模式，有些人的頭腦裡輸入的是另一套程序 —— 我輸你贏。

我輸你贏模式比我贏你輸模式更糟，因為它沒有標準，沒有要求，沒有期望，沒有遠見。考慮我輸你贏的人通常都容易討好或姑息別人。他們從別人對他們的歡迎和認可當中尋求力量。他們很少有勇氣去表達自己的感情和信念，容易被自負的人嚇倒。

在談判中，奉行我輸你贏原則被看做投降 —— 屈服或認輸，在領導作風中，它是放任或縱容。我輸你贏意味著做一個濫好人，即使「好人總是排在最後。」

問題是奉行我輸你贏原則的人，把很多感情埋在了心底，而沒有表達出來的感情絕不會死亡，它們是被活埋的，日後它們會以更加惡劣的方式表現出來。身心疾病，特別是呼吸、神經、和循環系統方面的疾病，往往是受我輸你贏心態壓抑的長期的積憤、極度失望和幻滅的放映。對不值得發火的事情大發雷霆，受到小小的刺激就反應過分。他們總是壓抑自己的感情而不是超越感情向更高的方向發展，這降低了他們的自尊，最終還將損害他們與其他人的關係。

我贏你輸和我輸你贏兩者的立場都是軟弱的，它們的基礎是個人的不安全感。從短期來看，我贏你輸原則將產生較多的結果，因為它從處在上面的人那裡汲取往往是較強的力量和較高的才能，而我輸你贏模式從一開始就是虛弱而混亂的。

（4）雙輸

當兩個奉行我贏你輸原則的人碰到一起時 —— 那就是說當兩個堅決的、固執的、以自我為中心的人交往時，其結果將是雙輸。兩個人都要輸。兩個人都要報復，都想「撈回來」，或「扯平」，全然看不見這一事實 —— 謀殺就

是自殺，復仇是一把雙刃劍。

有些人把注意力集中在一個仇人的身上，對這個人的行動耿耿於懷，結果變得什麼都不在乎，一心要使那個人失敗，即使這也意味著他們本身的失敗也在所不惜。雙輸是一種互相排擠的哲學，是戰爭的哲學。

雙輸也是沒有主見而依賴性太強的人的哲學，他們自己糟糕，還希望別人也糟糕。「如果沒有人能贏，做一個輸家也許沒那麼壞。」

（5）贏

另外一種普遍的選擇就是乾脆只想贏，有這種心態的人未必希望別的什麼人輸，那是無關緊要的，重要的是他們要得到他們想要的東西。

在沒有爭奪或競爭意識，取勝也許是日常談判中最普遍的態度。具有取勝心態的人考慮的是達到自己的目的 —— 讓別人去考慮如何達到他們的目的。

（6）雙贏（或不作交易）

上面我們分別討論了五種人際交往模式 —— 雙贏、我贏你輸、我輸你贏、雙輸和贏。如果你要問哪一種模式最有效，那答案只能是「看情況而定」。

倘若你很看重一種關係，而問題又不是真的那麼重要，那麼為了真誠的肯定另一個人，在某些情況下你也許想採取我輸你贏的原則。「我想得到的東西對於我來說，不如我與你的關係那麼重要，這一次讓我們就按你的意見辦。」當你覺得為取得某種勝利花費時間和精力會妨礙你獲得其他更有價值的東西時，你或許也會採取我輸你贏原則。也許就是不值得花那麼多時間和精力。

在有些情況下你希望贏，你就不太在乎那個勝利對別人有什麼關係。比方說，假如你的孩子的生命處於危險之中，你也許會關心周圍的其他人的情況，但是拯救那條生命是最重要的。

因此，什麼是最佳選擇要看具體情況而定。困難在於如何正確的判斷現

實，而且不要在任何一種情況下都套用我贏你輸或者另一種原則。事實上，大多數情況都是一種相互依存的現實的一部分，因此，雙贏實際是這五種原則中的唯一可行的選擇。

我贏你輸是不可取的原則，因為在你與他人的衝突中你似乎是贏了，但你的感情受到了傷害，他人對你的態度和你們之間的關係都受到了影響。比方說，假如你是他人公司的供應商，在某一次談判中，你迫使他人接受了你的條件，你贏了，也許能夠得到你想要的東西了。然而，他人會再來找你嗎？倘若你不能使他人再來找你做生意，那麼你一時的勝利實際會成為長期的失敗。因此，在一種相互依存關係中的一次我贏你輸從長遠來看其實是雙輸。

假如我們採取一種我輸你贏的原則，當時你也許好像是得到了你想要的東西。但是，這對於你與他人共事的態度和對於履行合約會有什麼影響？你也是會覺得沒有必要費心去取悅於他人。在今後的任何一次談判中，你可能都不會忘記你身上的傷疤。在你與同行的其他人的交往中，你對於他人和他的公司的態度或許就會傳播開來。這樣，你們就又陷入了雙輸的境地。很明顯，在任何情況下雙輸都是不可取的。

假如你只想自己贏，根本不考慮他人的看法，這樣就不會有建立任何建設性關係的基礎。

從長遠的觀點來看，如果我們不能雙雙獲勝，那就要兩敗俱傷。在相互依存的現實中，雙贏所以是唯一真正的選擇就是因為這個原因。

如果這些人未能提出一個合作性的解決辦法──一個雙方都能接受的辦法──他們就可能採取一個在更高的層次上體現雙贏精神的辦法──雙贏或者不做交易。

不做交易主要是說，假如我們不能找到一個對雙方都有利的辦法，我們就爽快承認意見分歧──不作交易。不造成任何期望，不簽定任何合約。我不雇用你，或者說我們不共同承擔某項任務，因為很明顯我們的價值觀和目

標根本不同。一開始就認識到這一點，比在業已造成期望而雙方的幻想都破滅之後才醒悟過來要好得多。

當你也想把不做交易當作一種選擇的時候，你會感到自由，因為你不必去操縱別人，去推行你的計畫，去追求你的目標。你就可以開誠布公。你就能真正努力去理解潛藏在那些立場下面的更為深刻的問題。

把不做交易作為一種選擇，你就可以坦率的說：「我只主張雙贏。我希望我贏，也希望你贏。我不會只想自己如願而使你感到不快，因為他最終總會表現出來，成為一筆提款；另一方面，如果你遂願，我讓步，我想你也不會感到高興。因此，讓我們來爭取一個雙贏的結局。我們來好好想想辦法。如果找不出辦法，那就讓我們承認我們根本不能達成一項協定。不做交易強似接受一個不是對雙方都很公正的決定。這樣也許下一次我們就能走到一起。」

在一個相互依存的現實中，除了雙贏都不是最佳選擇，它們都會對長遠的關係產生影響。那種影響的代價需要認真加以考慮。要是你不能達到一種真正的雙贏的結果，在大多數情況下最好還是採取不做交易的態度。

在一種商業關係或企業的開始之際，雙贏或不做交易是最現實的方針。在一種持續的商業關係中，不做交易也許是一種行不通的選擇，它能夠造成嚴重問題，對於家庭公司或者在友誼的基礎上創辦的公司尤其如此。

為了維持關係，人們有時年復一年的作出一個又一個妥協，甚至在談論雙贏時想的也還是我贏你輸，或我輸你贏。這就給人和企業造成了問題，特別是在競爭影響到雙贏原則和合作精神的時候。

要是沒有「不做交易」這一選擇，許多這樣的企業只能走下坡路，不是垮台，就是交給專業管理人員。經驗證明，在創辦家庭公司或朋友合辦公司時，最好是事先承認今後有不做交易的可能性，並且達成某種買一賣協定，這樣既能使公司興旺發達，又不會長期損害關係。

當然，在某些關係中，不做交易的原則是行不通的。我們每個人都不會置自己的孩子或配偶於不顧，而採取不做交易的做法的。但是在許多情況

下，是可能以一種不打折扣的雙贏或不做交易的態度進行談判的，而且那種
態度所包容的自由令人難以置信。

CHAPTER 05
閱讀助富

　　無論你是一個小生意人，還是一個世界五百強企業的總裁；無論你擁有滿意的工作，還是正在飽嘗失業之苦──無論你是誰，無論你做什麼，讀書都會帶給你神奇的力量，讓你在生命的所有領域都變得更豐富、更富有……

窮人與富人的收入差距越來越大

　　毋庸質疑，富人與窮人的收入差距每一天都在擴大。幾十年前，一名普通工人一年的收入，相當於一名廠長一個月的收入，而現在則只相當於一名總裁一週的收入，這已不是一個收入的「鴻溝」，而已經是一個收入的「斷層」！

　　對教育的投資可以獲得豐厚的報酬，但這並不是每一個人的情況，不是每一個人大學一畢業，就注定有百萬年薪。現實生活中我們可以接觸到許多薪資微薄的大學畢業生，同時也知道一些高中未畢業的人，他們的收入卻遠遠超過一般專業人士。

　　為什麼有些人賺得比平均數字高，而另一些人賺得卻比平均數字低呢？我們對此作出的解釋是：在新經濟情形下，最大的勝算仍然是古老的技藝──讀書！當然，這個勝算並不局限於在賺錢能力方面，讀書還可以建立良好的人際關係、發現快樂、實現自我、體會滿足與職業樂趣等方面。

　　班傑明·富蘭克林的名言：「對知識的投資獲益最多。」要知道當富蘭克林發表這句評論時，美國還處在一個全國有百分之九十的人口都以土地為生的農業時代；如今進入了資訊時代，知識的重要性在這個時代比富蘭克林所

處的年代已經增加了近乎千倍。

不讀書的人只能在流沙中奔跑

過去，讀書很少的人照樣可以使全家生活的很好；但是舊時代逐漸變為資訊時代時，工廠裡的高收入工作是越來越少了。而對於那些缺乏技術和知識的人們來說，他們的就業希望是渺茫的 —— 而且越來越渺茫，就像在流沙中奔跑 —— 越掙扎，就在憤怒與沮喪中陷的越深。

你或者變得更加富裕，或者變得更貧困。當然，我並不僅僅指在金錢方面。這裡沒有中間地帶，如果你不利用空餘時間多讀書而致富，會是怎麼樣呢 —— 你會向相反方向走！

世界著名經濟學家萊斯特·C·瑟羅（Lester C.Thurow）這樣說道：「一個充滿競爭的社會給人兩種選擇：你可以失敗。或者，如果你想成功的話，你可以改變。」

富有者們使他們的空餘時間變得很重要，他們在閱讀，而你呢？也許剛剛意識到，或剛剛開始，但一切還不算晚。

閱讀能使所有人致富，包括你

世界上生活的每一個人都有困難，住在你們家隔壁的夫婦可能有一個美好的婚姻，但是他們的房屋抵押貸款的償還比規定晚了三個月，隨時可能被銀行沒收他們的房子；另一對夫婦可能也很富有，婚姻也很美滿，但是他們可能正在努力挽救他們吸毒、酗酒的兒子。或者說，整個社區、整個國家、整個世界，都有這樣或那樣的難題。

變得富有不僅僅是在增加在銀行的存款，在一個完整的意義上說，「變得富有」這個問題意味著承認問題並解決它，「變得富有」意味著成為一個更好的人。

書籍不僅僅能幫助我們去面對困難，而且還提供我們一些智慧和理解力，並於解決問題的過程中讓我們變得富有。

讀書是最佳的抱負

現在，讓我們看看讀書是怎樣幫助另外一個失意者和他的家庭變得富有的。這個故事有點曲折，因為這個失意者不僅使自己變得富有，而且他的貢獻還鼓舞了世界上千百萬的人，使他們致富。

這個人的名字叫麥可・德貝克（Michael DeBakey），他的例子證明讀書有能力提升我們到達成功的頂峰，這是一個偉大的故事：

德貝克的父母在他們小時候就從黎巴嫩移居到美國，他們定居於路易斯安那州，因為那裡很多人說法語。德貝克的母親和父親從來沒有機會上過大學，但是他們視讀書高於一切，並且傳遞給他們的孩子喜愛讀書的習慣。麥可・德貝克回憶起他小時候，父母要求他和兄弟姐妹每週進一次圖書館，借一本新書來讀。

有一次，他沮喪的回到家，因為圖書管理員不讓他借閱他認為是圖書館裡最好的一本書。這本書是《不列顛百科全書》，德貝克的父親就買了完整的一套。孩子們為了在睡前能看看這本書，都抓緊時間完成他們的作業。直到德貝克進入大學後，他才讀完了這一套書。

德貝克繼續學習，成為了一名世界上著名的心臟病手術專家，即使到了九十歲高齡了，他也完全沒有放鬆下來。他日常的工作仍舊繼續，包括做手術、教書和做研究。在他的一生中，他的成就包括發明一套修復損壞心臟的程式、發明第一根人工血管、一生中為超過六萬名病人做了手術，並發明了心臟搭橋手術，這個手術每年都挽救了成千上萬個生命。在他的一生中，他對個人成長和事業成長有如此堅定的承諾，以致深深打動了很多人。

一九三二年，當德貝克還是個二十四歲的醫科學生時，他的教授要求他

找一個水泵，以便模擬人類的脈搏。當時，心臟手術極其罕見，因為沒有辦法可以在保持血液流動的同時修復心臟。

德貝克無法在醫學圖書館找到任何關於水泵的資訊，因此他選擇採用創新的手法──在工程圖書館裡尋找水泵！他把假想和偏見拋在腦後，研究了一九〇〇年以來所有的水泵的資料，最終發現了一個二十世紀的水泵，可以被用於創造世界上的第一個成功的心臟裝置──現代心臟手術誕生了！

當然，不是每一個人都可以透過從小讀書變成一個麥可博士。對我們大多數人來說，這不太可能發生。但是這其中有一些值得學習的地方，那就是我們所有人都能從德貝克一家的讀書探索中學會的。

附：經讀書而致富的成功人士

◈ 羅荷爾茨（Luo Holtz），美國大學橄欖球史上最偉大的冠軍球隊教練之一，確信閱讀《大思想的神奇（*The Magic of Thinking Big*）》一書是他職業生涯的轉捩點。

◈ W‧克利門斯‧史東（W. Clement Stone），一個擁有數億資產的富商和暢銷書作家說：「拿破崙希爾的《思考致富（*Think and Grow Rich*）》這本書改變了生命。」

◈ 唐納李德（Donna Read），一位奧斯卡金像獎獲得者兼早期電視明星，曾是個羞怯、缺乏自信的高中生。當她讀了《人性的弱點（*How to Win Friends and Influence People*）》這本書後，她在學校演出舞台上總是扮演主角地位，後來活躍於電影、電視界長達四十年之久。

◈ JW 馬里奧提（JW Marriott），萬豪國際酒店的董事長，深為《世界上最偉大的推銷員（*The Greatest Salesman in the World*）》這本書所感動，他將這本書發給公司裡的每位市場行銷人員。

◈ 大衛湯瑪斯（R. David Thomas），溫蒂漢堡的創始人，曾經在高中時退學，極其缺乏自信。當他偶然讀了《積極思考的力量（*The Power of Positive Thinking*）》這本書後，命運發生了變化。而今，他已在全球擁有一個上千家速食店組成的速食帝國。

◈ 菲利斯狄勒（Phyllis Ada Driver），著名的喜劇女主角，在讀到《信念的

魔力（*The Magic of Beleving*）》這本書之前，是一位飽經挫折、缺乏自信的家庭主婦。這本書給了她開始學習表演的信心，後來她成為美國最知名的喜劇藝術家。

◆ 阿捷莫爾（Archice Moore），傑出的羽量級拳擊冠軍。他在兩百二十八場比賽中擊倒了一百四十一名對手，刷新了羽量級世界拳擊的新紀錄。一開始他並不愛讀書，直到他在電影《*The Adventures of Huckleberry Finn*》裡扮演了奴僕傑姆之後，才認讀了此書的原著。此後，他成了一個虔誠的讀者。他說：「現在我才發現，書本讓我活得有意義。」

CHAPTER 06
學習吸引金錢的知識

　　希爾博士寫道：「知識分成兩大類：一類是普通知識，另一類是專門知識。對於富人來講，普通知識不論數量和種類有多少，對聚存金錢很少能派上用場。只有掌握大量的專門知識的人，才有成為富人的可能。它是累積的，是大學各科系所有的，幾乎是所有文明社會都知道的。」

知識本身並不吸引金錢

　　新經濟時代，知識與金錢的關係已越來越密切了，過去我們常說「知識就是力量」，但今天人們也不得不承認，「知識就是金錢」。但是，並不是任何形態的知識都可以創富，你必須擁有「專門知識」方可致富。

　　希爾博士毫無保留的告訴我們：知識本身並不會吸引金錢；除非我們懂得運用我們的智慧，透過一個實際的行動方案我們方可聚財。人們一直誤解了「知識就是力量」這句話。知識本身只是「潛力」，我們要懂得運用有組織性的計畫，才能將這潛力變為力量，再轉化為金錢。

　　希爾博士大膽指出：絕大部分的教育系統，都一味灌輸知識，而不懂得教他們的學生將知識組織化、實用化，成為「專門知識」。

　　「死人」讀活書，活書亦變死。如果你是一個不懂得這學習道理的人，那麼就算你將成功學的書背熟了，你的生命仍然不會起絲毫的改變。

專門知識的創富機制

　　任何知識只有將它組織化、實用化之後，成為這一領域的專門知識，才能產生有形價值。創富學大師希爾博士聲稱，專門知識是在這個社會最直接幫助我們，將願力化為黃金的「管道」。

　　與專門知識同時存在的是普通知識，普通知識不管它有多廣博，對累積金錢和創造財富方面助益不大。它相對較為容易，文明社會共有的普通知識，都可以從各級學校裡學到。

　　一名受過教育的人，不一定是擁有豐富的普通知識的人，大學裡的教授們即是此方面的佐證。他們專門傳授知識，但沒有專門從事組織和使用知識，所以他的薪資有限。所謂教育，最初源於拉丁語「educo」，意思是「引發」、「誘導」、「從中發展」 之意，柏拉圖以為它「只不過是喚醒靈魂深處的知識而已」。每個人都有與潛意識的無限智慧溝通的本能，但是是否運用這本能為自己服務，則取決於每個人自己的意願。因此，真正受過教育的人，應該具有這樣一種思維能力，即在不損害他人權益的情況下，能獲得他想要的東西或等價物。

　　這就是許多即便沒有受過「教育」的人，仍能發家致富，甚至名垂青史的原因。希爾博士說：「許多人都誤解教育為『上學』，但偉人如愛迪生與福特都沒有什麼『學校教育』可言 —— 真正有教育的人，是那些擁有特殊知識的人，他們將心靈的力量發揮殆盡，心之所求，物即至焉。」

　　迄今為止，人們對「知識就是力量」這句話的理解，仍然僅停留在意義的表層。他們並不明白知識不吸引金錢，除非透過具體的行動計畫，將知識組織化並明智的引向具體的累積金錢這一方面，缺乏了解這個事實的能力，是千百萬人事業失敗的真正原因。因為知識只是潛在的力量，只有當它被組織成具體的行動計畫並引向具體的終點，才會轉化成力量。

　　因此，若要成功，關鍵是要將自己所做的事情專業化。沒有受到大學教育的經歷並不足憂，只要你肯在「社會」這所學校裡致力於一種專門的學問，將它系統化，演繹成一種可以推廣兌現的東西，或是實物、一種服務或是一

個人的事業，就能成為社會中令人矚目的「成功人士」。

在探討這個問題之前，我們先來看一個案例：

第一次世界大站期間，一份芝加哥報紙刊登的某些評論中，稱亨利‧福特為「無知的消極態度者」。福特對此非常氣憤，他反對這種說法並控告報紙誹謗。當法庭受理起訴時，報紙一方的律師為了申明本方並無過失，將福特放在了證人席上，向他提出了大量的問題，以證明福特確實「無知」。所提的問題意在透過他當場的表現來證實，他們都以為他可能擁有相當多的關於製造汽車的專業知識，但他基本上是「沒有知識」的人。

福特不得不被「班乃狄克‧阿諾德是誰？」、「為了平息一七七六年的反抗，英國派了多少士兵到美國？」這種問題糾纏。

福特逐漸厭倦了這類問題，特別是回答一個帶有冒犯性質的問題時，他朝前靠了靠，用手指著提問的律師說：「如果我確實要回答你剛才提出的愚蠢問題或其他將要提出的問題的話，讓我來提醒你，我的桌上有一排按鈕，按下正確的按鈕，我便能聯繫我的助手們，他們能回答出我提出的關於我所獻身的事業上的任何問題。現在，你是否能樂意告訴我，當我的周圍有人向我提供我需要的任何知識時，我為什麼要將普通知識雜亂的存放在我的頭腦中，來回答你的愚蠢問題呢？」

問題回答得很有邏輯性，法庭內的每一個人都認為這不是一個無知人的回答，顯然是受過教育的人的回答。因為任何受過教育的人都知道從哪裡得到他需要的知識，以及任何將知識組成具體的行動計畫。透過智囊小組的幫助，亨利‧福特控制著他所需要的一切專業知識，使他成為當時美國最富有的人士之一。

創富者應終身熱衷於學習

要獲得知識，尤其是可以致富發財的專門知識，一個人就要善於學習。

當電視新聞記者狄恩還是個高中生的時候，就學到許多有關處理生活中使人感到意外不安之事的專門知識。

「想當年，身為高中橄欖球校隊隊員，我坐了太多次冷板凳。」狄恩回憶著，「我記得有次比賽，我隊已攻至離決勝線不到五英尺的距離時，教練突然命我上場，那時我只是個預備隊員，並且那一賽季期間從未上過場，我想那時教練認為我隊正運用一套簡單、基本的進攻方式，對我而言那是一個能在第一次上場就可以好好表現的絕佳機會，一舉建立我的信心。」

因此，教練告訴我：「來個連人帶球的跳躍進攻。」

對球員們而言，這條決勝線就是一個拿到球、舉步後退、跳起來，然後突然將球放入在內的關鍵線，這樣一來，在我第一場出賽時就會來個底線得分。但實際上狄恩是怎麼做的呢？

「我開始指揮進攻，結果拿到球後又漏掉了，並且被推倒在球的上面，這真是我從未有過的惡夢。記得家父常說些令我厭煩作嘔的話：你應該做好了靠冷板凳的各種準備。但在那天，我並沒有做好這種準備，真是不聽父親言，吃虧在眼前啊！」

狄恩從那次慘痛經驗後，就對任何將意外面臨之事做好萬全的事前準備工作。他說：「在電視新聞界，有許多人喜歡嘗試沒有任何準備、卻想做得很完美的新差事。這樣做是行不通的，你必須做一些準備工作，而這種準備工作，做起來還真不容易。」

為了應付一些無預期的事而要做好完全準備工作，並應在你投入一件工作前盡其可能努力學習，這就是狄恩在高中橄欖球校隊裡學來的一些教訓。

訓練自己的職業技能

許多人因為將「代理」全權賦予律師或商務代辦，而得到悲慘的結局。大多數不通世故的人，都不明了「全權代理」的真正意義與重要性。所謂「全

權代理」即是賦予別人以處理你的財產就像處理他自己的財產一樣的權力，即是使別人代表你的人格。受你委託的人可以為了任何作用而代簽你的名字，他可以任意支配你，他可以從銀行支取你的存款，他可以代表你做一切營業。至少，在處理營業事務上、法律上，都是全部代表著你。所以要委人以全權代理，對於人選必須十分審慎。除了品行人格為社會所公認，其商業知識及對人對物的經驗都應及其豐富，否則不應輕加委任。

不管你是從事何種事業的，千萬不要忽略掉一種健全而完備的職業和社會知識訓練，它可以使你免受他人的欺騙，免受許多負累、痛苦與艱辛。假使每個人都能受一種健全完備的職業處世訓練，則陰險奸詐的騙子也就無法生存了。

生涯投資將成為明天的紅利

現在你有無瞻望未來？要為獲得明天的「紅利」而將多餘的時間，投資在今天。

不論你從事何種職業，工作時間全部加起來最多也只占一個星期裡的一般時間，（一般公司機關每天工作時間為八小時，一個星期上四十小時的班，為一週總時數三分之一不到），請問剩下至少一半時間你都在做些什麼？這些時間包括一天工作結束後的餘暇時間及至少一到兩天休息的時間，這麼多時間都是屬於自己的自由時間，問題是你該如何去有效利用這些時間。

這裡並非是要你限制你該怎麼想、怎麼利用，最主要的是想讓你了解不能將寶貴的時間浪費在玩樂。你應該審慎思考一些有意義的事，比如怎樣利用時間創造將來等等。

附：成功商數測驗

對成功商數的測驗可以幫助你了解自己。這一測驗題與其他有所不同，

是根據十七個成功要素設計的，這些要素成就了各行各業裡的傑出領袖，它
能夠發揮以下影響：

◆　引導你的思維進入期望的軌道。
◆　使你的思想具體可行。
◆　指示成功之路走上你目前的位置。
◆　鼓勵你決定自己的明確目標。
◆　衡量你達到目標的機會。
◆　指出你目前的抱負和其他特徵。
◆　鼓勵你採取適當而必要的行動。

　　現在請回答下面的「成功商數分析」，請你盡量坦白，不要自欺欺人。只
有以你自己目前的實情來回答，這個測試才有效。

1・確定的目標

◆　你有沒有確定一生的主要目標？
◆　你有沒有訂下達到目標的極限？
◆　你有沒有達到目標的特定計畫？
◆　你是不是能確定自己的目標能帶來哪些好處？

2・積極的心態

◆　你了解積極心態的意義嗎？
◆　你能控制自己的心態嗎？
◆　你曉得人人都能控制、那唯一的東西是什麼嗎？
◆　你知道如何察覺自己和別人的消極態度嗎？

3・多走一步

◆　你有沒有經常做些超過自己本分以外的工作？
◆　你是否知道何時何人應該加薪？
◆　你是否認識某一行的某一人，不必做超乎自己薪水以外的努力就
　　能成功？
◆　你是否認為一個人不必做超乎自己報酬以外的事情，就有權利指

望加薪？

◆ 如果你是老闆，你對自己目前的服務滿意嗎？

4 · 周密的思考

◆ 你是否盡量學習跟自己有關的事？

◆ 對於不熟悉的事，你是否喜歡表示意見？

◆ 在用到知識時，你知道如何去找嗎？

5 · 自律

◆ 生氣時你是不是能緘口不語？

◆ 你是否不經考慮就說話？

◆ 你很容易不耐煩嗎？

◆ 一般而言，你的情緒是否平靜？

◆ 你習慣讓情緒控制理智嗎？

6 · 控制自己的心智

◆ 你是否設法影響別人來說明自己完成目標？

◆ 你相信一個人不需要別人說明也可以成功嗎？

◆ 你相信一個人受到妻子或家人反對，仍舊可以獲得事業成就嗎？

◆ 如果老闆和屬下和諧共事，是否有許多好處？

◆ 你所屬的團體如果受到讚揚，你是否引以為榮？

7 · 運用信心

◆ 你是否信任「無限的智慧」？

◆ 你是誠實正直的人嗎？

◆ 你對自己決定去做的事情有沒有信心？

◆ 你能理智地免除下面七種基本恐懼嗎？

   (1) 貧窮的恐懼

   (2) 批評的恐懼

   (3) 健康不佳的恐懼

(4) 失去愛的恐懼

(5) 失去自由的恐懼

(6) 老年的恐懼

(7) 死亡的恐懼

8・和藹可親的個性

◆　你的習慣使人討厭嗎？

◆　你有沒有作到「己所不欲，勿施於人」？

◆　你受到同事的歡迎嗎？

◆　你使人厭煩嗎？

9・上進心

◆　你的工作有沒有計畫？

◆　你的工作一定要別人替你計畫嗎？

◆　你有沒有什麼傑出的特點是你的同行沒有的？

◆　你習慣於推拖延宕嗎？

◆　你是不是盡量想出更好的辦法來工作？

10・熱忱

◆　你是不是非常熱心的人？

◆　你會不會發揮自己的熱忱去執行自己的計畫？

◆　你的熱忱會左右你的判斷嗎？

11・全神貫注

◆　你做事時專心嗎？

◆　你是不是很容易受人影響而改變計畫和決定？

◆　當你受到反對時。會不會立刻放棄自己的目標和計畫？

◆　在遭遇不可避免的干擾時，你能不能繼續工作？

12・團隊精神

◆ 你能不能跟別人和諧相處？

◆ 你幫助別人像要求別人幫助你那樣大方嗎？

◆ 你經常與別人意見不和嗎？

◆ 同事之間友好合作有沒有好處？

◆ 你知不知道不跟同事合作的害處？

13‧從挫折中學習

◆ 挫折會不會使你半途而廢？

◆ 假使受到挫折，你會繼續努力嗎

◆ 一時的挫折是否就是失敗？

◆ 你曾經從挫折中得到過教訓嗎？

◆ 你知道如何把挫折變成資產，進而完成目標嗎？

14‧富有創意的遠見

◆ 你把自己的想像用在建設性的方面嗎？

◆ 你的決定是自己做的嗎？

◆ 唯命是從的人，是否比另外還加上自己的創意的人要好？

◆ 你有沒有創造性？

◆ 你是否經常想出一些與工作有關的實際創見？

◆ 必要時，你會尋求忠告嗎？

15‧控制時間和金錢

◆ 你是否把固定的一部分收入存起來？

◆ 你花錢是否並不考慮將來的收入？

◆ 你每天都有充足的睡眠嗎？

◆ 你是否經常利用閒置時間閱讀勵志書籍？

16‧保持良好的健康

◆ 你知不知道健康的五個基本因素？

◆ 你曉得健康從哪裡開始嗎？

◆ 你知道休息與健康的關係嗎？

◆　你知道保持健康需要哪四種重要因素嗎？

◆　你曉得「憂鬱症」和「精神病」嗎？

17‧運用跟自己習性相結合的自然規律

◆　你是不是有些自己難以控制的習慣？

◆　你最近有沒有消除什麼壞習慣？

◆　你最近有沒有養成新的好習慣？

下面便是計算得分的方法，下面幾個問題都應該回答「否」：

3（第三、四），4（第二），5（第二、三），6（第二、三），8（第一、四），9（第二、四），10（第三），11（第二、三），12（第三），13（第一），14（第三），15（第二），17（第一）；

其餘的問題都該回答「是」。

滿分的三百分，很少人能夠得到這個分數。現在我們看你得了多少分吧：

應該答「否」卻答「是」的分數 ×4

應該答「是」卻答「否」的分數 ×4

把這兩項得分加起來，再用滿分去減，剩下的便是你的分數了。

舉例說明：

應該答「否」卻答「是」的分數 =3×4=12

應該答「是」卻答「否」的分數 =2×4=8

答錯的分數 —— 20

完美的分數 —— 300

減去錯誤答案的總分 —— 20

你的分數 —— 280

按照下面的標準給自己分出等級：

◆　300 —— 完美（很少）

◆　275 ～ 299 —— 好（一般以上）

◆　200 ～ 274 —— 尚可（普通）

◈ 100～199 —— 不好（一般以下）

◈ 100 以下 —— 很差

第二部分
謀求財務的自由

財務自由的真正的自由，它是個人創業，是投資包括一切個人行動、行為的最有效的保證。

當然，謀求財務上的自由對任何人來講都不是一帆風順，它需要感性上對財務自由的理解與自身所處環境的認識，及理性上對這一「自由」所採取的計畫與付諸行動。

CHAPTER 07
你是否已失去了自由

　　你一直在努力工作使別人變得富有嗎？大多數人年輕時都會到別人的企業工作，並使他人致富。

　　也許，你和他們一樣沒有找到他們自己的財務捷徑，相反，卻幫助其他人加速前進。勤奮工作一生，不是為他們自己的事業忙碌，而是為其他人的企業辛勞。

陷入債務危機

　　社會上有百分之九十的人，在為別人共組、或者是個自以為快樂的自由職業者，這與他們在學校所能學到的技能有關。當他們離開學校時，他們很快就陷入了債務之中，他們陷得如此之深，以致必須與工作或者職業保障聯繫得更緊，好支付各種帳單。

　　很多年輕人靠學校貸款完成學業。當然，他們看到為了接受大學教育，使自己欠了上萬元的債務時，也感到非常沮喪。如果父母為他們交學費，那麼他們的父母又將會多年處於財務緊張狀態。

窮人成功陷阱

　　窮人很努力工作，由於他的努力，他獲得升遷並承擔更多的工作，他花在孩子們身上的時間越來越少，他很早上班，多數時候當他下班回到家時，一家人早已經睡覺了。

　　這就是窮人努力工作獲得成功後的結果，成功使他的閒暇越來越少——

儘管閒暇可以換來的是更多的快樂和更多的錢。

窮人金錢陷阱

　　窮人在工作中不管理錢和人，雖然他自認為他管理著很多的錢和人。就好像羅伯特·清崎的那個親生爸爸，身為州教育部部長，他是擁有幾百萬美元預算和幾千雇員的政府官員，但是這不是他創造的錢，而是納稅人的錢。他的工作是花掉它，如果他不花掉這些錢，政府將在來年給他較少的錢，因此每個財政年度快要結束時，他都在想盡辦法花光預算中的錢數，這意味著他通常要雇傭更多的人使下一年的預算顯得合理。有趣的是，他雇的人越多，他的問題也越多。

　　也許那些窮人也非常愛讀書，也因此他們在其他方面很有造詣，但是他們的財務知識卻十分匱乏。因為他們不會讀數字，必須聽取會計師的建議。所有人都在告訴他們：你的房子是一項資產，而且這是你最大的投資。

　　因為有這樣的財務建議，窮人不僅更加努力工作，而且也進一步陷入到債務危機之中。每次由於他的努力工作而獲得升遷時，他的薪水就會增加，而隨著薪水的增加，他在累進稅率中的等級也不斷提高。所以他的會計師和稍有權勢的親朋告訴他，應該購買一所更大的住房，這樣才能夠免除利息支付。他賺了更多的錢，但結果是他的賦稅和負債都增加了。他取得的成功越大，工作得越努力，他與他所愛的人共同度過的時間就越少。很快，所有的孩子都離開了家，而他仍在努力工作以便支付所有的帳單。

　　窮人總是認為，下一次升遷和加薪將會解決他的財務問題；但是窮人始終無法意識到他賺得越多，負債和納稅也越多。

　　在家和工作中，窮人越是窘迫，看起來就越需要依賴職業保障。越是在情感上依賴工作，越是需要薪水付他的帳單，就越是鼓勵他的孩子們去「找一份更穩定、更有保障的工作」。

他越是感到不安全，就越是尋找安全感，結果卻是更多的不安全。

尋找自由

事實上，很多人的確是在尋找財務自由和生活幸福，問題是大多數人沒有被培訓成適合創業或投資。由於缺乏培訓以及追求工作保障和不斷增加的債務，使大多數人把他們對財務自由的追求限制在努力工作這一範圍中，不幸的是，財務安全或財務自由永遠無法在為別人工作中獲得，真正要獲得安全和自由必須要做創業者和投資者。

CHAPTER 08
為自由而奮鬥

　　盡早退休的決定，是一個思維和精神改變的過程，而不是體力的過程。如果你在思想和精神上做好準備，身體力行就變得很簡單了。

是否決定提早退休

　　你是否已對目前的生活厭倦不堪，信心全無？

　　下面兩點有你要改變自己的原因嗎？或者說你是否因這幾點，而決定提早退休？

1. 我已經受夠了一文不名、整日為錢奔忙的滋味。雖然在我經營公司時曾一度擁有財富，但隨著公司破產，我很快又回到勉強養家糊口的境地。

2. 我已經厭倦了平庸的生活。從學校開始，老師就說：「你是個特別聰明的孩子，但是還不會充分施展自己的才能。」他們還說：「你的確是個聰明孩子，但還不到天才，僅僅是比一般人聰明一點。」

　　仔細體會上面這些內容，靜靜尋找你的所愛和所恨，接著寫清理由。然後寫下你的夢想和目標，以及實現財務自由、盡早退休的計畫。只要你寫出了這一切，就有可能讓朋友或幫助你實現夢想的人看到。定期看看這張紙片上你的夢想、目標和計畫，經常談論這個話題，並積極尋求說明，主動繼續學習。在你意識到之前，或許奇蹟就已經發生了。

　　難道你不認為，金錢的最大好處是為我們帶來了更多自由，為我們帶來了做喜歡事情的時間嗎？因為可以讓別人來代替你做自己不喜歡做的事情。

退休問題全球存在

隨著全球經濟的放緩，一場世界性的裁員風暴已經來臨。大型跨國公司也通常依靠人員的自然縮減和提前退休，來緩解裁員給公司造成的衝擊。例如，克萊斯勒集團公布的裁員待遇標準稱，凡符合退休條件的雇員 —— 年齡在六十二歲以上，在公司服務年限超過十年 —— 均可得到一筆基於年齡和服務年限的退休金，此外還有一張租賃或購買新車的票券；年齡在五十五歲以上，任職滿十年的雇員可以按六十二歲的標準退休；年滿五十三歲，該年收入少於八點五萬美元，供職在十年以上的雇員也可獲退休資格。而通常一個五十三歲就退休的人只能拿到百分之四十八的退休金。

裁員不僅會讓人「如坐針氈」，它甚至導致了更為嚴重的後果。在日本，與工作壓力有關的自殺事件不斷上升，尤其是銀行管理階級，這種過去受人羨慕的工作，如今是壓力最大的工作。中年人則面對成為裁員目標的壓力，因此這類人的自殺人數也在上升。總體自殺統計數字亦反應了一幅慘淡的畫面。在一九九九年，共有破紀錄的三點三萬人自殺，當中五分之一是因為欠債或失業。五十歲以上的自殺人數增加了差不多百分之五，達到八千兩百八十八人，其中許多人是因為被裁員。社會學家說，日本四十歲至五十歲的男人視工作和公司為生活的中心，故失去工作對他們是十分嚴重的打擊。而且在這個年紀被裁員的話，不可能找回另一份薪水和地位同等的工作。

退休帶來的經濟問題

我們要清楚退休後收入的來源，它們包括：社會養老保險，商業養老保險，個人投資和儲蓄。好那麼三方面的收入支持著您退休後的支出需求有哪些？

一般說來，一個人不需要在退休後取得與退休前一樣的收入。因為退休者通常對收入的需求會降低。作為一種普遍情況，退休者一般不需支付諸

如房屋和車的分期付款，並且孩子撫養費用也開始降低，上班的費用（治裝費、交通費、同事間聚餐費及人情費）也不用支付，而且為了退休以後的生活，從薪水中取出一部分來儲存也不需要了（因為現在已經是退休以後了，花錢的時候到了）。以上這些因素都會減少對收入的需求，但是還有其他一些相反作用的因素，這些因素主要包括醫療費用（退休後一般會因為年齡變大，身體衰弱而容易得病）的增加和旅遊費用的支出（上班時間暇時間不多，週末一般用來處理家務及休息，法定假日用來探親訪友或短途旅遊，很少有機會抽出大段時間來安排一次出國旅遊，或去國內較遠的地方遊玩）以及從事一些自己愛好的活動（如收藏和養寵物）。綜合考慮以上兩方面的因素，大致退休後的收入需求為退休前的百分之七十～百分之八十。

為了滿足退休後的收入需求，必須保持一定的收入來源，具體的說就是要比較退休後，為達到一定生活水準所需要的收入，和可以從社會養老保險及商業養老保險中獲得的收入，不足部分就是要依靠個人儲蓄及投資來實現。

除此之外，每年都要仔細重審你的計畫，保證實現計畫目標。必須考慮到各種不同情況，例如政府對於社會保險政策的改變，你失業的時間長度，投資報酬率與計畫報酬率的差別，通貨膨脹率與預期的不符，再分析這些情況發生時對你的財務計畫形成的衝擊，主要是分析不利的情況。你必須選擇一種合適的財務計畫，使之在絕大多數情況下都能實現預定目標。

認清了以上的問題後，現在來想想你打算過一個什麼樣的退休生活。計算一下今後你需要多少錢，取決於你打算過什麼樣的生活，但是要清楚退休生活分為兩個不同的階段；第一階段就是你的（已婚的話加上配偶）身體健康、獨立生活的日子。在這個階段，為了得到一些額外的收入，你甚至可以出去找一份工作；第二階段就是那些腿腳不太靈活的日子。在這個階段，你的身體不如以前了，你的日常生活需要別人照顧，這時你不但不能賺錢反而還要給別人付錢，加上醫療開支的增加，所以這個階段花錢可能要比第一階段多得多。所以你要問自己以下的問題：

- ◈ 你想在什麼年紀退休？
- ◈ 你會因為經濟原因而不得不推遲退休嗎？
- ◈ 你需要在退休期間支付你的抵押貸款嗎？（如果是這樣的話，你的退休生活就要節衣縮食）
- ◈ 你還需要為生計而工作嗎？
- ◈ 你想做什麼？
- ◈ 你打算做你從來沒有做過的工作嗎？
- ◈ 為了適應新工作，你還需要接受培訓嗎？
- ◈ 目前你還能夠做其他什麼工作（即使你沒有計劃做這個工作）？
- ◈ 你怎麼打發你的空餘時間？
- ◈ 在你空餘時間所從事的各項活動當中，哪些活動花錢最多？
- ◈ 如果花錢太多，你會放棄某種特別的愛好（如旅遊）嗎？
- ◈ 你可能會面對什麼樣的健康危險（慢性病、心臟手術和關節炎等）？
- ◈ 你能承受多大的投資損失？

如果退休生活計畫的不充分，那麼，在以後的生活中將會出現很多不如願的問題。你有遺囑、固定的醫生嗎？

回答上面的問題可能會有一些困難。不過，考慮這些問題對如何計劃退休生活有著兩個非常重要的意義。第一，這將幫助你計算你實際上有多少錢，說明你計畫退休生活需要花多少錢。第二，你就能想像出你的退休生活會是什麼樣子，這一點非常重要。

回答了上面的問題，你現在就能清楚地知道你的未來。既然這樣，你可能今天就會對自己的工作和生活進行調整，以便退休的時候能夠按自己的意願生活。

制定一個快速計畫

在金錢上來看，大多數人還是處於慢車道，眼睜睜的看著快車從自己身邊超過。

如果我們準備修建一座房子，大多數人首先會請一個設計師，一起制定

一系列計畫。但是，當同樣的這些人開始修建自己的財富或者未來計畫時，很多人卻不知道從何做起。很多人從來沒有自己的財務計畫，沒有一個自己的財富藍圖。提到金錢，大多數人照搬父母的財務計畫，而那個計畫往往就是努力工作，積極儲蓄。按照這個計畫，成千上百萬人在工作之餘，透過自己乘坐的火車車窗呆呆的看著各種豪華轎車、私人飛機、豪華住宅等從自己身邊掠過。

如果不打算一輩子坐在火車、飛機、汽車上盯著車窗發呆，或許你應該制定一個更快速的財務計畫。

預見未來使你致富

如果想致富，你就需要不斷開闊視野，需要站在時代前沿，洞察未來。

約翰·洛克斐勒因為看到人們不斷成長的汽車需求以及隨之而來的巨大石油需求而致富；亨利·福特在只有富人才擁有汽車的時代，看到中產階層渴望自己擁有汽車的現狀而致富；而在更為現代的今天，比爾蓋茲在 IBM 年邁而聰明的決策者們看好單晶片的時候，預測到桌上型電腦的美好前景，從而成為超級富翁。

年邁的 IBM 決策者們沒有像亨利·福特那樣思考問題，所以斷送了 IBM 的未來，成就了微軟公司；而那些創建了 Google、Amazon 以及其他著名網路公司的人因為洞察未來，很快成了億萬富翁。如果你錯過了駛向油田的船，或者錯過了電腦、網路時代的船，也不必擔憂，下一班航船又要起航。如果沉溺過去，你可能就會錯過下一班航船，或者情況更糟，搭上了鐵達尼號，因為從表面看來它更大更安全，性能外觀也更好。

如果你已下定決心為自由而戰，你就必須為未來制定一個計畫，為現在還不存在的未來制定一個計畫。就像約翰·洛克斐勒為汽車工業的未來做準備，比爾蓋茲和麥可·戴爾為電腦時代的到來做準備一樣，你也必須為未來即

將出現的機遇作好準備。

　　為了年輕富有的退休，你或許需要為未來，也就是還沒有出現的未來作些訓練。正如 IBM 的高階主管說的：「成年人預測未來時，常犯的錯誤就是從自己的眼光出發，那也是很多成年人無法洞察到即將來臨的變革的原因。」也許 IBM 公司已經從年輕的比爾蓋茲那裡接受了教訓。那個教訓就是：如果想洞察未來，你就需要從一個年輕的視角出發。如果一味固守過去的東西，或者不能與時代同步，也許會完全失去未來。

　　預見未來的另一條途徑就是研究過去。很多成年人失去了未來，或者錯過了未來，因為他們關於未來的計畫絲毫沒有考慮過去。

　　年輕富有的退休，獲得財務上的自由其實不難做到；不過對於許多人來說，放下過去、勇敢迎接充滿未知的未來，甚至比做到年輕富有的退休本身更為艱難。對於很多人來說，保持父輩們過去的環境、衣著、和收藏似乎更為安全可靠，這也是龐大的弱勢群體退休時仍然處於或接近貧困線的原因。他們搭上財務「慢車」走向生命的終點，自然也是根據自己的計畫。

CHAPTER 09
無薪水的世界，財商最重要

「學術上的成功並不一定等於財務上的成功，學術上的高智商並不一定等於財務上的高智商」

—《富爸爸財富執行力：年輕退休，年輕富有》
作者 羅伯特·T·清崎

世界上存在各種機會，大多比為了一份薪水而在一個職位上辛勞終生有趣得多。如果你想盡可能年輕富有的退休，就需要考慮一個尋找沒有薪水的天地。如果你的現實、環境或者觀念中，自己都需要一份薪水，那麼很不幸，你自己年輕富有退休的希望就很渺茫。

富人們認為，需要一份薪水的人都是金錢的奴隸，如果你想獲得自由，你就應該從不需要一份薪水或者工作開始。因此，如果你迫切希望自己能夠年輕富有的退休，你就非常需要將自己的現實，改造成一種沒有穩定薪水和工作的世界。

財商比學術智商更為重要，下面就是如何提高財商的一些祕訣，它可以讓你開始生活在一個無薪水的世界。

祕訣 1 —— 設想一個無薪水和工作的世界

開始設想將自己置身於一個無需穩定薪水和工作的現實世界。這並不意味著你將永遠不再工作，而僅僅是讓你從此遠離財務困窘，不再為很少的薪水出賣寶貴的生命，不再整日生活在對貧窮或失去薪水的恐懼之中。

一旦能夠享受無需薪水的生活，你就會看到另外一個世界 —— 一個沒有固定工作和薪水的新世界。

多年前有人發表了這樣一篇文章，標題是〈比爾蓋茲不是世界上最高薪的人〉。文章說，世界上許多高階主管的薪水都比比爾蓋茲高許多；然而，比爾蓋茲卻是世界上最富有的人。文章還說，當時比爾蓋茲的年薪只有五十萬美元，但是他的資產基礎卻已有了數十億美元，而且還在繼續成長。

祕訣 2 —— 分析收入範圍

如果你放棄了對收入的依賴，接下來的問題是你想得到以下哪方面的收入：

◆ 剩餘收入，它是指來自於企業，比如網路銷售企業或委託他人經營的企業的收入；

◆ 分紅收入，它是指來自於股市的收入；

◆ 利息收入，它是指來自於儲蓄或債券的收入；

◆ 專有權收入，它是指來自於寫作歌曲、圖書的稿費，以及設計商標、發明（無論是否申請專利）的收入；

◆ 金融收入，比如來自房地產信託契據的收入。

因此，關鍵在於，一旦習慣了不從勞動和工作中獲得收入，你就可以接著開始研究來自不同資產類型的不同收入類型。

你也可以去圖書館或者請教會計師，了解不同收入類型，尤其是那些薪水收入之外的收入類型。開始發現感興趣的收入類型時，這些收入類型也會成為你新拓展了的現實的一部分。

注意一開始時不要太多太急，而應該先讓其他收入和資產類型進入現實。心中的不同收入類型越多，思考的收入類型越多，同時又沒有做事情的壓力，這些觀念也就更容易在你個人的大腦中生根成長。很多人認為自己必須馬上做這些事情，但富人的經驗不是這樣。

富人在真正動手購買房地產之前，大腦中就有關於投資房地產業或已產生了開始參加培訓、投資的想法了。在他採取行動時就相對容易多了，但是

只有在那些觀念已經成為自己新現實的一部分之後才會發生。

祕訣 3 —— 說出關於一個未來財務發展的謊言

祕訣 3 初聽起來有些特別，它告訴自己關於未來的一系列謊言。

有人很難誇大的謊言，如果你發現自己對財務未來十分消極，就找一個可以信賴的朋友，看看能否向他成功的說謊。這樣你就找到了一個很好的治療方法，而且關於自己財務未來的謊言，或許有朝一日就會變成現實。

當然，你的未來現在還沒有變成現實。不如根據現在或者自己嚮往的去說謊，而不是根據你擔心出現的事情說謊。很多人在考慮改變自己財務未來的時候，往往設想的是最壞的情況，而不是最好的情況。

祕訣 4 —— 尋找一個同行人

一定要找一個很好的朋友或願與你同行的愛人，他們會不斷向你提出更高的要求，而不是告訴你為什麼做不了想做的事情。

選擇合適的朋友或生活伴侶對於一個成功的人生非常重要，如果你的朋友或家人不願提高自己財商，那麼不論賺到了多少錢，你的生活都只將是一個漫長的財務奮鬥過程。

祕訣 5 —— 確定退休時間

與你的另一半、顧問商討，確定你提早退休的時間。如果你與這些人一起制定退休計畫時間，現在的環境就會與未來的環境衝突。這是一個重大、十分有趣的過程。

祕訣 6 —— 制定並修正退休計畫

一旦確立了提早退休的時間，就將計畫寫在一張紙上。然後，將這一計畫貼在鏡子上，讓自己每天都可以看到。在實施計畫過程中，注意不斷修正和更新計畫，並且從中學到東西。

祕訣 7 —— 準備早日退休的的晚會

準備早日退休的的晚會，將晚會準備得更豐盛，因為一旦你提早退休，金錢已經不成為問題。即使沒有完全達到目標，在這個過程中你也會享受到無限樂趣。而且，或許你應該提早動手規劃那場提前退休晚會。

祕訣 8 —— 每天觀察一場交易

每天觀察一場交易。關鍵在於每天都買些東西，每次至少十分鐘，以提高自己財商。也許還會更簡單，比如閱讀報紙上的一篇財經文章，即使你不大感興趣。你也可以在車上或健身房，聽聽財經類廣播或看相關頻道，至少每年參加一次財務知識培訓班。如果你不想支付參加培訓班的費用，那就注意閱讀報紙的財經專欄，從中也能發現不少免費的投資培訓班，即使沒學到什麼東西，你也一定能遇到很多像自己一樣的朋友。

祕訣 9 —— 學習專業詞彙

如果想快速致富，你就需要有富裕的詞彙。有三種基本的資產類型，分別的企業資產、證券資產和房地產資產。每一類資產使用不同詞語，就像使用各種不同語言的國家一樣。如果你對房地產感興趣，那就開始學習這類詞彙或行話。一旦學會了詞語，與同行交流起來就會順暢很多。

詞語是我們人類最有力的工具，因而要審慎選擇自己的詞語，務請記住兩種基本的詞語類型。

第一類是內容的詞語。比如，內部報酬率就是一組重要的詞彙群，尤其被那些使用了很多房地產槓桿的投資者所青睞。

第二類是環境的詞語。比如，當有人說「我將永遠不能理解內部報酬率」，他就是在描述自己內容詞語的思維環境。

應該注意不斷提高自己的內容詞彙，觀察自己的環境詞彙。因為詞語作為工具，它武裝了人們最為強大的資產之一 —— 大腦。因此，我建議大家不要再說諸如：「我買不了」、「我做不了」或者「我永遠學不會」。應該有勇氣捫心自問：「我怎樣才能買下來」、「我怎樣才會做」或者「我怎樣才能學會」。

切記，形成窮人和富人之間巨大差異的關鍵，在於他們詞語的品質，財商的培養開始於自己的財務詞彙。因此，一定要注意自己的詞語，因為詞語可以與你融為一體，並且決定了你的未來。如果你想快速致富並且長久擁有財富，以便自己能夠年輕富有的退休，那麼你的詞語就相當關鍵，而選擇什麼樣的詞語是你個人的自由。

祕訣 10 —— 談論金錢

致富的祕訣之一就是談論金錢，如果你現在的朋友不喜歡談論金錢，那就開拓新的友圈。在我新的朋友群中，高談金錢、企業、投資和存在的問題。

不論是否提早退休，最好每個月至少用一個小時來反思生活，你可能會發現：

◈ 過去看重的事情，原來並沒有那麼重要。
◈ 我們現在的處境，比心中的目標更為重要。
◈ 自己身邊的人最重要，好好與他（她）在一起。
◈ 時間非常寶貴，千萬不要浪費。
◈ 有時候，不做事情比勞碌還要困難。

對任何人而言，提早退休的最大好處，是有機會領略和品味生活，即使生活是勞碌繁忙、壓力很大或者問題重重。

　　當你無事可做的時候，你或許才明白，自己其實並不知道怎麼應付生活與事業中的種種狀況。當你知道了無所事事的滋味，你才真正學會如何欣賞紛繁擾攘的平淡生活。因此，不論現在的生活怎樣，你一定要抽出時間來欣賞它，因為到了明天它留給你的只有回憶。

CHAPTER 10
開啟財務自由之路

　　隨著社會的越來越物質化，財富成為人們創造的動力和最好的報償。

　　有的經濟學家預言，隨著經濟迅猛發展，財富為人們帶來的麻煩可能要遠遠高於快樂，沒有理財本領的人，不管他是富翁還是平民，都無法體會到人生的快樂。

第一步　設定適宜的理財目標

　　理財要有目標。每個人想追求的生活和自身所處的情況有別，所以不同的人設定的目標就會不同，而且應該有長期、中期、短期的區分。

　　理財要有目標，這是高財商者一再強調的。從另一個角度來說，理財實際上就是設立、並達成財務目標的過程。

　　不過，應當記在心裡的是，理財目標並不是一成不變的。所有的目標都是動態的，在你人生當中某一階段合適並值得追求的目標，在另一個階段（可能只是幾個月以後）可能並不合適。因此，在設定目標時，有必要時時問自己：

　　1. 在理財大道上，你現在站在哪裡？
　　2. 將來你要去哪裡？
　　3. 你將怎樣到達那裡？

　　只有弄清楚這三個問題，才可能定出明確的目標，並設法達成。而在設定目標時，有幾個原則必須遵循：

　　1. 要明確，定好達成日期。

2. 量化你的目標，用實際數字表示。

3. 將目標實體化，假想目標已達成的情景，可以加強你想要達成的動力。

「當我退休時，我要舒舒服服過日子。」就不是較好的目標；較好的目標應該是：「我要在二十年內（六十歲）退休，然後在 xx 居住，每個月有五萬的收入。」

有一個方法可以幫你做較好的目標設定，那就是明確寫下來。

必須強調的是，由於每個人想追求的生活和自身所處的情況（像年齡、工作、收入及家庭狀況等）都有不同；所以不同的人設定的目標會不同。

即使是同一個人，目標也會有長期、中期和短期之分。短期目標通常訂在一年之內達成，像出國旅遊、購置音響；中期目標通常在三到五年內完成，像買車、整修房子等；長期目標一般則訂在五年以後完成，想籌措買商品房基金、退休等。不論短期、中期或長期目標，設定時都必須明確而不含糊。

個別的目標設定後，最好依各個目標達成的優先順序列個總表，時時提醒自己，哪一個目標要先採取相應的理財措施。

當然，優先順序並非一成不變，最好每隔一段時間（如每年一次）就根據當時家庭狀況和財務狀況檢查一次，並做相應調整。

設定目標時，有一項因素應加進來考慮，那就是通貨膨脹。通貨膨脹會使你的錢縮水，降低原有的購買力，所以你在做理財規劃時，不能忽視這方面的影響。在計算各種所需要的金額時，最好能針對這個因素，從寬估計。

只有將個人或家庭的財務按步驟作好規則，才能夠善用錢財，達成各種理財的目標，享受無憂無慮的生活。

理財的目的在於善用錢財，並使個人或家庭的財務狀況處於最佳狀態，要達成這樣的目的，就必須有計畫、有步驟。

在美國，為了幫助個人作好理財計畫，有理財規劃師這種專業人士為人們做個別的財務設計、規劃；對我們來說，只要個人願意花些精力，在了解如何設定計畫和步驟後，有恆心地按計畫去執行，不用找規劃師，對自己的

財務狀況，還是會有所改善的。

一般而言，理財規劃可以仿照我們在改善身體健康狀況時的區分，分為四個步驟：

1. 檢查。建立一個財務健康的檔案，匯集並整理出個人財務方面的資料。財務資料通常包括你的資產和負債、所得稅資料、每月收入及生活費用的明細表、個人和公司退休計畫及資料、各種保單和其他有關資產的安排的文件，與各個階段的目標、目的和能夠承受的風險限度相對應。個人資料包括自己和家人的所有資料相對應。

2. 診斷。分析已匯集、整理好的資料，確定自己的優勢和劣勢，用一些理財的概念和原則來審視你的財務狀況。例如，你是否有足夠的現款以備不時之需？是否有三至六個月生活的花費？你是否負債累累？是否入不敷出？你的投資是否與階段性的目標相符？根據你的個性對風險承受度，是不是做了不合適的投資？凡此種種，都該在這個步驟中弄清楚。

3. 糾正。根據上個步驟的診斷情形，採取一些必要的措施，將你的財務狀況導向健康。例如，如果你的財力已不允許套牢的股票繼續賠錢，就必須忍痛割讓返出，謀求東山再起的機會；或者你可能會發現，由於對原來的房子進行了裝修，以前投保的房地產保險額已經不夠，就該增加保額。

4. 觀察。定期的檢查你所擬定的理財計畫，譬如說每年一次，並根據主、客觀環境的改變，做出適當的計畫調整。定期的觀察同時也可以比較執行的結果是不是與預定的目標、目的相符，以做必要的調整。

透過這四個步驟，一般人都應該能妥善地對自己的財務狀況作出很好的規劃。

第二步 計算好你的淨資產

1・你有必要清楚你的淨資產

對於淨值的計算，不少人是除非必要（如申請貸款時須出示財力證明），否則從來不知道自己有多少淨資產。其實，計算淨值有不少用途：

1. 弄清楚你「現在」有多少淨值。你應該比貸款給你的人或機構更關心你的財力健康。最好每年就做一次健康檢查，並為自己設定淨值的成長目標，如每年成長百分之五。

2. 評估你的資產。資產負債表可以讓你對如何運用資產有個完整的概念，並告訴你資產中流動性資產、投資性資產和個人資產各占多少比例，是不是平衡分配？ 另一方面，淨值表也可以讓你知道你有哪些資產可以很快變現？ 你的投資是否過於集中或分散？

3. 分析你的負債情形。把負債置於控制之下，不要讓它成為脫韁的野馬，是理財相當重要的一環。

4. 規劃和修正各類保險的投保情形。一般而言，淨值越多，所需要的壽險、意外險保障就可以再減少。而投保壽險、意外險的原則是：適度保障就行，沒有必要買過多的保險。

5. 估算相關的財稅情況。隨著經濟的發展和稅制的健全，大眾也以個人的名義成為徵稅對象，而這其中如何處理「稅務」，又將需要整體規劃，因為這是財務的很大一塊。

如何分析你的淨值？

透過分析，可以更確實的掌握自己的財務狀況，進而做到「進可攻，退可守」，隨時調整理財計畫，修正理財目標，有效運用錢財。

2．利用淨值分析表，進一步把握理財的大方向：

淨值分析表			
資產專案		金額	百分比
流動性資產總值	流動性資產		
	短期負債總值		
	剩餘		
投資性資產	投資性資產總值		
	長期投資性借貸總值		
	投資性資產淨值		

個人資產	個人資產總值		
	個人長期借貸總值		
	個人資產淨值		
總淨值			

1. 流動性資產的分析。第一項流動性資產總值減去第二項短期負債總值，就是第三項剩餘。通常第三項以正數為宜，如果你這項的數值是負的，有必要開始累計你的流動性資產，並減少短期的借貸。

2. 以第一項的金額除以第二項的金額，並換算成百分比，理想的百分比應該是百分之十五到百分之二十之間。換句話說，你的流動性資產應該是短期負債的一倍半或兩倍。

3. 投資性資產的分析。用投資性資產的總值減去長期投資的借貸，得數就是投資性資產的淨值，這個數除以投資性資產總值得到的百分數，如果不到百分之二十表示淨值偏低，你的投資借貸太多；如果高於百分之五十表示偏高，可以再考慮借款投資。

4. 分析個人資產。用個人資產總值減去個人的長期貸款就可以得到個人資產的淨值。

個人資產淨值除以個人資產總值得到的百分數，如果低於百分之二十，是偏低；高於百分之五十，則偏高，可以考慮利用淨值再借貸。

把表中的第三、六、九項的金額相加所得數額就是總淨值。

你的淨值多代表的是你在某個點的財務狀況，這是你過去所做理財選擇的結果。舉例來說，如果你在過去選擇高價的住宅，並添購了不止一輛車，你可能就沒有多少投資性資產；如果你靠借貸花了不少錢在消費性開銷上，你可能也不會有多少淨值，因為你的資產與負債可能相當。

3・做出明智的選擇，使你的資產淨值增加

就理財的觀點而言，回頭探討並了解為什麼你的淨值會是目前這個樣子是很重要的。不過，更重要的是，評估各種你現在可以做的選擇對你將來的淨值有什麼影響。若你希望淨值增加，下面有幾種選擇可供你參考：

1. 為你的投資尋求更高的報酬率，讓你投資能有成長。提高投資報酬率可以透過：增加投資的知識，多認識幾種投資工具，多花一些時間管理投資，找投資顧問來幫你管理大額投資。

2. 每年從你的工作所得中挪出更多的錢用於投資。這可以透過減少日常開銷或節稅規則等來達到。

3. 減少負債。如果你有房屋貸款或其他分期付款償還在即，設法加速清償這些債務，可以省下一筆可觀的利息支出，並增加你的淨值。

　　根據了解這些做法的人的經驗，如果上述方法都能做到，每年應該可以增加百分之十五的淨值。以這樣的成長率，五年可以使淨值加倍，十年則變成四倍。

第三步 確立正確的理財方式

記錄你的開銷

　　預算專家建議我們，至少在最初一個月內，把我們所花的每一分錢準確記錄 —— 如果可能的話，可作三個月的記錄。這只是提供我們一個正確的紀錄，使我們知道錢花到哪去了，然後可依此作一預算。

　　你知道你的錢花在哪裡去了？嗯，也許如此；但就算你真知道，一千人當中，只能找到一個像你這樣的人。

做好你的金錢預算計畫

　　一個人如果拿所有精力去賺更多的金錢，還不如減少一點點對金錢的要求。

　　你需要一個有力的計畫，來幫助你達到渴望的位置，一個有力的計畫應該反映你對金錢的控制目標。如果你沒有一個預算計畫，你便無法清醒的認識自己的財務狀況，除非你能事先知道金錢的流向並且決定那樣做是否合適，不然你無法控制自己的金錢。很不幸的，許多公司及個人都在急於謀

利，而且做得堂而皇之，許多的「市場調查研究」早已準備好讓你投下大量金錢的產品 —— 不管那些產品對你是否合適。

在市場調查及研究的人員腦袋中，還有成千上萬的伎倆正在等著你。對於店裡的貨品應如何安排，甚至播放何種類型的音樂均已研究出來，而這麼做的主要目的應當是使你能夠大把大把的把鈔票拿出來。

要在這麼多誘惑的環境中不為所動的最好辦法，是按照自己的財務計畫花錢。事先計劃好，決定該買哪些物品，然後按照計畫而行。在中途最好也常常查查自己金錢的流向，如果覺得有更改的需要便及早做修正。

如果你從來沒有寫過財務計畫也別擔心，一個計畫不必嚴格到把生命中有趣的事情都拋開。比如每月給自己留一些可以隨心所欲使用的零用錢。

要準備一份財務預算表，你就必須盡力把上個月的各項花費重新組合，把上個月的收據、發票及信用卡簽帳單及各項繳費單等全部拿出，然後把它們分成十到十五類，例如汽車、衣服、食物、房子及娛樂等。如果你用現金而且沒有保留收據、發票就不容易重組你上個月的金錢流向。最好每天記帳，這樣便可知道金錢的流向。

如果你已搜到一些資料，請開始建立你的計畫、預算金錢流向。隨時都要查看計畫，等到月底時再評估執行計畫的成果如何？有了一些經驗後，你會發現自己已改變許多，你會決定刪除某一項的費用用以避免陷入負債，或者先節省一些，以便購買另一項更大花費的物品。

財務計畫中最困難的一件事，是你可能發現自己的花費超出計畫。雖然這種發現可能讓你難過，但是與發現快破產的困境相比，這種難過還算好的。

節省！節省！節省！

財務問題幾乎人人都有，不管調薪幅度有多大，人們總覺得離自己希望的生活有段距離，他們希望的生活往往是隨心所欲的支配金錢。這是完全達不到的目標。確實的解決之道是在擬預算計畫書時，以收入的百分之八十來應付日常所需，靈活機動的支配百分之十，另外百分之十則存起來。

一旦你能儲蓄百分之十，便可以為自己留一個緩衝餘地：車子突然壞掉修理或者家用電器產品需要維修甚至更換，孩子突然得了疾病等情況發生時，你將不會擔心錢不夠。

良好的購物習慣

我們許多東西都是買了之後，只用過一段時間，就再也用不到了。事實上，這些東西也不是我們真正需要的。如果你也有這種購買行為，你不必驚訝，或許你有些東西還買得更貴。事實上，我們之所以會買這麼多「無用物」，都是養成了「寧可多買」的購物習慣。

你一再購買「無用物」，就需要反省自己的購物習慣。因此，你可以坐下來，在紙上列出所有可以改善的事項：

1. 規定每個禮拜只有一天可以購物，而這天所要購買的物品，包括日用雜物和其他真正有需要的東西。

2. 從現在開始，在買東西之前，必須徹底想清楚，是否真的需要買這個東西。在買東西前問自己：「我們真的需要它嗎？」「我們需要這個東西多久？」「買了這個東西後，還有地方可以放嗎？」

3. 可以延遲一大筆購物的時間，或是任何小金額的購物，至少延遲兩個禮拜，甚至一個月。或許，在過一個月後，你又會發現，事實上並不是真的需要這些東西。

4. 可以做個實驗，看看沒有那些你認為該有的東西，還能不能生活下去？能生活多久？每當要做購物決定時，可以和自己玩這個遊戲，讓你保持家裡整潔的決心，得到充分的支援。

5. 寧可試著打出創意性的解決方法，而不要用購物來滿足自己的需求。例如，可以運用家裡的一些物品，像的厚書本或是在襪子裡裝滿沙子，來代替啞鈴，而不用跑到運動器材行白花一筆錢。

6. 沒帶購物清單，絕不出去買東西。如果你只是為了消遣而買東西，就要為你的花費訂下嚴格的上限。如果你喜歡為自己破費，就買些小東西來犒賞自己。一本新書或一件衣服能給你的刺激，遠比一架花費不菲的大螢幕電視更加經濟實惠。

7.　為自己和家人列一張每月需購物品清單。

找個時間，邀大家一起來擬定這張清單，依照下列順序為需要購買的物品分類：

◈　幾乎沒有必要
◈　必需
◈　極為渴望
◈　最好延到下次再買

把每個項目估計的花費也列進去。如果某樣東西在展銷或降價處理，你可能會把這些東西當成比較優先購買的項目，但如果他根本沒有出現在清單上，就不要買。

要是列單子對你沒用，就在皮夾裡放一張寫好下面問題的紙條，要求自己只可以在看到這張紙條以後買東西（如果你覺得很尷尬，就假裝看一張購物清單好了）。

以下是這張紙條上應該寫的東西：

◈　買這樣東西是否符合實用的原則？
◈　我需要這樣東西，還是渴望這樣東西？
◈　我可以用比較便宜的價錢買到這種東西嗎？還是這東西的方便性值得花這筆錢？
◈　什麼東西是我更想要的？我可以擁有兩者嗎？

這習慣唯有你是個懂得合理服從、絕不會在「行人止步」的交通燈號前硬闖馬路的人才管用。否則，你可能會打從心底厭惡和抗拒這張小紙條，進而帶來不堪後果。

逛街方式

如果你很難控制自己的購買衝動，那就讓你的購買行為變得麻煩一點。像是：把現金、信用卡留在家裡，再去逛街。

這對許多人來說，購物根本是個沒什麼大不了的習慣。不過要改變一個

習慣，最好的辦法，還是要用另一個行為來代替才行。你可以在紙上，列出一些可以取代購物的事項，這樣一來，下次你的購買欲又高漲時，你就可以用這個方法來取代購物的行為。

打個比方，去散步、找朋友聚會、去圖書館或沖個冷水澡，任何可以阻止你衝動購買的事情，都可以是有效的方法。或許，剛開始，你會有一種被剝奪了逛街樂趣的感覺，最後，當你不再被自己強迫著要去逛街、購物，你一定會有一種無法形容的解脫感。

運用同伴來幫助你。如果有些東西，是你真正覺得必須要買的，找一個了解你購物習慣的朋友和你一起去，最好這個朋友可以體諒你的購買欲，而且可以幫助你改變購買習慣。當你們逛街時，讓你的朋友隨時警戒你的購買行為，因此，你只能買到你真正需要的東西。不過，要確定的一點是：你要挑對朋友。

避免買到一些你們兩個都不需要的東西。透過這種方式，你就可以修正你的消費習慣。

試著用支票來付款。當然，這種做法要比付現金和信用卡來得麻煩，不過，這也促使你做更多的考慮，避免受衝動影響，失去理智。再者，這種做法也可以讓你知道，：你是如何消費的？ 你的錢是花在什麼地方的？

練習用一種挑剔、偏激的眼光，來看待任何廣告。這是對購物狂的最好訓練。一旦這種訓練在生活中漸漸淡去時，你必須重新開始，讓自己對廣告保持「敵意」。否則，你又中了廣告商的計了。如此下去，有一天你會了解，廣告商要搜刮你的荷包裡的錢，是一件多麼容易的事。所以，永遠和廣告保持「敵意」吧！

拒絕流行

「流行」浪費金錢的程度絕對出乎你的意料之外：一件外套仍然很好，只因為是不流行的舊樣式便棄之一旁；櫃子裡充滿各種花色、寬幅、窄幅的領帶……你可以檢查一下自己的櫃子，為了流行而花了多少錢？

　　流行是服裝工業創造出來的，很早以前一些聰明人便發現流行趨勢可以使顧客多購買一些其實不是真正需要的衣服，所以你千萬不要讓這種趨勢給沖昏了頭。

　　拒絕購買當季正流行的衣物，尤其是那些你知道流行時間很短暫的衣服更是不要買。每一個季節及場合幾乎都有一些固定不變的服裝樣式，衣櫥內最好多擺放此類衣服，而且穿到破再換新的。

　　如果我們能夠避開廣告的轟炸，很快就可以認識到過一種完全的生活其實所需是很少的。很不幸的，我們無法避開那些廣告，但是我們仍然可以對抗那些想要花錢的誘惑。

不要負債

　　可以很確定的一件事是：如果你有債務，生活就絕對輕鬆不起來，債務越多，對財務金錢運用控制的本領便越小，而且精力會大大地被金錢消耗掉。你必須更加努力工作才能使財務達到平衡。債務是位無情的主人。

　　只要頭上頂著沉重的債務，任何人都無法把事情辦得完美，任何人都無法受到尊重，任何人都不能創造或實現生命中的任何明確目標。

　　拿破崙·希爾有一位很親密的朋友，他的收入是每個月一萬兩千美元，他的妻子喜愛「社交」，企圖以一萬兩千美元的收入來充兩萬美元的面子，結果造成這位可憐的傢伙經常背著大約八千美元的債務。他家裡的孩子也從他的母親那裡學會「花錢的習慣」。這些孩子們現在已經到了考慮上大學的年齡，但由於這位父親負債累累，他們想上大學已經是不可能的事了。結果造成父親與孩子們發生爭吵，使整個家庭陷入衝突與悲哀之中。

　　很多年輕人在結婚之初就負擔了不必要的債務，而且，他們從來不曾想到要設法擺脫這筆負擔。在婚姻的新鮮感開始消退之後，小夫婦們將開始感受到物質匱乏的壓力，這種感覺不斷擴大，經常導致夫妻彼此公開相互指責，最後終於走上法庭離婚。

　　一個被債務纏身的人，一定沒有時間、也沒有心情去創造或實現理想。

「想想看，你自己及家人是否欠了別人什麼，然後下定決心不欠任何人的債。」這是一位成功人士所提出的忠告。因為他早期有很多很好的機會，結果都被債務斷送了。這個人很快的覺醒過來，改掉亂買東西的壞習慣，最後終於擺脫了債務的控制。

如果本領許可，絕對不要向人借錢，除非貸款能給你帶來財務上的好處。當你借到一筆錢之後，就等於逼迫自己用將來的錢償還現在的債務。

如果你無法用你的收入滿足自己的消費，就要降低自己的生活需求。千萬不要為了衣服、度假甚至音響設備等物品使自己陷入債務之中。如果你無法付錢，還不能把那些東西再賣掉，你就會變成債務的奴隸。

青睞優惠券

為了盡量節省開支，精明的富人們採取了多種多樣的方法，比如：

1. 延長使用期：將鞋換底或修補；重新裝潢或翻新家具而不是購置新的；修補或改衣服而不是購買新的。
2. 減少開支：在夏天或白天升高空調的溫度；更換收費低廉的長途電話公司；早點償還住房抵押貸款。
3. 計畫購買：在購買雜貨前列購物單；購買雜貨時使用優惠券。
4. 光顧折扣部門：到批發超市去購買散裝的家庭用品；多與折扣企業做生意。

也許許多人會感到迷惑不解，為什麼百萬富翁會使用優惠券呢？這不過是今天節省了一元，一生能節省多少，又能增加多少投資？

絕大多數的百萬富翁寄希望於未來。他們很可能會對一定時期中各種活動的成本和利益進行計算以求得節省。這種行為，與財富的累積有高度的相關性，而這只是百萬富翁全面節省計畫中的一小塊。

關鍵就在這裡。一項調查顯示，今天，美國有三分之二以上的購買者是衝動型購買者，他沒有攜帶購物單或者只是一張短短的購物單就出現在一家超級市場中，他們沒有計畫，在商場中四處閒逛，因而很可能在尋找商品上

花費了更多的時間。花費的時間越多，他所花費的錢也越多。這個事實一次又一次的被人們所證實。而且，在沒有購物單的情況下，人們經常會購買幾週以後才會需要、或者根本就不需要的東西。你也許還會認為大多數的百萬富翁是讓助理上街購物。事實上，大部分人是親自購買食品。

　　那麼，在一家食品店中購買東西的最佳方式是什麼呢？早已是百萬富翁的凱恩西斯夫婦在這方面做得比較好。他們把經常要光顧的兩家食品店的內景畫成地圖，並標上每一類商品的名稱和位置。這種地圖將作為每週的購物單和導購圖。如果在某一週他們的某項物品用完了，他們就會在地圖上將這一項畫上圈。他們還用這種方法安排買菜，當然，要有折扣券和相關的贈送也會記在地圖上。

　　這聽起來好像需要大量的工作，但實際上並非如此。他們有自己的看法。假如你沒有購物單，沒有購物計畫，那麼你每週將在食品店裡多花二十分鐘、三十分鐘或者更多的時間，那就是你沒有提前做好計畫的緣故。如果每週占用三十分鐘，那麼在成年人的一生中，這將會是一千多個小時。

　　將你的一生中的一千個小時以上的時間花費在一家食品店中，這肯定不是效率很高的行為 —— 如果這些時間用在計畫投資、看兒女遊戲、度假、提高你的電腦技術、鍛鍊身體、做好生意，或者寫書，難道不覺得會更好一點嗎？

CHAPTER 11
富人理財經典

葛林斯潘的家庭理財觀

葛林斯潘（Alan Greenspan）是執掌美國經濟巨輪的舵手。柯林頓說：「他的智慧和領導才能不僅在美國打消了人們的種種疑慮，在全世界，他也堅定了人們的投資信心。」所有的投資者都希望從葛林斯潘的言談中捕捉他對利率以及經濟走向的看法，因為葛林斯潘的一個暗示可能就會使他們發財或者是破產。對於葛林斯潘的成就及影響，《葛林斯潘傳》的作者季思聰說得最形象、最貼切。他說「柯林頓跺跺腳，打顫的不過是白宮；可這老頭一打噴嚏，全球就要下雨」，可見葛林斯潘的影響力有多麼大。

葛林斯潘在家庭理財方面也很有技巧。他的主要收入來源是他的薪水。他的月薪的十三點六七萬美元，家庭開銷不大，他自己不怎麼愛花錢，也不在意自己的衣著打扮，總是戴著一副大大的老式眼鏡，穿一件白襯衫、黑西服。葛林斯潘在投資方面和家庭開支方面比較謹慎，據估計，他用於股市債券方面的投資在兩百五十～六百四十美元之間，其餘的大部分都以保密信託的方式存著。

葛林斯潘在投資方面的另一個特點是主要投資於債券，而且多是短期國債。他有他自己的道理：這是為避免作弊而做的投資選擇。因為他負責制定各項利率政策，對股市具有決定性的影響力，如果把大量的資金投資在股市或長期債券上，那麼所有的人都會跟著他的選擇走，這樣的股市、債市就失去它們的意義了。

一九七四年，葛林斯潘擔任白宮首席經濟學家後，收入開始大增，投資也開始增加，他逐漸形成了一套自己獨有的理財觀：

1. 如果你在三年內要用到這筆錢，最好不要把它投向證券市場。例如一九七五年，他想購買一套新住宅，但他把大部分的錢都用來買了股票，他不願賣這些股票，只好放棄了這個購房計畫。

2. 每月用來償還分期付款的錢不能超過總收入的百分之五十。有一段時間，他每個月都要支付巨額的房錢和車錢，日子過得相當窘迫，這給他留下了很深刻的印象。

3. 選擇最佳的生活伴侶支持自己的理財計畫。他的第一任妻子瓊‧蜜雪兒用他所有的積蓄買下一套住宅，破壞了他的財務計畫。現任妻子安吉爾則很會理財，在她的協助下，他們的家庭資產從一九九七年的五十九萬美元在一年後成長到了九十二萬美元。

4. 要有規律、有系統的投資。間斷的、散亂的投資使財產遠遠低於他應該持有的水準。

李嘉誠的理財三祕訣

　　李嘉誠在地產業的卓越貢獻，更是讓人讚歎不已。有人說：「李嘉誠橫掃香港地產業。」

　　一九五○年代後期，香港經濟進入了繁榮時期，人多地少的矛盾日益突出。李嘉誠果斷地判斷，投身房地產業的時機已到了！於是，從一九五八年開始，他便有計畫的有選擇的購買房地產、地皮。他在香港北角買了一塊土地，建築了一座大廈，拉開了他房地產生意的序幕。接著，他又在柴灣購買地皮建樓，兩座大廈總面積共計十二萬平方英尺。不久便順利出手，大賺了一筆。

　　一九五○年代末期，各類資訊表明：香港將步入工業化時代，而為了促進這個時代早日到來，政府將實行高地價政策。李嘉誠當機立斷，買下了新界屯門鄉的一塊地皮建造工廠。一九六○年代初，李嘉誠大規模進軍地產業，在地皮上大做文章，短短幾年內，便買下了上百萬平方公尺的地皮。不久，香港的地價、房價暴漲，李嘉誠由千萬富翁一躍跨入了億萬富翁的行

列，成為香港地產業的大亨。

一九六〇年代中後期，香港人心浮動，投資驟減，房地產價格猛跌。於是一些商人紛紛拋售地皮，此時的李嘉誠卻又反其道而行之，他幾乎把全部資產都轉入了地產業，光買不賣，在別人看來，他簡直是瘋了。而李嘉誠獨具慧眼：「我看準了它不會虧本才買的，男子漢大丈夫還怕風險？怕就乾脆不做。」這樣一做，李嘉誠的地產業進入了第二個高潮期。

與之相比，當時一些目光短淺的商人，卻在擔心中國會不會以武力收回香港。於是紛紛低價出售自己多年苦心經營的工廠、商號、酒樓、住宅等，遷居國外。李嘉誠卻始終保持一種「風物長宜放眼量」的觀點，他公開宣稱：「你們大拍賣，我來大收買！以後，你們有追悔莫及的那一天！」於是，他一座接一座的買進大樓，還趁建築材料疲軟之時大興土木，建起一座座高樓大廈。

一九七〇年代初期，香港地價再次回升，房價上漲。又一次樓房告罄，利潤成倍成長。

作為一個有遠見和膽識的企業家，李嘉誠並沒有就此在地產業上止步，而是馬不停蹄，再創佳績。李嘉誠果斷的性格和他過人的魄力是他成為富豪的基礎。他有一句話說得好：「再有錢，也不能浪費；再花錢，也要花到實處。」這就是他對金錢的態度。

作為一個及其成功的人物，他的許多理財祕訣值得我們學習，他自己總結了三條理財祕訣：

1. 三十以後要重視理財
2. 要有足夠的耐心
3. 先難後易

（1）三十以後要重視理財。二十歲以前，所有的錢都是靠雙手辛勤工作換來的，二十～三十之間是努力賺錢和存錢的時候，三十歲以後，投資理財的重要性便逐漸提高，到中年時賺的錢已經不重要了，這時候重要的是應該

如何管錢。

（2）要有足夠的耐心。如果一個人從現在開始，每年存一萬元，如果把他每年存下的錢都投資到股票或房地產上，他會因此獲得每年平均百分之二十的投資報酬率，四十年後財富會成長為一億元。聽過李嘉誠演講的人，都會提出疑問：「要四十年才能成為億萬富翁，時間太長了。您是否能傳授我們一些快速理財致富的祕訣呢？」

理財必須花費長久的時間，短時間內是看不出效果來的，一個人如果想利用理財而快速致富，那麼他是一點指望也沒有了。按照李嘉誠的祕訣，熬了漫長的十年後，到最後僅能買回一部車，離億萬富翁太遙遠了。

因此，理財者必須有一個思想準備，理財活動是「馬拉松」競賽，絕不是「一百公尺衝刺」，理財比的是耐力而不是爆發力。要想投資理財致富，你必須經過一段漫長時期的等待，才可以看出結果。

（3）先難後易。每年年底存一萬元，平均投資報酬率有百分之二十，即使經過了二十年以後，資產也只累計到兩百萬元，此時仍然距離一億元相當遙遠。只有在繼續奮鬥到四十年之後，才能登上億萬富翁的台階，擁有一億元的資產。

但李嘉誠坦言相告，賺第二個一千萬要比賺第一個一千萬容易得多。

比爾蓋茲的理財之道

曾幾何時，在《富比士》雜誌排定的全球富豪排行榜上，微軟公司的總裁比爾蓋茲連續三次名列榜首。據報導，比爾蓋茲所持的微軟公司股票市值達七百六十五億美元之多，除此之外，他還擁有一百一十五億美元的資產存放在他的個人帳戶和兩大基金上。他所擁有的財富可謂富可敵國。

比爾蓋茲聚財的速度快得驚人，他僅用了十三年時間就累積了如此龐大的資產。然而，他有何理財之道？投資祕方又是什麼？他是如何營運這份巨

額資產的呢？美國《財富》雜誌據此採訪了蓋茲的投資經理曼克爾‧拉森後披露，這位世界首富傾向於分散風險的投資。

組合投資

組合投資就是堅持不把雞蛋放在一個籃子裡——這是一般美國人的習慣做法，蓋茲也在進行分散風險的投資。蓋茲擁有股票、債券、房地產的投資和對公司的直接投資。

據報導，蓋茲的兩個基金中，其絕大部分資金都投向了政府債券。在他除股票以外的個人資產中，美國政府和各大公司的債券所占比例竟高達百分之七十，而其餘部分的百分之五十直接貸給了私人公司、百分之十投到了其他股票上、百分之五投到了商品和房地產上。這就是他的組合投資。嚴格執行了「分散風險」的原則。

投資債券

比爾蓋茲對個人資產的投資原則，是重點傾向於風險較小的政府債券。也就是說他看重政府債券。據曼克爾‧拉森分析說，蓋茲可能覺得自己百分之九十多的資產已集中在一家公司（即他自己的微軟公司）的股票上了，由此他更有理由提高了其餘資產對風險極小的債券投資。他的實際情況決定了他的投資原則，他是正確的。

實際上，按照「分散風險」的原則，比爾蓋茲恰恰是把他的絕大部分資產都押在「微軟公司」一家上，有違「不把雞蛋放在一個籃子裡」的忌諱。一旦「籃子」破損，殃及所有的「雞蛋」。比爾蓋茲非常清楚這一情況，自「微軟公司」股票上市以來，他就平均每季度賣掉的「微軟」股票達五百萬美元，過去十三年裡已經累計賣掉了兩萬五千六百萬股的股票，總值達五十多億美元。此外，他還捐出七千六百萬股的股票，目前他在「微軟公司」的持股量已從十三年前的百分之四十四點八下降至今天的百分之十八點五。儘管，微軟公司實力強大，微軟股票的股價以每年百分之五十九的速度上漲，最近幾

年漲幅更大，特別是一九九九年十月開始的反壟斷訴訟反而使股價上漲百分之五十六。蓋茲依然定期賣掉微軟股票，將資金用以優化組合的多樣性。

委託專家理財

比爾蓋茲雖是電腦奇才，卻還稱不上能人。為此，比爾蓋茲在一九九四年重金聘請了年僅三十三歲的「金管家」，一位名不見經傳的年輕人—— 曼克爾·拉森。這位芝加哥大學畢業的工商管理碩士不負蓋茲厚望，在資本市場屢創佳績，使得蓋茲的個人投資基金增值神速。一九九四年，蓋茲在微軟股票之外的財產僅為四億美元，在不到五年時間裡，已增值近三十倍，高達一百一十五億美元，其中五十億美元是蓋茲的私人投資，另外六十五億美元分為兩項基金，即蓋茲學術基金和以蓋茲父親命名的威廉·蓋茲基金。而這兩個基金的每年捐稅已經超過了名列《財富》五百家中的後幾家公司的淨收入。

生活開支精打細算

一次，蓋茲與一位朋友同車前往希爾頓飯店開會，由於去遲了，沒有找到車位。他的朋友建議把車停在飯店的貴賓車位，「這可要花十二美元，可不是個好價錢」。蓋茲不同意。「我來付」。他的朋友說。「那可不是好主意，」蓋茲堅持道，「他們超額收費。」由於蓋茲的固執，汽車最終沒停放在貴賓車位上。

什麼原因使蓋茲不願多花幾美元將車停在貴賓車位呢？原因很簡單，蓋茲作為一個商人，一個企業家，他深深的懂得，該花的錢，再多也得花；不該花的錢，再少也不能花。要讓每一元錢每一分錢都發揮出最大的經濟效益。也只有當一個人能夠用好他的每一分錢，他才可能成功。

遺產分配有獨到的見解

比爾蓋茲認為富家子弟在錢堆中長大，一輩子不愁吃喝，不愁穿戴，生活無憂無慮，揮金如土，逍遙度日，缺乏生存能力，更談不上競爭了。即所謂「豪門出敗子」。基於金錢可能對孩子帶來的傷害，蓋茲同當今世界的許多

富人一樣遵循「再富不能富孩子」的教育原則，寧可將錢捐給社會，也不願多出一分錢讓孩子去揮霍。蓋茲曾經說過：「當你有了一億美元的時候，你就明白錢不過是一種符號，簡直毫無意義。」蓋茲和他的妻子近五年向社會捐款高達十億美元以上。對社會如此慷慨大方，對子女則「吝嗇」。蓋茲公開宣布：「我不會給我的繼承人留下很多錢，因為我認為這對他們沒好處。」這或許是常人不易理解之處。

美國富翁的理財祕訣

成功的理財者對目標是堅定不移的，但通向成功的途徑，卻因人而異，因事而異。常言道，條條大路通羅馬。因而，必須善於學習和研究，從中找出他人成功的經驗和失敗的教訓。有一本書叫《成為百萬富翁的八個步驟》，作者查理斯·卡爾森，追蹤採訪了美國一百七十位百萬富翁，從他們的成功經驗中，提煉出的百萬富翁的八個行動步驟，確實有借鑑性，摘要如下：

第一步，現在就開始投資。沒錢投資，卡爾森認為可將收入中的百分之十～百分之二十五強迫用於投資；沒時間投資，卡爾森認為可減少看電視的時間，把精力花在學習投資理財知識上。

第二步，制定目標。無論是儲備孩子的學費、買新房子等，任何目標都可以，但必須要定個目標，以便努力去達到。

第三步，投資於股票或股票基金。從長期趨勢來看，股票每年平均報酬率的百分之十一點九

第四步，別眼高手低。百萬富翁並不是因為投資高風險的股票而致富，他們投資的是一般的績優股。

第五步，每月固定投資。必須養成投資的習慣，不論投資金額多小，只要做到每月固定投資，就足以使你超越大多數人。

第六步，買了要守得住。調查顯示，四分之三的百萬富翁買股票至少持

有五年以上。

第七步，善於利用免稅投資理財工具。把國稅局當作投資夥伴，注意新稅務決定，使國稅局成為致富的助手。

第八步，限制財務風險。

附（一）：財務滿意力測驗

為了了解一個人是否對自己的錢財或財務狀況感到舒適、滿足，專家設計了一套「財務滿意指標」測驗，用來探究成功有錢的人，究竟對自己現有的財富感到滿意呢？還是永遠無法獲得安全感。測驗結果顯示，多數人介於兩種極端之間，而接受測驗者在測驗裡反應出來的態度，與他們現有的狀況有直接的關聯。

這個測驗共有二十個陳述，都與人對金錢的感覺或與錢有關的經驗相關，請仔細閱讀每個陳述，看看對自己而言是對或錯，對的打「O」錯的打×，作完題後，再根據文末的答案算出總分。

1. 儘管我賺的錢不斷增加，我還是覺得我應該賺更多的錢
2. 不管我的錢放在哪裡（保險箱、投資、銀行或這裡），我都會擔心失去它
3. 我實在無法了解為什麼有些人賺錢比我少，還能感到滿足
4. 為錢財惱怒或爭議並不值得
5. 一旦我終於得到想要的錢，那些錢好像就沒有先前那麼有價值了
6. 我一想起過去幾年浪費掉的錢，心情就不好
7. 如果我有更多的錢，我會更快樂
8. 我常會想一些我喜歡但買不起的東西
9. 我對自己有多少錢知道得很清楚，幾乎可以算到個位數
10. 賺取更多錢是我最不重要的目標之一
11. 一天到晚為錢心煩的人沒有辦法享受人生
12. 當我置身於比我有錢的人當中，我會感到不舒服

13. 我常常覺得，別人總想對我的錢動腦筋，占便宜
14. 生活好壞並不能以賺多少錢來衡量
15. 當我和比我有錢的人出去時，我認為花錢時該由他們付帳
16. 我不會為了賺更多的錢，就放棄自己的原則和他人妥協
17. 我必須確知在未來五年至十年有財務上的安全，才會真正感到滿足
18. 我通常都可以得到我想要的東西而不必擔心錢
19. 當我沒有剩餘的錢時，我就會覺得一籌莫展
20. 要達到我希望的那麼有錢，實在要花去我太長的時間

答案：（1）× （2）× （3）× （4）O （5）× （6）× （7）× （8）× （9）× （10）O （11）O （12）× （13）× （14）× （15）O （16）O （17）× （18）O （19）× （20）×

記分方式

請對照標準答案計算總分，如果你的答案和標準答案一樣就得一分，不一樣或未作答不給分。

◈ 得分在○～六分，算是得分很低；
◈ 得分在七～九分，算是得分低；
◈ 得分在十一～十三分，算是得分中等；
◈ 得分在十四～十六分，算是得分高；
◈ 得分在十七分以上，算是得分很高。

解釋與說明

很多人可能認為，收入最高的人對自己財務狀況的滿意程度最高，事實上並不然。對財務狀況感覺舒適、滿意，主要是心理因素使然，像自我尊崇感、對自己的工作滿意，有一群可以依賴的朋友和不斷的自我成長等等。事實上，心理學家相信，潛而不顯的情緒不安是造成財務上不能滿足的主要原因，錢多錢少反而在其次。

國外的測驗結果顯示，對自己的財務狀況覺得最滿意的人則認為，財務上的安全與運氣和外來的影響很有關係。這種人也容易緊張，凡事在意，常

會為金錢感到焦慮。不過，有時候他們倒是相當有創意，會不斷的找新方法來提高自己的地位。

得分很低者

對自己的財務狀況有很大的挫折感並感到焦慮，這種不安全感可能會貫穿與他們有關的所有事物。他們往往會因而退縮，並使得企求安全變得遙不可及，然後造成惡性循環。這種人相信，金錢就等於財務上的滿足，他們不能接受有錢固然日子比較好過，但缺錢也不是什麼要命的問題。得分落在此組的人如果能尋求外來的幫助，像找個心理醫師談談，可能會有助於提升生活品質並增加成功的機會。

得分低者

情況比得分很低者稍好，比較不會焦慮，多一點自重感，但在財務上仍會感到高度的不安全、不舒適。得分落在此組的人通常相當重視成功的外表，甚至重視到無益的改變自己的價值觀和判斷。如果你得分落在此組，最好弄清楚你是否了解你所擁有的資產（有形與無形）的價值，而不光是有多少錢。雖然尋求更多錢和更多安全感沒有什麼不好，但因此覺得維持現狀日子會難過或感覺無望，就大可不必了。

得分中等者

把自己的財務狀況視為是正面和負面因素的組合。他們的負責感覺可能來自於這樣的事實：別人有的確比自己多；或者，可能是以不適當而稍帶消極的方式，來關照自己在財務上的安全性。雖然他們並不滿足，但卻有足夠的個人力量可以尋求必要的改變。如果你得分落在此組，不妨繼續發揮你的才能，增加自我價值感和自重感，安全和滿足（甚至金錢）就會跟著來。

得分高者

顯示出他們不僅可以支配自己的財務狀況，也可以掌握生活中的其他層

面，而有一種「有力感」。這種「有力感」會帶來自我尊崇，進而邁向成功，得分高的人知道，透過金錢尋求快樂是荒誕不經的。美國的開國元勳富蘭克林說得好：「金錢向來就不會使人快樂，就本質上來說，沒有任何東西可以製造快樂。人擁有越多，需索就越多。填補空虛只有越空虛。」得分落在此組最為理想。

得分很高者

對自己的財務狀況完全滿意，幾乎全無焦慮，也不在意形象是否成功。如果你得分落在此組，顯然是對自己的現狀感到滿意，只要不是對追求成功完全漠然或全無雄心壯志，這樣的得分倒很不錯。

附（二）：金錢焦慮程度測驗

不喜歡金錢的人可以說少之又少，但有了錢後，每個人對錢財的態度可能不一樣。有人會盡情享受，有人卻惜財如命，也有人成天害怕失去錢財而焦慮不堪，嚴重的，甚至害怕賺錢，或擁有錢財。

美國的喜劇家鮑伯·霍伯（Bob Hope）舉世聞名，另一喜劇家菲爾茲（W.C.Field）不但擅長說笑逗樂，也以「會保護錢財」著名。此君擔心錢財被人算計，把錢分散存在世界各地兩百個以上的銀行裡，每個帳戶都用不同的戶名存錢，菲爾茲死於一九四六年，他的這些帳戶至今沒找到幾個，這種對失去錢財的恐懼，結果使得子孫失去了六十萬美元以上（在當時不是小數目）的財富，可謂得不償失。

為了了解人們對金錢的關切和焦慮程度與成功是否有關，專家設計了「金錢焦慮量表（Money Anxiety Scale），測驗關心過度或不足，是不是和受試者追求成功的其他態度有關聯。

專家曾找了一群相當成功的人接受測驗，結果發現收入最高、知識最豐富的人，確實和某種程度的焦慮水準有關聯。

你知道自己對金錢的焦慮程度嗎？ 不妨試試這個焦慮量表測驗。

測驗包括二十個題目，每個題目都與關心金錢的態度有關。作答時以四種方式計分，選一個最合適自己態度的答案，寫下正確的號碼，全部作答完畢，再根據計分方式算出總分。

① —— 從來不

② —— 有時候

③ —— 常常

④ —— 經常（近於一向如此）

1. 我擔心賺錢會使自己迷失了
2. 我擔心朋友若知道我有錢，會向我借錢
3. 我擔心如果我賺太多錢，我會扯進複雜的稅務問題
4. 我擔心不管我賺多少錢，永遠也不會滿足
5. 我擔心如果我有很多錢，別人喜歡我是因為我有錢
6. 我擔心錢會使我沉溺於我所有的惡習
7. 我擔心如果我賺的錢比朋友多，他們會嫉妒我
8. 我擔心如果我大把大把賺錢，錢會控制我的生活
9. 我擔心如果我有錢，別人一有機會就想欺騙我
10. 我擔心錢會成為我追求真愛的障礙
11. 我擔心如果我有很多錢，我會一天到晚害怕失去它
12. 我擔心錢會使我變得貪婪，並且過分的野心勃勃
13. 我擔心管理為數不少的錢會造成我無法負荷的壓力
14. 我擔心如果我賺了很多錢，我會失去工作的意願
15. 我擔心如果我有很多錢，我會利用錢去占人家便宜
16. 我擔心擁有很多錢會使我的生活不再單純
17. 我擔心比我所愛的人賺更多的錢（反之亦然）
18. 我擔心金錢真是萬惡之源
19. 我擔心擁有大量的金錢會使我陷入失敗的境地
20. 我擔心我沒有能力處理巨額的錢財

計分方式

把每個題目作答時的號碼加起來，得數就是你的總分。

◈ 得分在二十～二十四分，算是得分很低；
◈ 得分在二十五～三十分，算是得分低；
◈ 得分在三十一～三十七分，算是得分中等；
◈ 得分在三十八～五十七分，算是得分高；
◈ 得分在五十八分以上，算是得分很高。

解釋與說明

金錢焦慮是一種令人不快的情緒，極端時甚至會造成精神衰弱，它可能顯現出對被欺騙的恐懼，一種對錢財災難的預期，或擔心金錢多少會控制一個人的生活。有些焦慮的人希望利用錢去買他人的愛，以平衡被遺棄或破產的恐懼，對這些人而言，金錢焦慮就是一種情緒上的不安全感。

成功的人證明，金錢焦慮在有成功傾向的人格裡少有立足之地，對這些人而言，焦慮程度低，和高收入、錢財知識廣泛有關聯，對邁向成功的目標也充滿信心。

相對的，焦慮程度高的人很難有正面的自我形象，這種正面的自我形象又是承擔必要風險、爭取成功的要素。這些人會把人生看做受外在因素控制，也就是說，他們相信成功是外界力量決定的，不管他們怎麼努力。

得分很低者

雖然焦慮水準低與高度成功有關，得分太低卻可能顯示這種人缺乏興趣或雄心。焦慮水準低但合於可控制的程度，表示具有可改變或改善生活的良性關切。如果你得分很低，很可能你是因為對現狀太過滿足，充滿信心而沒有金錢焦慮，或者你是想避免遭遇錢財問題而做必要的改變，究竟的哪一種原因，得好好問問自己。如果是第一個原因，恭喜了，金錢恐懼根本不會阻礙你的成功。

得分低者

這種人對現有的錢財狀況頗感舒適，商業知識廣泛，他們相信自己可以完全控制成功的機會，並對成功地處理金錢問題深具信心。得分落在此組的人，都能正面看待自己的目標，承擔必要的風險，邁向自己所希望的未來。

得分中等者

這種人對金錢在生活中所扮演的角色，感到不確定。對他們而言，金錢會引起關切，取得和持有都會令他們擔心。如果他們的焦慮會驅使自己去控制好錢財，就可能步上成功之路；如果老是想逃避錢財風險，成天因為沒有安全感而害怕，他們的焦慮就會阻礙進步。如果你得分落在此組，你可能會被焦慮所誤，但只要你願意，你還是可以做到自我掌握，邁向成功。

得分高者

得分高是人很難去享受自己所擁有的錢財。而且，他們的焦慮會使他挑戰和達到成功毫無報償，因為他們覺得成功只會帶來害怕失去（成功）的焦慮。

焦慮的人因此會把自己隱藏在一些過度保護性行為裡，諸如強制性的儲蓄，或不信任他人。偶爾，這些焦慮程度高的人也會去除防衛，以不太恰當的方式和外界接觸，不過，萬一接觸失敗，就會加深他們的焦慮。得分落在此組，是很難成功的。

得分很高者

這種人需要趕緊尋求解除焦慮的方法及技巧，或許，還包括專業的治療。焦慮極端高會萬念俱灰，不想追求任何目標。得分落在此組，對周遭的人根本無法相信，不可能享受成功所帶來的任何樂趣；最重要的是，這種人根本很難成功，因為焦慮水準太高，須付出昂貴的代價。

第三部分
打開創業的詞典

相對於其他社會群體而言，創富者特別重視邁出社會的
第一步—創業。

CHAPTER 12
創業改變命運

創業者不選擇貧窮

今天，不管我們是否已經離職，只要我們還得為這個月房租計較，只要我們還得為下個月孩子的學費發愁，只要我們還得為生了病要上醫院花錢而恐懼，只要我們還得為買一斤菜和小販爭執半天……那我們就沒什麼差別，我們都是窮人。或許很多人的條件比這要好得多，但畢竟還要住沒幾坪的雅房要乘每天擁擠的公車，要用自己組裝的便宜電腦，要不得不買盜版光碟只因為正版太貴，要不得不坐好幾小時的火車只因為搭不起飛機……如果是這樣，那我們也還是窮人。

很多人是窮人，而且更糟的是，我們現在正在從事的工作也沒有絲毫的跡象可以表明它會迅速改變我們如今的艱難境地，我們是有必要採取行動了。

逆來順受從來就不是最好的主意，因為我們不願接受的東西，與其委屈自己去接受，倒不如奮起身來與其抗爭。不要再渾渾噩噩的往下混，也不要滿腹牢騷、抱怨不休，更不要麻木不仁、空等機會。

創業是一個新的開始，因為我們寄希望以此讓自己的生活品質變好，有誰希望自己總是窮人？

是的，很多人都對財富充滿渴望，而且美國人這樣評價《富比士》裡的亞洲商人：「他們都對財富充滿強烈的渴望。」還有一個孩子，他甚至從很小的時候就對財富充滿渴望，他曾公開在同學面前宣布：「我要在三十五歲以前成為億萬富翁。」但他那時的話並沒有人相信，但是後來，這個孩子卻甚至成為了世界首富。而今天，他的財富則位居全球第二，他就是華倫·巴菲特。

現在，我們是面對著電視機上的彩券號碼一屁股坐在沙發上怨天尤人，

還是從沙發上站起來開始為致富採取行動？ 當然我們會選後者，因為創業者不選擇貧困。

如果把世界上的人分成兩類：你自己是一類，除了你以外的所有人是另一類，那麼在這個世界上，每個人都會有這樣的想法：渴望第一類人在精神上和物質上得到自我滿足，同時又渴望第二類人會注意第一類人。是的，因為需要自我滿足，我們才去做自己想做的事，我們才去想辦法改變貧窮；因為需要別人注意自己，我們才要去做一個不平凡的人。這就是我們創業的基本動機。而且可以相信，僅僅需要這樣一兩點動機，我們就完全可以走上創業的道路。雖然說，以後道路並非坦途，但最要緊的，卻是我們現在必須向前邁開腳步⋯⋯

平庸是一種恥辱

現在有一些心甘平庸的人到處宣揚平庸哲學，說什麼平庸是真，在富人眼裡這是無能的表現，是那麼的可笑。如果你真是一個有所作為的人，就該根據你掌握的知識，去做相應層次的工作。很多事情並不需要很高學歷的人去做，像房地產開發工程項目建設，結構不需要你去設計，圖紙不需要你去畫，你只要看著圖紙能把樓建起來就行。而你就是把工程學院的院士叫去做這件事，他比一個普通的大學生也強不到哪去。因此，沒有必要非硬著頭皮去讀一個碩士或者博士學位。有些人不是為了學以致用而攻學位，結果在你獲得一大堆學歷之後，有人已經成為百萬富翁；再等你轉了行，找到穩定的工作，當上經理以後，有人已經成為億萬富翁。

他們竟然為了一種平庸的生活方式而採用更加平庸的實現手段，實際上他們心裡一直強烈自卑並存在著一種更加強烈的求穩心態，他們考研本身就是為了今後的薪水穩定。

不錯，一切皆有可能，只要你仍然願意面對挑戰。因此對我們來說，放

145

棄現在庸庸碌碌的生活就是一個開頭，成就出不同凡響的事業的開頭。

力量小並不可怕，就怕你不敢改變現狀。今天，創業者大多是在尋求一種成就感，而且應該說所有不甘平庸的人也在需求這樣一種成就感。這種成就感讓這些人去面對新的生活和新的挑戰，這種成就感讓這些人願意去披荊斬棘，證明自己存在。是的，他們不甘心被淹沒在流俗之中，他們要從事業成功中得到滿足。

CHAPTER 13
熱情與勇氣是創業的前奏曲

英雄本色是豪情

對創業者而言，我們可以永遠都得不到投資人，但我們卻不能一天沒有熱情。熱情能讓我們義無反顧卻不需要理由，熱情能讓我們歷盡艱辛卻笑談以對。熱情是我們創業路上的前進動力，熱情如此不可思議，他感染別人也感染我們自己，而最重要的是它可以感染財富。

軟體銀行的總裁孫正義先生，被全世界的媒體稱為「日本軟體鉅子」、「日本的比爾蓋茲」，「世界網路經濟的領袖」……如此之多的稱號，源自於孫先生最簡單的一條生存原則，那就是熱情。孫正義雄心勃勃，對網路富有極大的熱情。確切的說，他對自己所從事的所有領域都富有熱情。

他是一個熱情澎湃的企業家，他說：「我還要在不惑之年實實在在的大幹一場。」他每天都在大膽投資與併購。以至於《商業週刊》這樣評價他：「然而問題在於，軟體銀行公司能否跟得上它的老闆的勃勃雄心。」孫正義是韓裔日本人，他從小就受到別人的種族歧視，但他從未放棄對生活的熱情。無論是經歷創業時期的舉步維艱還是度過企業中途的發展危機，孫正義二十年熱情依舊。今天，在全球網路經濟最低迷的時候，孫正義卻仍對這一領域的事業充滿熱情，他說他對未來的前景深信不移。

創業需要一種熱情，一種徒手打天下的拚搏熱情，一種為夢想一路狂奔的流浪熱情。除了一個想法，我們一無所有，但一往無前的行動熱情將把一切的現狀改變。

是的，熱情能夠給予我們一種巨大的力量，這種力量讓我們夢想成真。很多二十多歲的年輕人和六十多歲的老年人都在事業上取得了不可思議的成

功，究其原因，我們竟發現，他們大多都對所投身的事業富有極大熱情。現在很多人說，如今融資已不是件簡單的事了。也許是吧，我們的商業計畫寫得越來越規範了，但我們的機會卻少了。為什麼？我們可能是把一樣東西丟掉了，那就是熱情。

沒有風險就沒有利潤

「股市的成功就是人生的成功」，成功者如巴菲特，如索羅斯，他們人生巨大的成功難道不是來自股市？然而，對大多數人來說，股市絕不是天堂，因為他們從中得到的，往往是悔恨、沮喪甚至是絕望。然而這正是股市的魅力所在：一朝將成萬骨枯。投機市場的殘酷性注定了大多數投資者的命運，但同時它又造就了少數的冒險家，他們面對風雲變幻的市場毫不畏懼，勇於承擔風險，勝利注定屬於他們。

經營企業和股市相類似，世上沒有萬無一失的成功之路，動態的市場總帶有很大的隨機性，各要素往往變幻莫測，難以捉摸。所以，要想在波濤洶湧的商海中自由遨遊，又非得有冒險的勇氣不可。甚至有人認為，成功的因素便是冒險，做人必須學會正視冒險的正面意義，並把它視為致富的重要心理條件。在成功者的眼中，生意本身對於經商者就是一種挑戰，一種想戰勝他人贏得勝利的挑戰。所以，在生意場上，人人都應具有強烈的競爭意識。「一旦看準，就大膽行動」已成為許多商界成功人士的經驗之談。「幸運喜歡光臨勇敢的人」，冒險是表現在人身上的一種勇氣和魄力。唯物辯證法告訴人們：冒險與收獲常常是結伴而行的。險中有夷，危中有利，要想有卓越的結果，就要敢冒險。毫無疑問，我們面對的是一個充滿機遇的市場。

冒險是一種心態

要想適應市場環境變化的需要，具備堅強的生存能力，創業者要有一定

的冒險精神，但首先要有一個正確的心態，善於接受新思想、新辦法、新變化，做「生活的游俠」，熱愛生活，同時，具備一種冒險的精神，才能走上創造的道路。

　　事實上，很多人為了工作和生活的需要，經常冒雨走在路上，而從未感冒過；總是被教導去做安全的選擇，避免失敗，是不會有成功的收獲。冒險應具備什麼樣的心態呢？

◈　相信自己的能力、判斷
◈　有自立的特質
◈　敢於闖入新的領域，敢於冒險
◈　成為「生活的游俠」

　　創業精神包含了很多內容，而其中最為重要的是冒險精神、勇氣與熱情、商業頭腦、自信、頑強的作風。

　　世界上最大的冒險就是不去冒險，原地不動才是拿生命和前途賭博。要做一個優秀的創業家，首先就要做一個能在極大風險的狀況下仍然談笑風生、鎮定自若的人，因為，敢於冒險是每一個成功創業家的必備素養。矽谷在過去的五十年中，孕育了難以計數的高科技產品，但在矽谷，比這些產品數量更多的而且市值也更高的，卻是一大批具有強烈冒險熱情的各路精英。正是這些冒險家，才讓矽谷的技術變成了財富，也讓矽谷的夢想變成了現實。但實際上，在矽谷，十次創業只有一次會成功，有兩次是公司處境不佳，而有七次則是完全失敗。但就為了這一次成功，無數身無分文的的窮小子和腰纏萬貫的銀行家都蜂擁來到了西海岸的這塊彈丸之地，他們相信那一次成功的奇蹟，當然，也有那七次失敗的事實。他們知道，十次失敗最多不過能讓自己變成一個窮光蛋，但只需一次成功，他們就能大發其財，一夜揚名。

　　在全球高科技領域，曾經或是正在研發的項目可以用兆來計數，而這麼多的項目卻有著一個共同的特徵 —— 高風險。即使在傳統的經濟領域，失敗

的風險也是無所不在。沒有足夠的冒險勇氣，沒有相當的承受能力，要開創一項偉大的事業顯然是過於天真。這個世界上沒有無風險的利潤，像很多報紙廣告上說的沒有任何風險，只要你願意投入那就是一本萬利，你覺得可信嗎？而且，創業在相當的程度上都是風險與利潤成正比的，風險有多可怕，利潤就有多誘人。開一家小的店面風險不大，但利潤空間也不大。投入一個新興的產業，市場的不確定性讓很多投資者覺得沒有把握，但一旦成功卻獲利豐厚。

冒險家將成為下一個時代的先鋒，他們將有能力和熱情去披荊斬棘地開拓所有未知的或是前途難料的商業領域。而這些領域，就是下一個時代生長新的經濟奇蹟的種子和造就新億萬富翁的工廠。不過有一點，我們冒險必須理性，冒險冒的失敗是風險，而且要做一個優秀的創業者，創業者不是賭徒，應該樹立強烈的風險意識。

你能承擔多大的風險

對風險的承擔也要有一定的限度，超過了限度，風險就變成了一種負擔，可能對情緒、心理造成傷害。因為，過度的風險會帶來憂慮，憂慮則會影響到創業者工作和生活的各個方面，包括健康、工作、家庭生活、交友和休閒等。比如生活中常看到、聽到一些炒股的朋友因為在股市上輸了錢，而怪罪於朋友，導致朋友斷交，甚至有懷恨在心，而將朋友置於死地的；也有導致夫妻反目、家庭不和的；還有人「堤內損失堤外補」，股市上輸了錢，就去牌桌上贏，走上賭博道路的；又有人想方設法「尋租」，貪污受賄彌補損失……所以，當創業者開展各項投資、創新及其他工作時，必須考慮自己能夠或願意承擔多少風險，這涉及到個人本身的條件和個性。

一個人面對風險所表現出來的態度，通常可分為四種類型：

（1）進取型

進取型的人願意接受高風險以追求高獲利。

（2）中庸型

中庸型的人願意承擔部分風險，求取高於平均的獲利。

（3）保守型

保守型的人則往往為了安全或獲取眼前的收入，寧願放棄可能高於一般平均的利益。

（4）極端保守型

極端保守型的人幾乎不願意承擔任何風險，寧可把錢放在銀行衍生蠅頭小利。

你屬於哪種類型的人呢？下面你可以做個自我測試，幫你自己確定你屬哪一類型的人。第一組問題是用來測驗面對風險所採取的態度，不妨仔細想想，根據過去的生活經驗，試做解答。問題如下：

1. 你喜歡賭博嗎？
2. 你會不會在投資虧損的壓力下還能保持良好的心態？
3. 你經常患得患失嗎？
4. 你是否寧可買一支風險甚高的股票，也不願把錢放在銀行裡生小錢？
5. 你對自己的決定是不是樂觀、自信？
6. 你是不是喜歡自己做決定？
7. 站在股票大廳，你還能控制住情緒嗎？

如果你的答案六個或七個「是」，就是進取型的人；如果只有一兩個「是」，應該算是極端保守的人；答案若有三至五個是肯定的，可能是中庸型或保守型。肯定的答案越少，越傾向於保守。

第一組測驗是測出個人面對風險的態度，真正要確定承受風險的程度，還必須考慮其他的客觀因素，像家庭的收入、開銷、撫養的小孩等等。往往，就算你心態上是進取的，但現實的情況卻讓人沒有能力去承擔風險。下面一組問題可以測驗你能承擔風險的能力：

1. 你有足夠的收入以應付家庭的基本所需嗎？

2. 你和家人的人壽健康保險夠嗎？

3. 萬一你急需要錢，你有把握能借到足夠的錢足夠長的時間以緩解財務困難嗎？

4. 萬一你失業了，你有沒有其他穩定的收入來源？

5. 如果你在股市中損失了部分錢，你能忍受嗎？

如果五個問題的答案都是肯定的，就自己把自己歸為進取型的人；只要有一否定的答案，就應該把自己列為極端保守型的人，因為你沒有本錢好冒險。

在選擇你的投資方式時，最好將自己的主觀態度和客觀條件一併加以考慮。

培養承擔風險的能力

創業者在經營企業的過程中，經常面臨許多問題，必須收集有關的各種相關資訊，你掌握的知識越多，收集的資訊越完備，研究越透徹，問題解決得越圓滿。這一階段，需要有一定的方法去工作，同時，還需要一定的承擔風險的能力，如何培養自己具備這種能力呢？ 一般分為六個步驟：

第一步　準備

1. 明確問題的特殊性

2. 全身心投入到問題之中

3. 研究相關資訊

4. 廣泛的收集資料資料

5. 與人溝通、討論與問題相關的想法

6. 構想主體框架，探討各種可能性

7. 自由想像

第二步　全力以赴

1. 專注於要解決的問題

2. 從邏輯上明確問題

3. 收集、組織研究資料

第三步　醞釀

1. 輕鬆下來

2. 讓資訊進入你的潛意中

3. 放鬆

4. 閱讀有關經典成功案例獲得啟示

第四步　敏銳觀察

1. 辨析市場機會

2. 發覺市場危機

3. 迴避市場風險

4. 尋找市場發展

第五步　承受能力

1. 要有信心

2. 保持樂觀心

3. 直面挑戰性的新事物

4. 穩定情緒，處變不驚

第六步　宏觀協調能力

1. 考慮企業宏觀管理決策

2. 淵博的知識

3. 協調各部門的管理

4. 超前的思維

CHAPTER 14
資金是個大問題

　　籌措足夠的資金，是創業者要過的第一關。在創業者決定資金來源之前，他必須先對自己所需做一個精確的評估。

創業資金哪裡來

個人資產

現金：你現在真正能動用的錢有多少？ 最好先計算清楚，你的活期存款帳戶、儲蓄存款帳戶、保險箱、以及各種可變的有價證券總共有多少？

有些人，為了將來能夠擁有自己的事業，老早就預存了一筆資金以備需要。

其他資產：你願意出售你現有的股票或債券，或是用不上的車子嗎？

你有其他財產，如房屋、錢幣、郵票、書或藝術品可以變賣嗎？

你願意考慮將房子或其他財產抵押嗎？ 可以將你的（或配偶、子女的）人壽保險再貸款出來嗎？

有人欠你錢可以收回來嗎？

如果你目前仍服務於某家公司，你能否獲得提前退休金或離職金？

有沒有年終獎金或其他額外津貼？

朋友與親戚

你朋友或親戚對於投資你的事業有無興趣？ 或者，他們是否肯借錢給你？

合作夥伴與同事

公司裡有哪些和你一起開創事業的人，例如能從合夥人、股東、員工那裡籌集多少資金？

負債融資

如果你已經用完自己或是事業夥伴的資源，那你就要另尋門路，取得需要的額外資金。這也許是第一次大考驗，可以測出你敏銳的商業才能。

資金貸放者對於兩件事特別注意：你和你的企業能否賺取足夠的利潤來償還這筆債務，或是你的企業有何種擔保品可以加強償還的保證。

企業的本質和財務形態，決定了融資的方式與來源。完善的財務資料絕對必要；完備的營運計畫也是不可缺的。

在尋求資金時，你陳述的方式會關係到是否能說服放貸者，讓他們相信你具有經營事業的能力。甚至在你準備進行報告前，能和律師或會計師談一下最好。

商業銀行

企業外籌措資金的來源，最常見的是商業銀行。因此，明智、謹慎的選擇銀行非常重要。你選擇的銀行，一定要最了解你的資金需求。不論你是這家銀行的新客戶還是老主顧，你的貸款申請書一定要送到銀行的放款審議機構或同等單位。他們會根據銀行基本放款政策來考慮你的申請；他們也許會核准你的申請、或是拒絕，或是更改貸款條件。

租賃公司

租賃不能直接取得資金，但是，可以由此方式獲得你原先得花錢購買的物品。這就是說，經由租賃方式，你可以用別人的金錢，作為你自己的資金。

事實上，租賃是一種抵押借款。它經常使用在運輸工具、建設工程、重型機械、辦公器材、家具、電腦、不動產等方面。由於出租人保留了出租物的財產權，那麼你和承租人就通融了全部的成本。

就新創立的公司而言，租賃能提供許多幫助。例如：

◆ 租賃公司通常不會考慮你經營企業多久，你的計畫等等

◆ 你只需準備一部分現金，甚至完全不用

◆ 租賃是完全免稅的

◆ 租賃的期限常常比相同金額的貸款期要長，也就是說，你的月付金會比較低

即使在手頭很緊時，也可以使用租賃；相反，現金貸款在這時候就不易取得。

◆ 使用分期付款方式的租賃，你可以很快獲得你所要的設備

◆ 某些物品相對少的話，從訂貨到送達往往需要一段較長的時間；租賃公司卻能很快將物品運送給你

◆ 對一些汰換率高的物品，諸如電腦或通訊設備，猶豫不決，當你租下這類設備，以後更換精良的機種還更方便

供應商

以賒銷方式提供材料、產品或服務的供應商，也能幫助你籌措資金。如果供應商賣你五萬美元的商品，這五萬美元相當於你借一個月、二個月、三個月。你只要在期限內付清，其效果和無息的貸款是一樣的。

假如你開一家服裝店，製造商運了價值五萬美元的衣服給你，而付款期限為三十天。另外，若你每件衣服加價百分之五十出售，而且很快就賣光了。如此一來，你就可在期限內付清購買金額了。

同時，你也能增進和製造商的合作關係，在未來的交易中，供應商再會以賒銷的方式為你提供更多的商品，或是給更長的付款期限。

股權融資

在某些情況下，犧牲一些股權是融資必須的步驟。也就是說，你靠「賣出」公司的一部分股權，才能得到你所需要的資金。

公司在出售股票時，就是在出賣其股權，而利用股權來融資的方式有很多種。據統計，鼓勵其員工擁有股票的高科技公司，比那些只限定主管級人

員才能購股票的公司，成長速度高出百分之二十七。

富有的個人投資

許多富有的投資者，喜歡資助新企業成立，而且從中獲利。因為他們本身對事業或技術感興趣，或是被你邀請加入股東會，或是他有親戚或朋友需要一份工作。

這些投資者可能為公司帶來經營技巧和業務機會，這些和他們的投資一樣重要。這樣的投資者，通常不會直接參與公司的管理或營運，不過希望能夠在相當短的時間內，就能拿到五倍的投資報酬；另外，節稅的誘因對他們也非常重要。

同時，找些老顧客交談，包括供應商和未來的客戶，在他們中也可能有潛在的投資者。

創業投資公司

創業投資公司對具有成長潛力的公司特別有興趣。他們不僅提供資金，有時也提供管理上的協助，期望從股價增值中獲得利潤。

吸引創業投資有下列來源：

◈　專門從事這類融資的投資公司
◈　大型企業
◈　信託基金
◈　半公家機構，例如國家發展公司等

創業投資公司最關心的是，這個公司的管理品質、相關產業、公司產品或服務的績效。

他們通常喜歡投資成立二至四年、資本額達一百萬、年收入介於兩百萬到一千萬美元之間的公司。另外，「創投」公司投資額很少低於一百萬美元的，但他們希望每年能有百分之三十五至百分之五十的投資報酬。

創投公司通常會三年內賺回投資的五倍，或者五年內賺回十倍。你要想

了解你必須付出多少股權，才能換取資金，最好從範例下手。

假設你一項三年的投資專案，預計盈利為三百萬美元，而同性質的上市公司，初始發行時籌集了年盈餘十倍的股票。那麼，創投公司會評量你的公司價值三千萬美元。如果他們願意投資三百萬在你的公司，他們會希望投資在三年後，能有一千五百萬美元的價值。因此，創投公司會利用他們的投資交換公司一半的股票。

雖然他們通常不會積極參與公司的管理，而會授權給你們負責。但是，如果公司的經營不如預期中的好，為了維護他們的股價，創投公司會有下列要求：

有權強迫公司證券或創立公司持有的股票公開註冊。

「賣出」權，要求你以預定價格買下他們的股份。

違約條款：如果某些目標沒有達成，必須交出公司的所有權，或股東會控制權。

為了維護他們的長期資本利益，可以將股份轉換成分期償還的負債證券。

你最好把創投公司當成合夥人，而不光是投資者。他們可以在你將公司股票上市時，提供許多建議與服務。創投公司也擁有良好的業務網路及寶貴的企業經驗，他們的建議和協助，可能是你的事業成功的重要關鍵。

其他融資的工具

在討論這麼多資金籌集的來源之後，我們應該檢視一下還有哪些工具可以使用。首先，我們必須分清楚負債融資和股權融資兩者的不同。

負債融資，是廣受歡迎的籌措資金方式，因為，一是可以節稅，二是不需要犧牲股權，而且可以利用財務槓桿。同時，它也受到投資者的青睞。原因是，它可以提供固定的收益，若是負債證券的股東，在面臨清算或整盤時，通常可以優先受償，因此債權相當有保障。

股權融資受歡迎的原因是，不必被還款利率制約，只是在盈餘充足時，才必須支付股利。這對於投資來說，由於對公司有強烈的信心，又可預期從

兩方面獲利：分發的股利，以及股價上漲。所以致使是公司成立不久，在缺乏完整的獲利紀錄的情況下，還是可以籌措到資金。

負債融資通常使用以下三種工具：票據、債券、信用債券。

票據又可分為有擔保和無擔保兩種。發行對象通常是機構投資者。利息通常是按期支付，本金可以分期償還，或是等到票據到期一次付清。接受票據的放貸者，通常對借款者設有一些限制，例如：

◈　限制進一步融資行為
◈　限制發放股利
◈　股票購回的限制
◈　禁止從事某些投資和併購

債券是以抵押公司財產為擔保的債務工具。它們通常是長期性的，發行給為數眾多的投資者。通常可分為三種形式：附息債券、記名債券、記名附息債券。

附息債券是屬於不記名，持有者接受票面利息單，債券到期才支付本金。記名債券仍是可以直接從登記處取得本金和利息。記名附息債券只登記本金金額，利息則是當票面利息單提示時才給付。

信用債券是屬於長期無擔保的債務工具。當發行時，公司必須受債權契約的約束。信用債券通常附屬在公司其他負債之下，其受償順序也是排在後面。信用債券可以依特定價格轉換成普通股。它跟債券一樣，分記名、不記名。

股權融資亦可區分成普通股和特別股。普通股可說是唯一賦予持有者投票權的資金籌措工具。股東擁有公司一部分的所有權，他們有權介入管理工作、分享利潤，若是公司解散，在債務償還後，也可以配到資產的一部分。

特別股兼具債券和普通股的性質。因為它像債券一樣，發放股利時優先於普通股。不過，它和普通股一樣，不接受本金和利息的支付。

特別股具有面額，每股股利固定不變，而且公司必須支付特別股股利

159

後，才能支付普通股股利。若公司未能賺到足以支付特別股股利的盈餘，它可以暫停支付特別股股利。

此外，還有幾個工具是應該知道的：

可轉換債券，這是在特定狀況下，可被持有人轉換為普通股的債券或特別股。特別股和信用債券都具有可轉換的特點，當市場價格急劇上升，他們有權將證券轉換成普通股，通常轉換價格低於其市場的價格。公司很喜歡這種證券，因為它的股息或利率都比較低，而且一直到轉換時，才會產生普通股的稀釋。而且一旦轉換，就沒有支付投資者本金的義務了。

選擇權是一種允許持有人在某一特定的期間內，以某一特定價格，買賣某種特定資產的契約。

認股權證，是一種由公司發行的長期選擇權，它允許持有人按照特定的價格買進既定數量的公司股票。一般說來，它們是隨著公司的債券一起發行。

創業者的資金管理

事業是建立在金錢流入、流出，以及創業者如何運用金錢的基礎上。

現金的流量，即公司資金流入、流出的運作，可關係到一個新興企業的成敗。

舉例說，若是你創立了一家公司，每月需要負擔薪資額三十萬元。而你正在積極開拓業務時，很幸運的獲得一筆三百萬元的生意，工時約一個月。在這個月裡，你必須投入所有的人力，而且必須花費一百五十萬元的材料費，這樣計算下來，毛利將有一百二十萬元。

看起來，這是一筆不錯的生意。

再舉個例子，若是一個客戶變成賴帳戶，雖然他現在有錢可以馬上付帳，可是他決定慢慢來。同時，在這整個月裡你都沒有其他收入，而你還欠材料公司一百五十萬元以及三十萬元的薪資，這表示你還缺了九十萬元經費。

如果這個客戶連續六個月都不付帳，你該怎麼辦？ 如果你的公司連續遇到賴帳的客戶，你又怎麼辦？

只有支出，沒有收入，你的銀行帳戶支撐得住嗎？ 如果那些客戶其中有一個變成壞帳，無法還你的款，你又該如何應變？

現金流量的本質就是：帶進足夠的金錢來支付費用，並維持適當的備用金，以備不時之需的能力。

工作效率高也好，成本控制得好也好，但是你還需要資金的流動來使公司繼續營運，否則你的備用金會流失。

以下提出幾點建議，幫助你維持一個適當的現金流量；

你要清楚你這個月、未來六個月及下一年的資金需求。如果你知道你的未來支出，你可以事先計畫，以準備適當的現金流量。

建立一個對你有利的賒帳辦法。當你延長某人的賒帳期限，這個人等於用你的錢。如果沒有必要，就不要讓客戶賒帳。若真有這個需要，那價錢就要看看當地銀行能否處理這方面的貸款，這樣你的資金就不會太緊。

若是你非得讓客戶賒帳，那就一定要確定期限和數額。

為了避免一些不必要的問題發生，建議準備一份備忘錄，記載你與客戶何時該做什麼，交易條件，違約條款等等。

誤解常常會造成付款延誤或不付款，一旦收不到款，就會打亂你的現金流量，也會侵蝕你的利潤。

五 P 借錢大法

創業要貸款，貸款要通過銀行核定批准，怎樣才能通過銀行的貸款核定呢？

就一般而言，銀行要評估企業的信用標準，有一個「五 P 原則」，只要能符合這五 P 原則，就可以向銀行貸款。

第一，借款戶（People）。

1. 責任感：借款戶主要負責人與其家庭、教育、社會背景、產業關係徵信及訴訟資料、評估信用及其責任感。

2. 經營成效：

    (1) 以企業的獲利能力（特別是營業利益）衡量經營能力。
    (2) 貸款人或高階主管有無具備足夠的經驗及專業知識。
    (3) 對繼位經營者的培植情形及產業未來的企劃作業。

3. 與銀行往來的情形：

    (1) 有無不誠實或信用欠佳紀錄。
    (2) 與銀行來往是否均衡。
    (3) 有無以合作態度提供徵信資料。

第二，資金用途（Purpose）。

資金啟用計畫是否合法、合理、合情及合符政策。

第三，還款來源（Payment）。

還款來源是確保授信債權本利回收的前提要件。分析借款人償還授信的資金來源，是銀行評估信用的核心。

第四，債權保證（Protection）。

1. 內部保證，指銀行與借款人之間的直接關係，即：

    (1) 借款人的財務結構。
    (2) 擔保品。
    (3) 放款契約的限制條件。

2. 外部保障，是由第三者對銀行承擔借款人的信用責任而言，有保證書等。

第五，授信展望（Perspective）。

指借款人產業的前途及借款人本身將來的發展及風險與利益的衡量作出分析與決定。

　　如果創業申請人可以為銀行提供齊全的資料，銀行的審核工作可在兩週內完成，再依據上面的五 P 原則，就可以決定是否可以准予貸款了。

　　創業者若要經營百萬元以下的生意，自己最好有過半的資金。這是從心理上說的，融資太多，容易患得患失，自我感覺壓力太大，整日提心吊膽，怕輸不起，而影響經營的心態。另一種心理是，這錢反正是從別人那裡借來的，即使是好不容易借來的資金，一旦到了手上，容易產生好高騖遠的心理，我非大賺不可，表現出一種輕率。

　　另一方面是，若是融資太多，利息難以應付，也給創業者從心理上造成很大的壓力，甚至怕這怕那，困住自己的手腳。創業者擁有自己的資金當然是最好，賺了證實自己的才幹，蝕了反省原因。

　　創業者融資的心態，應是進退皆自定，沒怨言、不歸咎，做到清醒、審慎。

需要深思的風險投資

　　什麼是風險最小的投資選擇？是風險投資。風險投資其實是最沒風險的，風險投資家一個個都謹小慎微，絕不敢冒哪怕稍微大一點的風險。如果你僅僅有一紙計畫，那麼在他們看來那就是一紙風險，他們要看到實實在在的業績，這就是為什麼他們會最樂意投資快速發展的公司。因此，在最初的創業階段，第一筆錢還是要想辦法自籌，而且一般而言，啟動資金的數量也並不需要太大。找私人或是企業投資比找風險投資家實際得多，也快得多。現在的風險投資家都很不乾脆，接到計畫他就得有幾個週的時間作出反應，接下來的論證談判什麼的又要幾個月，聽說有的甚至用了兩三年。

　　其實我們非常有必要先把公司建好，因為只有透過先把公司處理好才能讓風險投資家對我們建立信心，有了一個突飛猛進的開端，在下一輪的融資過程中吸引到大量的風險投資就將變得容易得多。而且為了使公司贏得生

存，為了取得公司的快速發展，為了讓公司穩定成長並實現公司制定的最終發展目標，爭取新的資金注入將是非常關鍵的。相信這個時候才是考慮風險投資的最適當的時候。

CHAPTER 15
現代商業活動是一個團隊合作活動

　　二十多年前，當富豪、豐田等跨國公司把團隊模式引入到它們的生產過程中時，曾引起一時的轟動，因為當時還屬於標新立異的管理方式，而在今天，高效團隊在數千家跨國公司內已無處不在。

團隊發展的四個獨立階段

　　這些階段最早被 Tuckman（一九六五）定義為形成（forming）、適應（conforming）、動盪（storming）、產出（performing）。因為它們押韻、簡練，因此現在依然廣泛使用。下面概括了團隊發展的四個主要階段。

　　（1）團隊形成期（forming）：

　　團隊成員問題的特點要明確：其他人都是誰？會發生什麼事情？希望我做什麼？我們向什麼方向努力？為什麼？領導人是誰？我們的目的是什麼？我怎樣適應？這會牽涉多少工作量？

　　人際關係的主要特點包括：沉默、自我意識、依賴、表面性、反映性和不明確性。

　　主要的任務事件包括：使成員明確方向、適應團隊成員身分、建立信任、與領導人建立關係、建立明確性的目標、處理依賴感。

　　對於這個階段而言，有效的領導行為包括：介紹各位成員、回答問題、建立信任的基礎，示範被期許的行為以及明確目標、程序、規則與預期。

　　（2）團隊適應期（conforming）

　　團隊成員問題的特點要明確：規範與預期是什麼？我應該在多大程度上

順應？ 我能扮演什麼角色？ 我會得到支持嗎？ 我們向什麼方向努力？ 我應該投入多少，承諾多少？

（3）團隊動盪期（storming）

團隊成員問題的特點要明確：我們如何處理爭議？ 我們如何交換負面資訊？ 團隊能有所改變嗎？ 我們在有爭議時如何決策？ 我們真的需要這個領導嗎？ 我要保持這個團隊成員身分嗎？

人際關係的主要特點包括：團隊成員的兩極化、同盟或小團體形成、團隊成員之間的競爭、與領導人意見不和、質疑他人觀點、破壞團隊規範。

主要的任務事件包括：管理衝突、使建設性地表達個人見解合法化、克服群體思維、檢查團隊的關鍵工作流程、將對抗轉化為互助。

對於這個階段而言，有效的領導行為包括：明確一個共同的敵人，強化遠景、在團隊成員之間產生承諾、將學生變為老師、成為一名有效的調解員、提供個人與團隊認可、促進雙贏思維。

（4）團隊運行期（performing）

團隊成員問題的特點要明確：我們如何繼續進步？ 我們如何激發創新與創意？ 我們如何擴展我們的核心能力？ 我們的工藝流程能有什麼改善嗎？ 我們如何保持對團隊的高水準活力與承諾？

人際關係的主要特點包括：高度互相信任；對團隊的無條件承諾；團隊成員之間的多重關係；共同培訓與發展；創業精神；自我滿足。

主要的任務事件包括：投資於核心能力、促進不斷進步、預測顧客需求、在要求之前做出反應、提高速度與適時度、鼓勵創造性的問題解決。

團隊合作

個體員工執行操作化任務，但是他們中的大多數人工作在一個常規的小組中，在小組中，他們的努力必須彼此協調一致，就像拼圖遊戲中的各個組

塊一樣。當員工們工作相互依賴時，他們作為任務團隊一起工作，並試圖營造合作的氣氛，稱為團隊合作。一個任務團隊是一個合作小組，保持常規接觸以協調行為。

與人們和睦相處是成功的重要因素

與各種不同類型的人一起工作是企業裡最困難的事。與人和睦相處並激勵他人的能力是一項非常寶貴的技能，而這種技能是完全可以學會的。

美國阿拉巴馬的保羅‧布萊恩的球隊贏得了多次橄欖球冠軍的稱號，常常是頭號種子球隊。布萊恩教練擁有許多金牌。他曾用從五十個州招募來的運動員，刷新了一項最高紀錄，這支隊伍當時還不是頭號種子球隊。

你能不能猜到，當他有才華的隊員剛到運動場時，布萊恩教練對他們說的第一句話是什麼？ 布萊恩教練出人意料的問：「你們有沒有打電話給你們的家人，感謝他們！」

當時在場的隊員聽到這句話後似乎被搞糊塗了，多數人目瞪口呆。你看看我，我看看你，幾乎不相信自己的耳朵。顯然，沒有一個人想過這個問題。

這些新隊員到運動場還不到二十四小時，但已經就如何提高整體實力上了一課。這堂課的精華是什麼呢？

布萊恩教練接著前一個問題講了第二句話：「沒有他人的支持，任何人都不會達到這個水準。打電話給你的家人，感謝他們！」

換言之，對於這些有才華的新隊員來說，這個教練有新方法。這些非凡的主力隊員雖有才華，但卻無法完全解釋在橄欖球上成功的因素。沒有他們家人的培養、愛護和為他們做出犧牲，他們就沒有機會在阿拉巴馬踢球。

後來一位隊員回憶道，他從沒忘記過這最初的經歷，正是它使得他與隊員們連續四年踢球獲得成功。而且他完全相信，這個經歷以及來自教練的相關忠告對於他在生意上的成功和成就也是非常重要的。

任何人要獲得成功，沒有他人的幫助是難以實現的。一群人，無論多麼有才華，都根本無法與一個互相有配合的球隊相比。如果沒有前衛提供機

會，那麼會有多少前鋒能成為全美的球星呢？一個也沒有。要成為富翁也完全如此。從來沒有一個富翁是完全靠自己而獲得經濟成功的。多數人都依靠他們的配偶、重要的雇員、良師益友及其他人的幫助。沒有一個人是孤立的，無論是做體育、做生意、還是置產興業，沒有他人的幫助，任何人都無法達到最高的頂點。

具備了某些有利條件，做事就會相對容易。你也許是在一個強隊，正與一個弱很多的對手踢球；也許你的生意與淨資產在有利的經濟條件下蒸蒸日上。但是，如果你的對手非常強大，市場條件不利於你的生意，那怎麼辦呢？如果你不去尋找和培養重要的人力資源，那麼你就沒有機會獲勝。沒有這樣的支持，你就可能全軍覆沒。擔心和著急就會由此產生，擔心是驚慌之母，而驚慌是錯誤決定和最終失敗的前兆。大多數成功者在其一生中都要透過各種活動吸引、激勵、獎賞和培養重要的顧問、供應商和雇員。

對大多數經濟成功者、百萬富翁來說，布萊恩教練的一席話是很有價值的。那麼，百萬富翁們是如何解釋其所取得的巨大成功的呢？與天生具有的智力優勢相關嗎？根本毫無關係。

幾乎所有（百分之九十四）被調查的百萬富翁認定「與人們和睦相處」是解釋他們成功的非常重要因素（百分之五十六）或重要因素（百分之三十八）。

精明或更老練的投資者必須集體投資

在學校裡，老師們過分強調訓練學生靠自己的能力參加考試而忽視了對團隊合作精神的培養；而在現實的商業領域中，企業主們在「考試」時需要合作，懂得並且善於合作的人才能合格，而且在商業領域裡，每一天都在「考試」。

如今，許多投資者想方設法單獨投資。資料上刊登過有關成千上萬的人在網路撒謊，做一日交易的報導。這是個人與有組織的團隊較量的例子。這也可以解釋為什麼他們當中很少人成功和大多數人為什麼會損失金錢。而高

財商的人懂得，應該作為一個小組的成員去投資。如果人們想成為精明或更老練的投資者，他們必須集體投資。這種團體應該包括會計師、律師、證券經紀人、財務顧問、保險經紀人和銀行家。

善於借用別人的「腦袋」

經營者在市場競爭中究竟憑什麼取勝？靠什麼賺錢？有人說憑運氣，有人說靠關係，又有人說是天賦……這些說法都有一定的道理，但都沒說到點上。只是說明了問題的某一方面而已。嚴格的說，成功的經營者靠的是把聰明、能幹的人才招攬到自己的麾下而在生意場縱橫馳騁。

美國汽車大王福特家族的浮沉軌跡，皆與用人是否妥當密切相關。從一八八九年開始，福特家族的創始人亨利‧福特一世曾兩次進行創辦汽車公司的嘗試，結果都因缺乏相關的知識而失敗。爾後他聘請了一位叫詹姆斯‧庫克的管理專家出任經理，借用庫克的「腦袋」為己所用。庫克上任後採取了三項重大措施：一是進行了深入細緻的市場調查預測，從而得出結論，只有生產美觀、耐用、定價五百美元左右的汽車才能打開銷路；二是進行技術改造，組織設計了世界上第一條汽車裝配流水線，把勞動生產率提高了八十多倍，大大降低了生產成本；三是建立了一個完善的銷售網，打入國際市場，以銷促產，增強了產品競爭力。三是措施的實施，使福特公司在短短幾年裡，一躍登上世界汽車產業第一霸主的寶座。老福特本人也由此獲得了「汽車大王」的稱號。

然而，在成功和榮譽面前，老福特開始被勝利沖昏頭，變得獨斷專行，剛愎自用，許多聰明可用的「腦袋」紛紛離去，庫克這個最重要的「腦袋」也另覓新枝，外面的人更是望而卻步。福特公司的知本資產直跌谷底，從此福特公司失去了往日的生機和凝聚力，喪失了開發新產品的能力，在長達十九年的時間，只向市場提供了一個車型，而且全是黑色的，終於被通用公司擊敗。

人類社會進入二十一世紀的今天，對經營管理提出了更高的要求。現代

管理更需要社會學、心理學、經濟學、管理學、會計學、行銷學、法律學、貿易學、廣告學、與未來學等多方面學問。一個經營者全懂這些學科幾乎是不可能的。另一方面，現代生意運作及管理錯綜複雜，瞬息萬變，時間性很強，絕非一個經營者靠點子或想出錦囊妙計，以權威式領導作風，或靠簡單的少數服從多數方式就能妥善處理。不管他是外行還是內行，不管他智力高低，在公司經營決策中的重大問題上，都顯得力不從心。

俗話說：「智者千慮，必有一失。」這就要求經營者必須學會運用「外腦」，即發揮由各方面專家組成的智囊團的作用，形成決策群，利用這樣一個參謀組織說明自己進行經營管理決策。在現代化管理中參謀組織決策，已成為必要的決策程序，這也是管理現代化的重要指標之一。

由此看來，經營者要避免決策的盲目性，增強決策的科學性，必須重視智囊團的作用和建設，透過智囊團的調查研究，在掌握大量資訊並經過科學論證的基礎上，給經營者提供「望遠鏡」和「顯微鏡」，使他們望得遠、看得清，更自覺的按客觀規律辦事。

高效團隊不宜的三種模式

嚴重影響團隊提高成績的常見基本行為模式有以下三種：

1. 對立衝突型。在這種團隊中，有人發起提議，便有人提出反對意見。團隊協調難以進行，雙方各執己見，互不相讓。其他人沒有附和意見，也提不出新的建議，從而無法消除分歧，團隊因無法形成解決方案而導致受挫。
2. 禮貌附和型。在這種模式中，一人提出建議，其他人出於禮貌去附和。這「群體思維」的特點：禮貌、理智，幾乎毫無爭議或頂撞，但心裡卻是另有想法，並不真正地認同。
3. 隱形反對型。即有人發出提議後，大家當面是附和，背後是持懷疑態度，團隊成員之間從未真正達成共識，實施的結果再好也是有缺憾的。

良好的團隊氣氛的特點

　　一般來說，良好的團隊氣氛往往具有以下特點：

1. 整個團隊具有很強的成就取向，整個群體都具有做好工作的良好願望，同時團隊中每個成員都願意為團隊的發展作出貢獻。
2. 團隊的工作追求卓越，整個群體都希望能以最卓越的工作方式來完成團隊的使命，團隊內部充滿活力，團隊成員表現出很強的靈活性、創新精神和競爭精神，團隊具有很強的競爭能力。
3. 整個團隊都強調解決實際問題，整個群體都能從全域的利益出發來分析和解決問題。
4. 整個團體都關心團隊的名譽，團隊內部的每個成員也都珍惜團隊的名譽、企業的名譽，並經常自覺的與其它企業比較。
5. 團隊內部有一起追求現代化的動力，整個群體都關心團隊能否為個人提供各種培訓的機會。
6. 團隊的高級領導人注意人的管理，注重發揮人的潛能，並創造出一種相互的理解、相互尊重、相互支持的友好氣氛。
7. 每當有新的成員加入到該團隊中來，團隊都給予必要的幫助，告訴他們應該寄予什麼樣的期望，應該如何更好的工作。

多技能知識團隊不同的應用

　　多技能用於知識團隊主要有如下三個不同：

　　團隊多技能。知識團隊的多技能往往是團隊作為整體具有多技能，它並非是傳統意義上多技能個體的集合。

　　橫向與縱向的多技能。傳統的多技能強調掌握同等層面上的多種工作，即所謂的橫向多技能。它強調的是，對於團隊成員所做的各種工作，即使不能全部精通，也要多掌握幾種。這些團隊成員從技術上來說是多技能。

　　縱向多技能則包括學習領導能力和商業技能。這些技能通常是主管或某一特定技術領域之外的其他員工或專業人士所掌握的。

比如，設計工程師需學會如何評估顧客需求和直接拜訪顧客，而非僅僅接收來自行銷部門的報告。以前只有管理層才能參與的目標設定、決策和解決問題等活動，現在都包括在縱向多技能中。

當團隊成員運用這類管理和商業技能時，他們正在成為與從前不同的多技能人員。他們發展的是多商業技能而非多技術技能。

通才與專才。有效的知識團隊的著重點在於，以某種方式把專家融合進團隊中，讓他們感到自己為整個專案負責並深知他們的工作會如何影響所有其他人，如果團隊作為一個團隊而非一群彼此獨立的專家群體來運作時，上述做法很有必要。

團隊設計

◆ 員工是否對最終的績效共同負責，但仍被視為獨立的個體？
◆ 員工一起工作時，他們是否願意合成一個團隊？
◆ 誰是上司？
◆ 設立團隊和個人目標的標準是什麼？
◆ 團隊成員應具備哪些「合格條件」？
◆ 如果職位不存在了，個人的事業發展會受何影響？
◆ 獎勵的原因是什麼？
◆ 如何獎勵團隊的成員？
◆ 如何獎勵優質員工？如何對待懶惰的員工？分發獎金的方式會挫傷出色員工的士氣嗎？
◆ 如何避免使獎勵挫傷員工的積極性？
◆ 付酬時是看員工的付出還是看結果？
◆ 為什麼精明而又理性的中階主管一旦加入高階管理層後，其行為卻經常不能體現企業的最高利益？
◆ 為什麼以團隊為基礎的決策過程有時會變成效率低下、導致錯誤決策的「團體思想」？
◆ 如果這種不幸發生在你的高階管理層中，作為團隊領導人，你要怎樣才能扭轉這種不利局面？

　　猶如家庭和其他自古就有的各種群體一樣，團隊成員之間就是要不斷交流，從而對他們創造業績的能力產生巨大影響。其中有些互動會提高團隊的效率，有些則成為團隊前進的絆腳石。頑固的低效率行為幾乎每每是人們的基本思維方式在作祟，而更為廣泛的企業因素又越加助長其氣焰。

團隊業績的影響因素

　　有三種類型的因素影響著團隊的業績，這些因素連同它們互動的方式共同稱為團隊的架構。

　　面對面的架構是那些在辦公室中運作、可直接感受到並且明顯可見的因素，其中包括該團隊必須完成的任務、團隊的組織方式及完成工作所必需的互動交流。

　　社會架構是影響團隊的更廣泛的企業組織、商業和環境因素，它包括獎勵系統、權力結構、文化規範、顧客要求及市場壓力。

　　個體架構是指每個人帶到辦公桌前的觀念、情感及更為深層的信仰。

　　團體結構的這些因素互相之間聯繫緊密，每一因素都會對其它因素產生重大影響，並且受到其他因素的重要影響。而且，如果團隊架構的每種因素一旦完全被看做團隊系統的一部分時，它就可以用作迅速提高團隊效率的槓桿。

　　更深層和更廣泛的因素是指心理圖式、深層信仰及企業組織、商業和環境的因素。他們透過一個團隊的主要行為架構來影響團隊提高業績的能力。

　　當我們揭開複雜的互動交流的核心，透過細緻觀察就會發現，團隊成員表現出如下四種行為方式：發起者發起一連串列動；追隨者支持發起者；反對者反對發起者；旁觀者在一旁觀察並做出推動團隊前進的評論。上述四種行為也稱為 Kantor Four—Player System（坎特四種角色互動模式），它為認清和轉變團隊行為提供了框架。

在一個高效團體中，每種行為方式都能發揮重要的作用。發起者提供方向；追隨者實施完成；反對者糾正；旁觀者則提出全面看法。高效團隊使這四種行為方式皆各得其所，即能夠使這四種行為方式成功的發揮各自的作用。

缺乏效率的團隊不具備使這四種行為均衡發揮作用的能力。在低效團隊中，不能發揮作用的行為方式不止一種，也就是說，該團隊系統不允許這些行為公開發揮作用。

CHAPTER 16
創富者要成為那個產業的領袖

　　一般說來，世界上有兩種類型的人：一是領導者，二是追隨者。在你開始工作時，你就要決定你是否願意在你的產業中成為一名領導者，還是保持當一名跟隨者。兩者獲得補償的差別很大，而跟隨者不可能期望取得和領導者一樣的補償，儘管很多跟隨者有這種錯誤的期望。

　　　　　　　　　　　　　　　　　　—拿破崙・希爾

培養優秀企業家特質

　　今天許多企業管理者都是憑著自己的能力和特質擔任職務，包括：

◈　組織能力很強；
◈　富有想像力；
◈　有異常豐富的常識；
◈　有廣博的企業基礎知識；
◈　可以信賴；
◈　雄心勃勃；
◈　願意接受不合口味的任務；
◈　善於決策；
◈　敢於冒險；
◈　熱愛自己的工作；
◈　善於控制自己的感情；
◈　注意節制自己的享受；
◈　注意身體健康；
◈　老練持重；

◆　有道德、有原則。

任何一位成功的企業家，至少具備上述所舉一半以上特質，否則很難以置信。

所以，一個人如果想成為領導者，就必須專心致志的培養這些特質，使它們成為自己的習性。那麼，如何培養呢？他可以採取這樣幾種方式：

◆　把一部分工作帶回家去做；
◆　在工作時間避免閒談；
◆　自願承擔艱鉅任務；
◆　寫備忘錄或報告給管理部門，指出公司存在的嚴重問題，並提出解決這些問題的有效方案；
◆　比別人工作得更努力，工作時間也更長；
◆　利用任何一次機會，表示自己對公司極其產品的興趣和熱忱。

當然，還有許多其他辦法。但是，上面所說的幾種方式中，只要你著手做了其中一種，就不可避免的會接著去做其他幾種。你不妨一步一步去做。因為，若是同時培養多種不同的習慣特質，需要做的事太多，一開始會使人感到不知所措。

同時，在正確的軌道上邁出第一步並不難。你所要做的就是先從一種易於培養的特質做起，其他好的特質將隨之而來，這整個過程和登山一樣簡單明確：一步跨一級。對其他因素過多的揣摩考慮，只能使問題複雜化。

一個有雄心成為領導者的人，應該竭力為自己樹立這樣的形象：他完成任何任務，都比別人對他的期望更為出色。在任何環境下，在任何時候，他都可以擔任某些特別重要的工作。這當然不是一件輕而易舉的事，而且往往不能立竿見影。對有志者來說，他的目標是在企業中積極進取，而進取的路就是為樹立這樣一個形象而奮鬥：堅持不懈、勤奮努力，不僅能把工作做好，而且盡可能做得完美出色。

也因此，出色的工作顯然要有一個獨創性的工作方法。大量的工作之所以平庸，就是因為方法平庸，換句話說，是一種盡人皆知的方法。用盡人

皆知的方法行事，做不出優異成績。要成為企業工作中的優勝者，其方法之一，就是判斷和學習那些成功的領導者，看看他們是怎樣細緻的工作的。例如，當一個企業的某個部門出現麻煩並陷入困境時，他們是如何著手解決的。這樣，就會學會處理實際問題的技巧，他的企業管理知識也會不斷得到提升。

總之，必須牢記我們的首要目的，為了在企業中獲得成功，我們必須像一個成功的企業家那樣思考，那樣行動。我們最好的開端，就是培養優秀企業家應有的特質，並使之成為習慣。

領導失敗的十項主要因素

我們現在來探討一下導致領導失敗的十項失誤，因為知道何者不該為與何者該是同等重要的。

1. 無法組織細節。有效率的領導需有組織與控制細節的能力。一位真正的領導人絕不會因「太忙」而無法履行其分內的工作。一個人，無論他是領導人還是下屬，若承認自己「太忙」而無法改變計畫，或無法注意到任何緊急情況的話，就無異於承認自己無能。成功的領導者必須要能掌握任何跟他職位有關的細節事務。當然，這也表示他必須要有識人、用人、分權將瑣碎事務交給得力助手辦理的習慣。

2. 不願從事卑微工作。真正偉大的領導者會視情況需要，自願從事任何他要求下屬做的工作。「你們當中最偉大的，莫過於眾人之僕」，能幹的領導者會注意且謹遵這一真理。

3. 期待靠「知」而非靠「行」而有所得。世界上絕無靠「知」而獲得報酬的。得到報酬的是那些肯力行，或能督促別人去力行的人。

4. 恐懼下屬勝過自己。恐懼下屬可能會取代其位的領導者，實際上早晚會讓這種恐懼為事實。能幹的領導者會培養接班人，且樂意將此職位的任何細節都託付給他。唯有如此，領導者才可能分身兼顧多處地方，且同時注意到多項事務。有能力交託他人辦事者，他所得到的報酬往往比靠自己勞動行事所得的報酬豐富，這是永恆不變的事實。有

能力的領導者可透過自己的工作知識與人格魅力，大幅度的提高他人的效率，而且他人經他的導引所付出的服務，遠比沒有他協助前要來得更多、更好。

5. 缺乏想像力。沒有想像力的話，領導者便沒有應付緊急狀況的能力，而且也就沒有辦法創造出借以有效領導下屬的計畫。

6. 自私。想以下屬的工作邀功，自攬光環的領導者必然招致怨憤。真正偉大的領導者不會邀功。他樂於將任何榮耀歸於下屬，因為他知道，大部分的人因讚賞與肯定而賣力工作的程度，遠超過純粹為錢工作的程度。

7. 放縱無度。下屬不會尊重一個放縱無度的領導者。此外，任何一種放縱都會破壞沉溺者的耐力與活力。

8. 不忠。這點或許該擺在名單的第一位。領導者如果不能對公司、對夥伴（包括上司與下屬）忠誠的話，便無法久居領導地位。

9. 強調領導「權威」。帶人帶心，有能力的領導者會以鼓勵而非恐懼感來領導下屬。企圖在下屬心中鞏固「權威」的領導者，屬於霸道的領導者。真正的領導者不需刻意標榜自己的權威，只需以行為表現即可，如同情、體諒、公正以及對工作的勝任等。

10. 重視頭銜。能幹的領導者不需「頭銜」便可贏得下屬對他的敬重。太注重頭銜的人，通常是因為他別無其他誇耀之處。真正的領導者，其辦公室的門隨時為想進去的人而打開，而且他的工作區域是不拘形式、平實無華的。

以上是領導失敗的原因中較為常見的一些，其中任何一項過失皆足以招致失敗。假如你立志要當領導者，那麼仔細研究這份清單，並確定自己不會犯這些錯誤。

有效影響他人十法

拿破崙‧希爾多次強調，要發揮影響力需選擇適當的方法，下面提到的十種方法對於創富者來說是會很有幫助的。

1. 避免爭辯或逃避 —— 在異中求同。一有歧見，許多人就會爭辯或逃避。爭辯有各種方式，從採取暴力公開表示不滿或怨恨，到尖銳的反駁、刻薄的評斷及刻薄的幽默。逃避也有許多方式：一種就是退縮，為自己感到抱歉。如此快快不樂只會助長怒火，播下去未來報復的種子；也可能變得冷淡、不關心、推諉責任。

2. 掌握教育的時機。雙方有歧見時，是最好的施教時刻。但有的時候該教，有的時候卻不該教。該教的時候是：他人未受威脅時。當他人倍感威脅時，施教的努力只會增加怨恨，最好等待或創造時機，讓他人覺得較有安全感，更容易接納。當你不生氣或不沮喪時，當你受到尊重和有安全感時，當他人需要支援與說明時，在他人情緒低落、疲憊不堪或面臨壓力時，告訴他成功祕訣，無異是教快淹死的人游泳。

3. 在限制、規則、期望與結果上制定協議。個人安全感大部分來自公正的感覺 —— 知道別人對自己的期望、限制、規則和結果是什麼。不確定的期望、易變的限制或獨斷的規定，會讓生活頓失依據、無所適從。也難怪許多人成長後，只學會靠自己的能力操縱他人與生活。

4. 別放棄、別屈服。承擔他人行為的後果，並非是義舉，這麼做，會使他們感覺到你處理不當。原諒或同情不負責任的行為，只會讓他無法無天。但若棄之不顧或拆穿，又會損害他們嘗試的動機。「別放棄，別屈服」的信念，是來自負責任，有紀律的生活。

5. 幫助在十字路口彷徨的人。我們都不希望自己最關懷的人，做重要抉擇時只憑一時衝動，沒有安全感，又沒有信心。如何能影響他們？首先，在行動前先考慮清楚。別憑一時衝動，傷及現有關係。其次，了解他們的動機往往是感性而非理性的產物。當你察覺到自己的理性與邏輯無法與他人的情緒與感情溝通時，就應該嘗試了解他們的語言，就像了解外國語文一樣，而非斥責或拒絕他們。這項努力可傳達尊重與認同，降低敵意，減少紛爭。

6. 動之以情，曉之以理。邏輯與情感的語言，正如同英文與法文一般，南轅北轍。察覺到彼此語言不相通時，可以下列方式進行溝通：讓時間證明一切。我們若能很愉快的讓時間證明一切，別人也能感受到它的價值。有耐性，耐心也會傳達價值，等於是說：「我會照你的速度，我很高興等你，你是值得的。」試著去了解，誠心去了解，可消弭紛

爭和提防心理。公開表達我們的感受，並言行一致。

7. 有效授權。授權對員工的好處：

(1) 發展技能。不會有效授權的小老闆剝奪了員工們提高技能和承擔更大責任的機會。當員工認識到他們沒有機會學習和成長經驗時，很可能會離開企業去尋找有更多挑戰機會和富有支持性的工作環境。這尤其經常發生在那些最有才幹的員工身上，而這些人正是你最不願意失去的。對小老闆來說，其日常工作常常就是為員工提供發展機會。

(2) 增加參與。適當的授權鼓勵員工加深理解和改進他們的工作。增加工作場所裡的參與將會提高他們工作的熱情和主動精神。

授權對企業的好處：

(1) 擴大有效產出。充分利用可用的人力資源，獲得最大可能的勞動生產率。授權還能造成促使員工們提出新思路和改進工作流程與操作有利環境。

(2) 提高決策速度與有效性。當一個企業裡與問題最接近的人能夠就解決問題作出決策時，這個企業對環境變化的反應最快。

(3) 提高作業的靈活性。有效的授權可使多人受到同一項工作的訓練，。因此，當有人缺勤或發生危機時，需要平常從事其他工作的人給予幫助時，會有不止一個勝任的人選。

(4) 形成提升後備團隊和輪換工作的條件。企業領導者透過授權形成提升後備團隊和輪換工作的條件，很容易找到你忙碌時代替你監督的人選。

8. 讓他人參與有意義的計畫。有意義的計畫對人有正面的影響力，但對主管有意義的事，不一定對部署有意義。當人們參與籌畫構思階段，整個計畫就產生意義，我們都需要一個好理由去參與，缺少這種計畫，生活就失去了意義。事實上，對退休、追求無壓力的人而言，生活已了無生趣。有努力的目標，在我們現在的位置與想要達到位置之間有段努力的差距，生活才會有意義。

9. 自然收穫法則。教導耕耘、播種、澆水，而後才有收穫的自然法則。

我們可調整整個體制，尤其是薪金制度，以反映「要怎麼收獲先怎麼栽」的觀念。

10. 讓結果教導出負責任的行為。我們可以做的善舉之一，就是讓人「自食其果」，以教導他們負責任的態度。他們可能不喜歡這樣，但受人歡迎與否並不重要。堅持公正的原則，需要更多的真愛。我們關心他們的成長與安全，即使他們有一點點不滿，也可以忍受的。

注重溝通對象

溝通是人與人之間轉移資訊的過程，有時人們也用交往、交流、意義溝通、資訊傳達等術語，它是一個獲得他人思想、感情、見解、價值觀的一種途徑，是人與人之間交往的一座橋梁，通過這座橋梁，人們可以分享彼此的感情和知識，也可以消除誤會，增進了解。

創業者是企業的經營者，是使事件得以發生的行動者，他們的職責是理解每一件要做的事情，然後去做並完成，他們的貢獻是企業得以成功的關鍵。作出這一貢獻的關鍵要素的溝通，它意味著理解他人並為他人所理解，這是創業者的主要工作，他的大部分時間都用於企業內外的人員進行溝通，這些溝通，以許多種形式出現，如透過會議、電話傳真、電腦備忘錄、正式報告等。在企業的經營過程中，企業經營者主要與下列人員接觸：

- ◈　部門主管
- ◈　員工（下屬）
- ◈　同行
- ◈　顧客（通常是那些有要求、不滿或有問題的顧客）
- ◈　產品或服務的供應商
- ◈　資訊尋求者

如潛在顧客、求職者、顧問等，這些群體中的每一個人都依賴於小老闆提供不同水準的溝通，提供不同水準的資訊與理解。每一個群體希望從企業領導者身上得到的東西各不相同。

與部門主管的溝通

與部門主管進行溝通的原則有五條：

（1）理解部門主管希望企業領導者讓他們做什麼

如果企業領導者自己都不理解他們，則無法把這些指標傳達給中高階員工。如果指示中存在任何問題或者不明確的地方，在行動之前先問清楚或得到澄清。經過思考後提出來的問題不僅能使自己對需要做什麼更好的理解，還常常導致了部門主管對最初指示的改動。

（2）確保指示具體明確

不要給出一個非常籠統的指示，它可以作出各種解釋。如果指示是籠統的，從部門主管的執行情況看，其結果永遠不會令人滿意。

（3）部門主管可以提出不同意見，但要在一定的範圍內

對企業經營者來說，在做事的方法允許部門主管提出不同觀點，他們有權力討論如何有效執行某一決策的具體細節問題。但是，他們不是決策的決定者。

（4）為了從事所要求的工作，在資源方面與部門主管獲得一致意見

（5）企業領導者要求部門主管彙報工作與活動的結果

與部門主管溝通時，所有這些原則都為了一個共同的目標：理解部門主管完成的工作，並將這些完成情況回饋給企業領導者。概括起來，企業領導者在面對部門主管發布指示時要弄明白以下幾個問題：

1. 部門主管希望做的是什麼？
2. 這項任務的具體目標是什麼？
3. 完成這項任務的最佳做法是什麼？
4. 企業在這一項目上準備投入多少資源？
5. 如何進行工作報告？報告中包括哪些內容？什麼時候需要報告？

與員工溝通

企業領導者要把企業的任務傳達給基層員工並確保他們理解與實施。除

了講述要求之外，還必須學會如何說服人。具體溝通過程如下：

1. 企業領導者知道在這一方案上打算傳達什麼內容。
2. 對新的方案表現出積極態度。當討論計畫的實施時，使用「我們」而不是「我」和「你」的稱謂，強調專案需要團體的努力。
3. 為了進一步強調團隊概念，事先與核心員工進行磋商，讓他們參與發言，陳述其中的一部分內容。這不僅表明了一種周全的準備工作，還意味著其他員工支援這一專案。
4. 以循序漸進的方式傳達所有的指示。把整體任務分割成各個部分，使每一個小部分簡單明瞭且易於理解。
5. 徵詢員工對如何實現目標的建議。使用一定的方法來鼓勵他們所作出的貢獻。
6. 不要組織負面意見，要充分聽取。
7. 不要隱藏資訊，要開放。
8. 在員工提出問題之前，不要害怕承認自己還有一些阻礙因素未考慮到。但要給人留下這樣的印象：沒有任何障礙能阻擋得了我們。
9. 制定時間表，分配工作任務。確保自己親自負責一些沒人想做的最艱苦的工作。
10. 建立彙報體系。企業領導者需要知道工作的進展情況。

與供應商溝通

　　企業領導者常常要和供應商員工業務接觸。企業在生產經營的過程中，需要購買各種原材料，這就要同各個供應商打交道，需要同供應商保持良好的關係，以得到充足的貨源和優惠的價格。下面是與供應商溝通的原則：

1. 了解並經常與供應商保持聯繫。
2. 詳細論述供應商產品中的各種問題，使供應商有機會在未造成「大問題」前修改小毛病。
3. 不要因為與一些供應商代表的私人關係而扮演親信的角色。
4. 每項業務提供票據簽字，做到責任清晰。

與顧客溝通

在企業行銷的過程中，企業領導者有時需要親自與顧客聯繫，這種聯繫涉及到以下幾個方面：

1. 顧客對服務的要求
2. 對產品的詢問
3. 對產品或服務的抱怨
4. 存在需要解決的問題

此時溝通技能極為重要，因為顧客要麼是對企業的產品不滿意，要麼就是希望企業為自己提供某種服務。對顧客來說，企業領導者是企業的主人，是能夠為其解絕不愉快狀況的人。企業領導者必須了解顧客的問題，並採取行動來解決問題。在這裡，社交技巧和外交手腕十分重要。

在與顧客進行交談時，要把他們的要求視為指示，並把這些指示具體劃分成三要素：

◈ 做什麼？
◈ 如何做？
◈ 何時做？

當遇到不友好的顧客時，要靈活運用以下溝通原則：

1. 認真傾聽領會顧客希望你做什麼。當顧客不愉快時，他可能會花一些時間來數落企業的種種過失，耐心傾聽常常會轉移他們的失望和憤怒。
2. 找到問題的根源所在。複述問題以確保你理解了它，從顧客那裡得到認可，問題確如你所陳述的那樣。僅僅這一條常常就可能消除緊張局勢，顧客會因自己被人理解而感到寬慰。
3. 如果問題不在你的企業範圍之內，請不要推卸，要幫助顧客聯繫正確的部門，並確保有人解決問題。
4. 確定採取什麼行動來解決問題？為顧客提供這種解決辦法。確保顧客明白你將要做什麼以及進行的排程，但不要對你無法實現的事情或超出你許可權範圍的事情作出承諾。
5. 書面記錄以保證自己記住所作出的承諾並實施它，為書面記錄的目的是和你自己進行溝通，它常常是一種重的資訊公路。

6. 徹底解決問題，保證顧客對結果感到滿意。此時與顧客進行的溝通主要注重的是他對公司和公司提供的服務的態度。

7. 如果在不同的顧客身上發生同樣的問題或出現同樣抱怨，企業領導應該引起重視，企業在某些方面出了問題，需要予以修正。

良好溝通的九項建議

良好溝通的九項建議是：

◈　溝通前把概念澄清，對一項資訊能做一個系統的分析，則溝通才能明確清楚

◈　溝通者要確定溝通目標

◈　聽取他人意見，規劃溝通內容

◈　所選用的溝通時間，所用的聲調、詞句和表情要適當

◈　及時獲取溝通物件的各種回饋資訊

◈　保持傳送資料的準確可靠

◈　既要注意切合當前需要，又要注意長遠目標的配合

◈　言必行，言行一致

◈　聽取他人的意見要專一，要成為一名「好聽眾」，只有這樣才能真正明瞭對方的原意

有效激勵

為了實現企業經營目標，企業領導者就得盡最大努力調動企業中一切可以調動因素的積極性。他既要合理利用財、物資源，更要調動使用財、物資源的人才的積極性。但是，為什麼對財物只需要調整、安排就可以，而對人才還需要採用激勵的手段呢？又為什麼不採用強制和壓迫手段呢？

美國政治學家羅伯特・塔克（Robert C. Tucker）認為：「強迫手段能夠帶來的只是對命令的被動的服從而已，只有當人們真正的被說服了，認識到政策的正確性，他們才會主動的、全力以赴的支持。」而「被動的服從」去實

施決策目標，只能是低效，甚至零效、負效，只有「主動的支持」，才能發揮人的主動性、創造性，獲得高利益。因此，企業領導者要提高人力資本效率，使人才發揮更大作用，就必須採用「誘使」方式，也就是所謂的激勵手段，透過滿足人才的需要來實現。

由此可見，激勵就是激勵主體透過滿足激勵物件的需要，「誘使」激勵物件更高效率發揮自身潛力，已達到預期目的的過程。

激勵手段

為了善用人才，有效地發揮激勵操作的作用，企業領導者要根據實際情況，靈活運用多種激勵手段。對激勵手段的選擇充分體現了企業領導者對企業管理工作藝術性一面的把握。下面介紹幾種常用的激勵手段。

（1）物質激勵

每個人都有自己的物質需求和經濟利益。物質激勵就是透過滿足個人物質利益的需求，來調動其完成任務的積極性。人對物質的需求是無限的，物質激勵尤其是報酬激勵永遠應該是小老闆使用的最基本的激勵手段。物質激勵可以採用多種方式，如加薪、發獎金、改進福利水準、發放物品等。

（2）升遷激勵

內部提升機制是值得小老闆注意的一種很有效的激勵員工的方法。這種方法的理論基礎是馬斯洛層次需要論中的自我實現需要。真正的人才往往有著強烈的自我實現的需要，他們需要在做出成績之後能獲得提升或被委以重任。若沒有內部提升機制，這種類型的人才常會出現士氣低落的情況，極端者甚至會轉投其他企業。

（3）榮譽激勵

榮譽，表明一個人的社會存在價值，它在人的精神生活中占有重要地位。馬斯洛在需要層次論中就把對榮譽、對自尊的需要看成了人的第四層次

的心理需要。榮譽激勵就是給表現突出、工作出色的人才以表彰、光榮稱號等各種榮譽，以滿足人才的心理需求，達到激勵的目的。榮譽激勵成本很低。但用在真正的人才身上，卻常常會收到意想不到的良好效果。企業領導者必須加以重視。

（4）目標激勵

按照需求理論，人的行動都是為了達到一定的目標，當人們有意識的明確自己的行動目標，並把自己的行動與目標不斷加以對照，知道自己前進的速度和不斷縮小達到目標的距離時，他的行動的積極性就持續和高漲。因此，企業領導者要為企業內的人才制定一個合適的目標，讓他們信心百倍的完成自己的工作任務。

（5）榜樣激勵

榜樣是人的行動的參考。企業經營者如果能夠建立起科學、合理的「參考」，就會把人才的行為導向組織目標的實現。我們常說榜樣的力量是無窮的，就是這個道理。榜樣不是僵死的「標準」，也不是十全十美的聖賢，而是從人們的群體行為中孕育成長起來的，被廣大員工公認為在某一方面有過人之處的人。只有這樣的榜樣，才能受到群眾的敬佩、信服，因而也就具有權威性。

（6）逆反激勵

這種方法並不是直接從正面鼓動人才去實現某項目標，而是向他們提示或暗示與此目標相反的另一結果，而這種結果則是他們無法接受的，從而使他們義無反顧的向著既定目標前進。逆反激勵是一種十分具有藝術性的激勵方法，但不可濫用。

激勵祕訣

對如何激勵人的行動，卡內基作了如下的闡述：「動員他人行動的祕訣只

有一個。很多人都意識不到這一事實，但其祕訣的確只有一個，即讓人自願努力，而不是被強制行動。」卡內基本人就是一位善於調動他人積極性而獲得成功的人，他的座右銘就是：「在這裡肯定有比自己更強的人，他們也對工作十分精通而且會比自己做得更好。」

企業領導者激勵人才，鼓勵他們行動時應注意以下原則：

使對方體會到自己的重要性

每個人都覺得在自己的人生中，自己是獨一無二的，再也沒有比自己更重要的人了。沒有人希望受到傷害、輕視。因此，要調動人的積極性，必須要先意識到他（她）的存在及重要性，委任相應的任務，承認其重要性。

1. 管理者不要一個人決定一切，要多與員工商量。人都喜歡別人與他（她）商量後再作決定。
2. 委任員工相應的職務、任務，共同承擔責任，提高、加強共同意識。
3. 讓員工參與管理計畫。對自己參與過的事情更有熱情。如果員工沒有機會參與管理計畫，就會經常發牢騷、不合作。而且，即使失敗了，員工也會認為這不是他（她）的責任，而是上司或他人的責任。
4. 正確評價員工的工作，給予獎賞。承認員工的存在及重要性，對給予讚賞。

站在對方的立場上考慮、處理問題

不用強制性的辦法，而是站在他的立場上考慮問題、刺激他的欲望，就能達到意不到的效果。因為，人為了滿足自己的需求，即使赴湯蹈火也在所不辭。透過命令來強迫他人行為是愚蠢的，只有讓別人自覺的行動才是最明智的。

◈ 激勵的方向應與企業的發展目標相一致
◈ 激勵必須公正
◈ 激勵必須及時
◈ 激勵面要廣
◈ 激勵要因人而異

- ◈　重視過程激勵
- ◈　激勵要體現出真誠

讚揚只要確實出於真心，哪怕只是一個眼神、一句話、幾個字都會收到意想不到的效果。

激勵也要考慮成本

在激勵時要適可而止，盡量避免出現這種得不償失的情況。

CHAPTER 17
經營是創業之後的最大問題

> 世界上有才華的窮人很多，他們的貧窮不是源於他們已知的東西，而是因為他們未知的東西。即他們往往只將注意力高度集中在提高和完善工作技能上，卻很少注意掌握經營的手段，提高銷售的技能。

依靠知本致富

所謂知本，即一個人掌握的知識量與能夠控制使用的知識量的總和。而知本資產，就是要學會將個人的知本當作資產經營，要盡量將知本變成財富。

一個人時間、精力等各方面條件總是有限的，因此其所掌握的知識也是有限的，但社會上可供經營者使用的知識量卻是無限的。這個定義說明兩個問題：其一，知本資產與經營者所掌握的知識既有聯繫又有區別。通常情況下，知本資產應該大於經營者個人所掌握的知識量；其二，經營者個人所掌握的知識豐富，並不等於其知本資產多，關鍵是要善於控制和使用其他人的知識。只有能夠將他人的知識為己所用的經營者，才可稱得上知本資產真正富有的經營者。

另外，知本資產的定義還意在提醒經營者，應將自己所掌握和控制的知本當作資產好好經營，要盡量使其升值，不要身在寶山不知寶。別忘了，經營者的知本資產再雄厚，都只能是潛在財富，如果不能將其變成實實在在的財富，你的知本資產很可能會付之東流。

做生意離不開知識。有知識可以走向成功，無知識則可能「雞飛蛋打」，最後連老本都賠進去。人們認識世界，大致經歷了「抽象體系 —— 物理體系

—— 資訊體系」的過程。知識不斷發展，認識體系也在不斷發展。在奴隸社會，奴隸的數量是財富；在封建社會，土地的數量是財富；在資本主義社會，資本的數量是財富；在資訊社會，知識乃是財富。對於今天的經營者來說，你所擁有的最大財富就是所能控制使用的知本資產。

科學知識是自然界的一種特殊資源，具有極其特殊的價值。它作為一種智慧結晶，具有學術價值；作為一種科學勞動資料，具有一定使用價值；作為一種特殊產品，又具有一定交換價值。知識是世界上真正的無價之寶。

二十世紀以來，勞動生產率的提高，有百分之八十至百分之九十是靠採用新技術取得的。隨著科學技術的迅速發展，在未來的三十五年中，勞動生產率提高將達到八倍；之後，再過四十年，可能成長二十五倍。

在生產過程中，勞動者支出腦力和體力之比，在機械化初期為九比一，在中等機械化初期是四比六，在高度機械化、自動生產化中是將是一比九。

經濟的競爭就是科學技術的競爭。高技術首先是高增加人的知識投入。智力，在軍事上透過「計謀」變成戰鬥力；在生產上透過「科技」變成生產力；在經濟範疇透過「思路」會獲取經濟效益；在生意場上則透過「遠見」變成財富。

從前經商，只要有些計謀，敏捷迅速，就可以成功；可現在的企業家，還必須要有相當豐富的知本資產，對於世界地理、風俗、人情、市場調查、會計統計等都非常熟悉不可。現代公司的管理者，不但是划船的，又是掌舵的，蠻力當然要，智慧和眼光更是不可或缺的。綜觀古今，可以發現一個共同的特徵，這就是所有成功的經營者，都有超出競爭對手的知本資產。

今天的經營者最急需的是個人素養和知本資產的提高，用知識與智慧去開啟一扇扇陌生的「財富之門」。

經營手段要靈活

善鑽法律的空隙，乘虛而入

美國為了限制進口，保護本國工業，曾作了一項規定：當美國政府購入發出購物招標後，收到美國製造的商品報價單價格在法律上將得到承認；收到外國公司的報價單，則一律無條件地提升百分之五十。以此增加美國政府購買人選擇本國產品的機會。在美國法律中，「本國商品」的定義是指「一件商品，美國製造的零件所含的價值，必須占這一商品總價值的百分之五十以上」，而日本公司馬上走出了非常妙的一著棋：生產一種具有二十種零件的商品，他們在本國生產十九件，缺少的那一件在美國市場上購買最貴的，然後運回日本組裝，再送到美國銷售。這樣，一方面盡量利用了本國的零件和勞動力，另一方面，那「一」美國零件，因為貴，則又在這個商品的價值比率上占百分之五十以上，從而在美國法律定義上，這個商品可以作為美國國內的商品，而直接和美國公司競爭。這樣，日本公司又殺進了美國市場。

必要時可採取非常措施

企業行銷當然要有利可圖，然而隨著市場競爭的激烈，賺錢並不是像想像的那麼容易，所以，常常需要採取一些非常措施。日本富士通電腦公司，為了爭奪廣島市水道局的一樁電腦軟體生意，用近以免費設計的標價投標取勝，而市政府的此項預算高達一千一百萬日元。當然，富士通公司不會甘願長期賠本，他們採用的是「先賠後賺」的策略。雖然開始不賺錢，但由於電腦軟體和硬體必須配套，客戶只要使用了富士通公司的軟體，也就必須購買硬體，而且客戶一旦使用了富士通公司的電腦，就很可能成為他的長期客戶。富士通電腦公司的這一策略不可謂不高明。

積極「創造需求」，主動開闢市場

一般企業開發出來的新產品技術都嚴格保密，唯恐其他廠家仿製，以達到壟斷市場的目的。而美國柯達公司卻「反其道而行之」。一九六〇年代初，柯達公司欲開闢膠卷市場，但又深知打開市場的艱難。於是，獨闢蹊徑，採

取了「創造」需求的策略，即想辦法擴大膠卷的需求量。他們針對一些企業在開發新產品上習慣亦步亦趨的從眾心理，採取先創造需求，後大量推出產品的市場發展策略。柯達公司在一九六三年開發出大眾化相機，並宣布其他廠家可以仿製。當看到眾多廠家蜂擁而上，市場上一時出現自動相機熱。相機的暴增，給膠卷帶來了廣闊的市場時，柯達公司就迅速推出「柯達」膠卷供應市場，頓時銷路遍及全球，「柯達」成了世界知名品牌。

日本味之素公司初創時，產品無人知曉，為了打開銷路，老闆便動員其家人和拜託親友及公司職員，每天沿街向所有的零售商打聽：「有沒有味之素賣？」如此一再的進行，引起了各零售店的注意，紛紛到味之素公司進貨，味之素終於打進了市場。

上述兩個企業都是主動「創造需求」的，雖採用的方法不同，但依據的原理一樣，都是在常規方法行不通時，大膽的加以改變的成功事例。

經營策略最關鍵

當一位經濟學教授在課堂問學生們「你們中間有多少人能夠做比麥當勞更好的漢堡」時，幾乎所有的學生都舉起了手。這位教授接著問：「如果你們中大部分人都能做出比麥當勞更好的漢堡，那為什麼麥當勞比你們更能賺錢？」

台下一陣沉默。答案是顯而易見的：麥當勞擁有一套出色的商務體系。許多才華橫溢的人之所以貧窮，是因為他們只是專心於做好漢堡，而對如何運作商務體系卻知之甚少。

世界上到處都是有才華的窮人。在很多情況下，他們之所以貧窮或財務困難，或者只能賺到低於他們本來能夠賺到的收入，不是因為他們已知的東西，而是因為他們未知的東西。他們只將注意力集中在提高和完善做漢堡的技能上，卻不注意提高銷售漢堡的技能。也許麥當勞不能做最好的漢堡，但

他們能夠在做出一般水準的漢堡的前提下，做最好的銷售工作。

最重要的專門技能是銷售和懂得市場行銷。銷售技能是個人成功的基本技能，它涉及到與其他人的交往，包括與顧客、雇員、老闆、配偶和孩子的交往。而交際能力，如書面表達、口頭表達及談判能力等對於一個人的成功更是至關重要。

行銷的第一個要素，就是能夠將市場目標明確定位。就以創辦雜誌而言，最要緊的就是聲明到底我們在抓住什麼讀者，而不是創辦一本男女老少、士農工商都適合的刊物。想要群鳥到手，到後來可能連一隻鳥都抓不到！

一般生意也是這樣，究竟你要抓的顧客是主婦、學生，還是工農兵，這在事前都要明確定位。

失敗總會找出一大堆的理由來為自己找台階下，為何不花點時間研究為什麼我們會失敗？或是別人如何成功的呢？

每位上門的顧客的平均消費是多少？這也是事先應有的計算，如果以中下階層為對象的商店，收費價格卻訂在中上水準，那麼下次誰又願意再上門被敲竹槓呢？

所謂的支付能力並非完全以個人收入之多寡而定，主要的還是個性；花五百元吃一頓飯，可能有人會覺得無所謂，有人卻會心痛好幾天；因此經營者如果能夠讓顧客覺得「我花這些錢實在花得值！」那麼這個生意就成功了！

採用系統行銷策略

系統行銷策略的要點是：以品質求生存，以創新圖發展，以應變爭市場，以技術做基礎，以價格為引力，以成本促效益，以服務保信譽。在二十一世紀的今天，為了在日趨激烈的市場競爭中立足，高財商的經營者常常採用系統行銷的策略。系統行銷策略具體說來，有以下十七個方面的內容：

1. 重視預測。沒有科學的預測，便沒有正確的決策。決策是實現目標的重要手段，一個好的決策，不僅能為企業帶來效益，甚至能讓企業起死回生。

2. 揚長避短。企業不論大小，皆有所長，所短，只要揚長避短，發揮自己的優勢，就能獲得生存和發展。一些企業家們認為：揚長避短，發揮優勢，是企業競爭的基本功。

3. 把握行情。企業生存空間大得很，競爭的範圍十分廣闊。只要企業經營者有敏銳的洞察力，看準市場行情，及時推出適銷對路的產品，就能使企業收益大增。

4. 提高產品品質。在競爭中，同行產品常常會「勢均力敵」。這時競爭的勝負便取決於產品的品質的高低，兩「品」相遇，質優者勝，有的企業家把產品品質看得比自己的性命還重要。

5. 開發新品項。對市場緊缺商品，企業若能選擇適合自己能力的，迅速研發，投放市場，便可以「人無我有」取勝。若再進一步將產品升級換代，則又可以「人有我新」取勝。

6. 薄利多銷。雖然單件利微，但薄利多銷，也是合算的。因為總利潤不會減少，只會增加。

7. 降低消耗。如某麻紡廠年產一千七百萬條麻袋，由於採取措施減少消耗，使每條麻袋成本下降一分錢，結果全年多盈利十七萬元。

8. 優惠重點客戶。產品如能扎根於重點用戶之中，建立鞏固的「根據地」，企業便有生存和發展的保障。因此，對重點用戶和大用戶，企業要給予價格優惠，以此吸引他們。這樣，企業可以保持大量生產，從而降低成本，以廉取勝。

9. 乘虛而入。市場之廣大，任何企業都不可能囊括一切。就是說，必有空隙可鑽。因此，企業要注意尋找空間，以自己的產品迅速占領別的企業還未顧及到的地方，捷足先登，出奇制勝。

10. 避開強手。中小企業，力量較弱，故不宜與實力較強的競爭對手較量。而應從實際出發，做自己能做而那些大企業不做或不願做的產品。在占領市場問題上，應採取先近後遠、從小到大的策略，不要把自己的市場擴大到力不能及的程度。

11. 多邊經營。科技成果的轉換速度加快，產品的生命週期縮短，市場變

化頻繁。企業要想在瞬息萬變的外界環境和激烈的市場競爭的角逐中，獲得有利地位。必須實行多邊經營。變單一產品的生產結構為複數產品的生產結構，為企業開闢多條生路和財源，以保障企業的生存和發展。

12. 專業化合作。許多中小企業，資金短缺，技術水準差，競爭能力弱。但其數量多，如組織專業化合作，在技術、工藝等方面配套成生產線，便可形成群體優勢，以聯合取勝。

13. 圍繞產品性能。現代工業生產有一個重要特點，就是專業化中包含多樣化。即使同類產品，性能、特點也各不一樣。因此，企業的產品只要有特色。就不愁無銷路，大家各以自己的特色，迎合市場需要，為企業創造效益。

14. 作好宣傳廣告。企業要打開產品銷路。一要靠品質。二要靠宣傳。輿論上先聲奪人，顧客才會慕名而來。

15. 改善經營作風。在競爭中，經營作風十分重要。假如不但付貨及時，而且送貨上門。負責裝配，指導使用；不但開設維修點，方便近處顧客，而且成立流動修理隊，為遠處買主巡迴服務：不但對找上門來的顧客熱情接待，而且認真處理用戶來信，做到封封有回信，件件有著落。那麼，一定會為企業贏來盛譽，招來更多的顧客。「主雅客來勤」，竭誠服務無疑是企業取勝的祕訣之一。

16. 提高企業素養。競爭，需要有實力，沒有實力是不堪一擊的。企業的實力是由其領導團隊素養、技術素養、管理素養、職員素養等方面決定的，企業只有強化這些素養，才能在競爭中戰勝強手，一舉奪魁。

17. 尊重知識與人才。企業競爭，說到底是智力競爭、人才競爭。誰掌握先進的科學技術和人才，誰就能遙遙領先。無數事實證明，努力開發智力資源，加速培養人才，是企業最根本的取勝之道。

培養發現機會的眼光

機會總是存在的，你肯動腦筋的話，機會往往就在你周圍。很多人總是埋怨沒有發財的機會，其實是因為他們沒有發現機會的眼光。

　　從事商業活動的經營者，必須具有根據社會變化而變化的新思維和新觀念，絕不能對日新月異的社會變化產生恐懼，相反地，還應有一套確實可行的應變計畫，以備不時之需，使自己能夠敏銳的把握住生活中哪些稍縱即逝的機會。

　　通常情況下，社會的變化是以十年為一個觀察範圍，許多精明的經營者都是以此作為自己長遠投資的根據。但如果以天或以月作為觀察範圍，你可以發現其間的變化幅度甚微。將眼光從十年到近日逐漸觀察，你將會發現有不少變化因為太少，而特別容易被人們忽略，但這些細小的變化累積之下，就會發生質變。因此，經營者的成功，就在於根據環境的不斷變化及時進行調整。

　　一九六〇年代末，美國太空人登上月球，揭開了人類發展史上嶄新的一頁。最初，登月的真相準備保密，人們將無法看到這一人類壯舉。後來，美國政府突然決定向全世界轉播登月實況。這條消息在各大小報紙上只是作為一般新聞加以報導。歐洲人、美國人、當時都沒有想到有什麼生意可以賺到巨額利潤，然而聰明的日本人卻想：人們爭相看登月，不正是我賣電視的大好機會嗎？一家電視機廠首先打出廣告：「看人類最偉大的壯舉，用 xx 牌電視機最清晰！」這一下立即引起連鎖反應，全日本電視機廠商都加入了這場廣告大戰。然後美國、歐洲商人也驚醒，紛紛參加競爭：「人生難得一看的壯舉，請用 xx 電視機欣賞。」人類登月給經營者提供了絕好的成功機會，賣電視機僅為其中一項，它創造了巨大的經濟效益，僅日本，一個月就銷了五百多萬台黑白電視機和兩百八十多萬台彩色電視機。

　　一位高財商的百萬富翁說：「看到機會並不會自動轉化為鈔票 —— 其中還必須有其他因素。簡單的說，你必須能夠看到它，然後你必須相信你能抓住它。」

　　相信自己有能力獲得成功是非常龐大的基石。它可以解釋美國各經濟領域中人們的各種行為變化。同時，相信自己又直接取決於對有利機會的認識。

為什麼有那麼多人在開業的一二年中就失敗了呢？其中肯定有機會方面的問題：大多數做生意的人並不真的清楚成功的可能性。記住，這並不在於你學了多少，學了多久——而在於你學了什麼，所學的東西是否能很好的在做生意中起到作用。知道成功的機會可以有完全不同的結果。冒險打賭，你的大學文憑根本幫不了你的忙；要想獲勝，也不會因你沒上過大學、不懂英語、不出生在美國而希望落空。

一位成功的經營者指出：「強烈的欲望也是非常重要的。人需要有強大的動力才能在好的職業中獲得成功。你必須在心中有非分之想，你必須盡力抓住那個機會。」

要想有效的把握機會，必須克服以下障礙：

1. 個人素養的障礙。有些人作不出決策只是因為，他們覺得沒有決策可做。阻礙他們進展的原因是，他們智力有限、記憶貧乏、思想僵化以及自身的積極性不高，等等。

2. 一些人總想迴避創造性的工作，儘管他們會斷然否定這一點。一般人有一種意向，選擇常規的工作，以代替創造性的活動。事實上，他們不厭其煩的去接受簡易的任務，就是為了避免在發生緊迫問題時，思想受到壓力，或者造成情緒紊亂。

3. 過分專注、緊張，會造成停滯和固定狀態。當一個企業家的思想感情陷入某一問題的泥潭之中，比如他的事業正處於生死攸關的時候，他會變得遲鈍呆板。他會喪失正確觀察事物、洞察其相互關係的能力，從而做出粗劣的決策或根本作不出任何決策來。

4. 固步自封，猶豫不決。莎士比亞筆下的哈姆雷特，不顧一切的要解決自己的問題，但囿於各種固有的解決方法，結果是束手無策。這種猶豫遲疑的傾向，在企業家中不難找到。

5. 海龜式的毛病。當一隻海龜受到威脅時，便將頭縮進殼內，以保護自己。因為它不敢把脖子伸出來，所以只有維持固定狀態。同樣，許多經營者也害怕伸出脖子，他們總是盡量避免決策。

及時回收帳款，確保資金暢通

　　做生意賺錢也好，賠錢也好，就是不要賒帳，這是具備高財商的賺錢大師們的經驗之談。經營者要在最短的時間內將手裡的資金賺取最大的利潤，不論此資金是自有的還是借來的，都務求要有最大的報酬率和成長率。在做生意的過程中，越能加速資金的回收，就越能盡量發揮資金的增值效應。資金的回收比較慢，固然令資金使用效率大減，此外，積壓產品太多和固定資產過於龐大，也會使資金積壓而不能獲得有效的使用。

　　每一個經營者都會認為生意越多越好，社會上評價一個經營者是否成功，往往也主要看其營業額、成長率和利潤。一家公司可以生意天天有，但是資金回收問題，往往卻被不恰當的忽略。這樣做生意的結果，訂單蜂擁而至卻並不意味著現金大量流入，假如十個客戶中有九個資金周轉有問題，不能及時付清貨款，那你的公司就會出現非常嚴重的資金流通問題。不能及時付款的客戶，即使再多也未必是好事。因為客戶多意味著公司不斷接訂單和從事生產，意味著不斷將資金投入生產，可是所有賒帳交易的貨款又未能收回分毫，甚至連應收款項的零頭都無法進帳。這種情況下，經營者手裡現金的大量流失，就好似一個突然傷及大動脈的人大量出血。

　　此外，如果你的營業額增加很多，但會計帳上只是「應收的數字」，而不是「現金」一欄的增加。這樣以來，雖然你的生意看起來紅紅火火，但也不一定真的賺錢。因為你「賺」的那些「帳」還不知哪年哪月才能變成實實在在的利潤，或者能否收回來誰也不敢打包票。其後果很可能是債權方上門討債，經營者宣布破產。許多經營者的破產，都是因為這種欠帳不定期造成的。

　　手裡的存貨不能出手，在很多時候還不如垃圾，因為垃圾丟掉也就沒事了，存貨還得付倉儲費和保管費。假如要等上一年半載才能清倉，你的資金就會被積壓，不論資金是外借的還是自己的，起碼都有一定的利息成本。積壓資金越多，其利息額就越大，假如時間增加，那利息成本也會相應增高。

建立一個有效的收款程序，是預防公司步上赤字倒閉的關鍵。但如何進行現金管理呢？最基本的原則就是「盡可能的收回應收的款項」，而在不損害公司信譽為前提下，盡可能拖延「應付款項」的支付。說白了，就是盡最大的可能讓錢在你的手裡多停留一段時間。

要使自己的貨款回收暢通，經營者應該為公司設計一個明確易懂的信貸控制管理制度，如客戶的帳單已經超過期限時，就應及時採取行動：催收通知、停止發貨和交易等，如果確有必要，也可以考慮進一步的法律行動。在催收貨款時，一般情況下以不破壞與客戶關係的前提下，實行催收大行動。當然，如果該客戶有意拖欠或即將倒閉，這就顯示日後你們可能再也沒什麼生意可做了，此時一切以收錢為上，也沒什麼顧忌與客氣的了。

總體來說，經營者對於資金的回收要力求快，有時即使關鍵價也要快點收回來。千萬不要為了多賺一點點「帳面錢」而將資金死死套住。現在許多大商場經營服裝的經營者，都非常明白這個道理剛上市應時的服裝，價格奇高，很快就賺回了該賺的錢，等到快過季時，為了不壓貨，盡快回攏資金，幾乎是半賣半送趕快處理了事。假若經營者懂得如何使公司資金保持暢通，懂得及時回收帳款的重要性，則經營者的生存機會就會比別人大得多。在生意場上，忽略保有現金的經營者，無異於自掘墳墓。

獨闢蹊徑尋找賺錢的機會

同業者多並不可怕，但要打出自身的特色

原則上沒有競爭的生意是再好不過的，所以一般總認為在同業多的地方開店，可能會面臨很大的競爭。但實際上店多的地方，一定意味著顧客也多，因為，同業越多，人氣也越旺，人氣越旺，店也越多，這乃是所謂的相乘效果。

從消費者的立場來看，商店越多的地區，購物自然越方便，選擇的機會

也越多，因此，同業越密集的地區，大家賺錢的機會也越多。

以釣具來說，到百貨公司買的人，與到釣具專門店購買的人在層次上有所不同。

經營釣具行較出色的人，從一個幾十元的魚鉤、浮標到一支上萬元的魚竿，一定都要具備才行，這樣，才會吸引喜好這門道的人上門，而百貨公司要做到應有盡有，事實上是不太可能的。

如果一般釣具店其貨色與價錢都與百貨公司差不多，那誰又願意上門呢？所以，這也為什麼百貨公司一家一家的成立，但某些專賣店也門庭若市的原因了！

獨具匠心

一些人之所以能創業成功，就是因為其在創業的大道上能獨具匠心，開闢一條別人沒有走過的道路，才使自己走上成功的彼岸。

可口可樂問世後的頭一年，日平均銷量只有九杯，而百年後的今天，暢銷世界一百五十多個國家和地區的無酒精飲料之王 —— 可口可樂大約每天銷售三億瓶。根據一九六〇年代的統計，當時已銷售的全部可口可樂瓶子逐一排列起來，等於從月球到地球往返一百一十五次。如果把這些瓶子排成七點五公尺寬的公路，可繞地球十五圈。

歌詩達升任可口可樂總裁的第一年，出乎人們意料地做了幾件獨具匠心的大事。除了歌詩達本人，誰也不會想到可口可樂會去購買電影公司，而且還是以七億美元的重金；除了可口可樂公司，誰也捨不得花五千萬美元去辦個促銷聚會；除了可口可樂，誰也不願每年花一億多美元去做廣告。

而正是這些用巨額資金來創造的匠心之作，才有了可口可樂今天的輝煌。今天，可口可樂在世界各國家喻戶曉，在不同語言、不同膚色的人群中無處不在。難怪有人說，如果可口可樂所有的工廠在一夜之間全部焚於大火，第二天便會有許多銀行爭著向他貸款。這絕不是危言聳聽，大火雖能燒掉產品、設備和廠房，卻燒不掉可口可樂的品牌和人們對它深刻的印象。

能有百分之二十的創意就成功了一半

從事任何事業，自然必須對於這個事業認識，但這些認識並不一定需要自己去開發，例如從專家、業者、自己的親戚朋友或傳播媒介中都不難獲得，但百分之二十的部分，就需要自己的創意去完成了。

既然百分之八十的部分，大家都可以以任何方式去爭取，那麼最重要的部分，自然就是這百分之二十了。

雖然不是每個產業都可以插手，但多關心四周的環境，機會來臨時，究竟是不是成功，心裡的算盤稍微一打，大概可以略知一二了。與其花錢請教經營顧問，倒不如花些時間去研究有關這方面的書。聽聽過去成功者的意見倒是無妨。但終究還是要走出自己的路。

另外，從事任何事業，除必須具備百分之八十的常識外，尚須有百分之二十的獨特創意，能有百分之二十的創意就成功了一半。

為人們服務的越多，你就會越富有

賺錢要以信譽為重，如果不講信譽，這個世界就會變得一片黑暗，無論個人、家庭、企業或國家，如果不講信譽，都將無法在這個世界上立足。

賺錢有三個技術：

1. 「取得術」。必須先創造良好的信譽，這樣才能使一個人、一家公司或企業的收入增加，例如你想經營一家飲食店，首先應該要求食品美味，價格公道，顧客自然願意惠顧，收入也就跟著增加。收入增加的時候，要注意開銷。否則收入再多，也會出現赤字。一個人、一個家庭、一家企業都要注意收支平衡，開源節流，才能賺到大錢。

2. 「消費術」。狹義的賺錢術僅指「取得術」而已，但人們所主張的廣義的賺錢術是指「消費術」而言的。運用「消費術」能夠幫助你在短期內賺到錢，「消費術」並沒有什麼高深的祕訣，只是憑籍情報、經驗和決斷力。雖然你在手邊有一筆為數不少的現款，可是如果不懂得「增

加」的技術，你那筆辛苦賺來的錢，可能很快就會貶值。

3. 「增值術」。假如你身邊有十萬元拿去儲蓄，如果按照利率百分之五計算本利，五十年後才有十一萬多一點，但如果拿去投資其他事業，則可能有五十萬元甚至幾百萬元。

「賺錢」有三層意義：

第一層意義。我們可以為別人提供有益的商品和服務，不但可以賺到生活費，同時還有餘款可以儲蓄，因此這一筆供我們儲蓄的基本額就好比一顆賺錢的「心」，然後，慢慢擴大，成為賺錢的源泉。而我們的財富便從這個時候開始累積。

第二層意義。在「心」鞏固了以後，要想辦法增加儲蓄，使現有的收入不斷增多。

第三層意義。累積以後的財富以及祖先留下的遺產，要想法子使它不斷膨脹，不要使她因為物質或其他因素而貶值。

綜合這三層意義的最終目的，就是把財產的價值保留到永遠，因此「取」、「進」、「守」是儲蓄的三個要義。

「賺錢」是人類謀生的手段而不是目的，那麼賺錢的目的是什麼？人類的生命僅有短暫的數十年，一晃即逝。我們應該使自己快快樂樂的生活下去，因此追求幸福，才是賺錢的目的。

幸福的三要件是精神、經濟、健康。如果這三要件缺少了其中的任何一種，都不能算是真正的幸福。

金錢喜歡親近幸福的人。因此能保持這三項均衡的人，財富自然會降臨他的身上。換句話說，這三者也是儲蓄的均衡要件。

做生意是為了獲取利益，但有的人做生意並沒有獲得利益，反而虧本，這是因為他做生意有某種缺乏的緣故。

儘管經濟很景氣，可還是有人虧本，又儘管經濟不景氣，還是有人賺錢。不論做哪一行生意，首先該注意的是自始至終都要做「利人行動」。我們

要向他人購買布料必須付給對方報酬；而我們為他人縫製衣服，對方又必須付給我們報酬。我們獲得收入，是因為我們提供了對消費者有益的商品和服務。做生意失敗的最大原因，就是因為所提供的不是「利人行動」，而是「殺雞取卵的行動」。如果你以過高的價錢出賣低劣的商品，或所賣的商品無法討人喜歡，顧客將對你失去信心，他們自然不願再來光顧，那麼你的收入就不會再繼續增加。因此信譽是賺錢的關鍵，有信譽做生意一定會成功。

無論你做出來的商品多麼好，如果無人問津，還是賺不了錢。可是如果你擁有提供良好商品的廠商，以及喜歡購買商品的客戶，我們是沒有理由發不了大財的，因此，我們在做生意時，必須時時刻刻與「良好的廠商」和「良好的客戶」保持密切的關係，這就是成功的祕訣，即因為你為別人服務得多，因此你的收益就越大，所以你就會越富有。

CHAPTER 18
新經濟時代的社會交往

　　創業者存在於社會中，是與外界環境廣泛接觸的一個經濟實體，隨著經濟一體化、全球化的發展，建立有效的社會關係，勢在必行。

　　網路時代不玩虛的，也許網路是虛的，但人際關係網永遠不是。

創業者的的主要社會關係

　　要想取得成功，一般意義上「關係」不足以維繫企業的成長。良好的內外關係不僅建立在良好的個人感情基礎上，而且建立在共同的利益基礎之上，能為對方著想，「有錢大家賺」，與容易合作的人合作。

創業者經營過程中的關係

　　具體地說，創業者經營中存在著以下主要關係：

- ◆　企業與消費者的關係
- ◆　企業與供應商的關係
- ◆　企業與競爭者的關係
- ◆　企業與自然環境的關係
- ◆　企業與政府的關係
- ◆　企業與社區的關係
- ◆　企業與大眾的關係
- ◆　企業與所有者的關係
- ◆　企業與經營者的關係
- ◆　企業與員工的關係
- ◆　管理者與員工的關係

◆　員工與員工之間的關係
◆　員工與事、物的關係等

創業者的關係與倫理

所謂倫理，就是指處理人與人之間關係的行為規範。之所以出現偽劣現象，除了經濟利益的直接驅動外，作為道德體系之中的企業倫理並沒有形成。如果說有了一定社會責任感的人聚在一起是一盤散沙，形不成群體性社會責任意識，那麼，建立起一套相對完整的企業倫理才可能會解決種種侵害社會的行為。也就是說，企業倫理是企業在處理內部關係時所應遵守的行為規範。因此，對於創業者來講，要注意以下幾個問題：

1. 需要內部各層次、各部門員工的共同努力。企業是個開放系統，它與外界存在著各種聯繫，因此，企業中的關係就大的方面看，可分為內部關係和外部關係兩類。

2. 小老闆經營活動包含企業法人行為和企業中的群眾個人行為，所以，在企業倫理中，「人」、「己」既可指個人，也可指群眾、組織乃至整個社會。

3. 人們生活在世界上必然會發生兩種關係：一是人們之間的相互關係，二是人與自然的關係。通常說的倫理關係是指前者，但後者也可以進行善惡評價，而也應該包括在倫理關係中。企業經營過程中，有很大部分是人與周圍環境、人與物（如設備、廠房、工具、原料、產品等）的關係，一個車工的大部分時間是跟機器打交道，如果他不好好愛護、保養它，機器就會故障、生產瑕疵品，甚至傷害操作者；反之，如能精心照顧機器，不僅操作者工作感到安全舒心，對企業貢獻也大，何樂而不為呢？所以，人與物的關係也應視為創業者倫理中的一種關係，這是傳統意義上的延伸。

事實上，創業者倫理是雙向的。企業應該為利益相關者著想，企業利益相關者也要維護企業的利益，雙方都有各自的權利和義務，都要遵守基本的道德規範。如企業要尊重、關心員工，公平對待每一個人，員工也應該認真履行自己的職責，努力工作，遵守企業規章，保守企業祕密等等。企業要向

顧客提供良好的產品和服務，杜絕以偽劣產品坑害顧客，顧客也不應該敲詐企業。單純要求企業遵守企業道德規範，而利益相關者隨心所欲，也不合理。

創業者社會責任

創業者社會責任的具體內容十分廣泛，大致可以概括為以下幾個方面：

- 對消費者：深入調查並千方百計的滿足消費者的需求；廣告要真實，交貨要及時，價格要合理，產品使用要方便、安全，產品包裝不應引起環境污染。
- 對供應者：恪守信譽，嚴格執行合約。
- 對競爭者：公平競爭。
- 對政府、社區：執行國家的法令，法規，照章納稅，保護環境，提供就業機會，支援社區建設。
- 對所有者：提高投資效率，提高市場占有率，股票升值。
- 對員工：公平的就業、報酬、調職、晉升、安全、衛生的工作條件、豐富的文化、娛樂活動、參與管理、全員管理、教育、培訓、利潤分享。
- 在解決社會問題方面，典型的做法有：救濟無家可歸人員，安置殘障人士就業，資助失學兒童重返學校。

贏得政府支持

創業者的生存依賴於政府。開辦企業必須要設法贏得政府的支援。要求不同，需要政府支援的方面也不同，下面提供一些常見的方法。

擴大影響

一九八〇年代以來，美國的第三大汽車製造公司克萊斯勒公司、一直經營不善，面臨破產的邊緣。在日本廉價汽車占領美國市場的時候，公司好像失去了鬥志，既沒有能力開發出新的車型、也沒有行之有效的銷售策略。公司的股票不斷下降，工人罷工，面臨破產。這時，危難之中就任總裁的李·萊克卡極力向政府遊說陳述克萊斯勒公司不能破產，如果他破產，就會造

成新的失業大軍，也會造成地區經濟的滑坡，更會影響到社會的穩定，申請政府貸款，理直氣壯的向政府伸出了手。美國政府組成了一個專家小組對公司的情況進行了調查，調查報告顯示它需要獲得政府支援。美國國會立即通過了援助克萊斯勒公司法案，政府出面對公司進行了改組，改組的結果是克萊斯勒公司保住了第三大汽車公司的位置，在政府的幫助下，公司最終度過了危機。

縱觀整個世界，不論創業者一旦發生信用危機，往往要求政府給予擔保，在銀行借款。這當然是市場經濟不健全的一種特殊現象，但如果你認為這只是特定國家獨有，就大錯特錯了。其實在世界各國，不論是資本主義國家，還是社會主義國家，靠政府的支持度過難關的比比皆是。

打造聲勢

企業根據市場的經營，會發現市場的潛在需求，有些是政府還沒有引起注意的，這樣，需要透過創業者的努力，採用某些方法，形成影響。例如有一個大型的房地產公司就有一次成功的經驗。當時由於受經濟過熱的影響，房地產開發都十分注重豪宅的建造。這家公司敏銳的感覺到未來的房地產，只能以大部分人能夠消費的中低價房屋為主流，但是政府缺乏明確的支持和優惠政策。為引起政府注意，這家房地產公司自己出資籌備了一次「房地產開發策略研討會」，特地邀請政府部門領導參加，在研討會上，各位專家大聲呼籲重視城市中低價房地的產開發，給政府官員印象深刻。不久，一個支援中低價房建設的方案頒布。該公司趁熱打鐵，立即推出幾個中低價房的專案，由於是政府明確支持的專案，所以在專案審批、資金來源等方面都受到各個部門的重視。不久，各地住房改革開始，豪宅滯銷，相反對中低價房的需求卻迅速增加，該公司正好趕上這個潮流，業務量大增，一舉成為這個城市的房地產明星企業。

利用仲介

為了獲得更多的市場，創業者往往努力開拓新的經濟領域，初到陌生的地方經營業務，想立即與當地政府建立親密的聯繫是相當困難的。一般情況下，老練的企業都會利用仲介組織來達到目的。仲介組織由當地社會的知名人士組成，和地方政府的關係相當緊密，利用仲介組織可以迅速拉近公司與政府的關係。

廣泛交往

辦企業的應該首先向政府宣傳自己，使政府能夠認識到企業存在的意義，否則即使有各種發展的機會，也抓不住。

贏得顧客滿意

創業者要處理的關係是方方面面的，而這當中，企業與顧客的關係則是最直接和最經常的，不把這個最重要的關係處理好，其他的一切都顯得無意義。企業和顧客之間到底是怎樣的關係呢？聽到這個問題，大多數人很快就能說出「顧客就是上帝」之類的話。確實我們經常可以聽到這樣的話，可問題的關鍵是，作為創業者的經營者，是真的時時想著顧客的利益，還是時時想著如何將錢從顧客的口袋裡掏出來？

何謂顧客？

從一般概念上說，顧客有五種：現有顧客，以前的顧客，競爭對手的顧客，使用替代產品的顧客，未來的顧客。在這些顧客中現有顧客是最重要的，因為開發一個新顧客要花費四倍於留住一個老顧客的費用與時間。但要想擴大用戶，那麼我們就必須在用一隻眼緊盯現有顧客時，還要用另一隻眼盯住其他四種用戶。這裡有一條是最要緊的，那就是不論對新顧客還是老顧客，只有透過滿足他們的需求才能吸引並留住他們。

緣分

俗話說「和氣生財」，早年間最講和氣與緣分，既然能成為買賣雙方，那就是有緣分，大家應該相互扶持。注重顧客的滿意程度，視顧客為「財神」，奉為上賓。設立用戶服務處，使用戶滿意。

理解

強化市場的預見性與顧客服務的主動性。對使用者服務更積極，更具體。提供二十四小時免費服務熱線，會提供多語種服務，會進行情場及用戶調查，會研究市場幾消費行為，並且根據所得到的使用者資訊，有預見性的制定各種措施與方法以使服務品質有實質性提高。

承諾

從單純外部的服務接受者轉變成為企業內部的合作者，顧客已經成為公司系統的組成部分，公司一切活動的目的都是為了顧客的滿意。顧客需求與利益驅動整個企業運轉，企業的決策已經不是由企業內部條件來決定，而是完全由顧客需求來決定。

把顧客視為合作者，意味著顧客要參與企業的決策過程，顧客能夠充分發表意見，這些意見繼之又能轉變為企業的承諾。顧客得到承諾，並且確認自己的利益會得到保證，最終使自己的需求得到滿足。顧客已經成為企業董事長的「董事長」，顧客已經成為企業最重要的資產，是企業一切活動的中心。

一條龍服務

一條龍服務是針對消費者的購物與消費每一環節所進行的細緻而深入的服務。消費者一般的購買與消費過程如下：

出現消費需要 —— 產生消費動機 —— 進行購買準備 —— 注意商品 —— 發生興趣 —— 產生聯想 —— 購買決策 —— 購買實施 —— 使用與消費體驗 —— 重複購買或放棄。

成功的企業總是牢牢把握住消費者，引導他們由對企業品牌完全缺乏認

知到開始購買，再促使他們攀上品牌忠誠的階梯，乃至完全對品牌支持。這種一條龍服務在實際運用中可分為售前服務、售中服務和售後服務。

售前服務

指在顧客購買商品之前，企業向潛在顧客提供的服務。售前服務是一種超前的、積極的顧客服務活動，它的關鍵是樹立良好的第一印象。目的是盡可能的將商品資訊迅速、準確、有效的傳遞給消費者，溝通雙方感情，同時也了解顧客潛在的、尚未滿足的需求，並在企業能力範圍內盡量透過改變產品特色去滿足這種需求。主要方式有：免費培訓班，產品特色設計，請顧客參加設計，導購諮詢，免費試用，參觀商品生產過程和使用實態，贈送宣傳資料，商品展示，上門介紹，商品品質鑑定展示，調查顧客需要情況和使用條件等。

售中服務

是指企業向進入銷售現場或已經進入選購過程的顧客提供的服務。這類服務主要是為了進一步使顧客了解商品特點及使用方法，目的是透過服務，展示對顧客的熱情、尊重、關心、幫助、情感和向顧客提供額外利益，以幫助顧客作出購買決策。售中服務的主要形式有：提供舒適的購物現場（如冷暖空調、休息室、洗手間、手扶梯等），現場導購，現場宣傳，現場示範，現場試用（如試穿、品嘗、試看、試聽等），照顧嬰兒，現場培訓，禮貌待客，熱情回答，協助選擇，幫助調試和包裝等。

售後服務

是企業向購買自己商品的消費者所提供的服務，它是商品品質的延伸，也是對消費者感情的延伸。這種服務的目的是為了增加產品實體的附加價值，解決顧客由於使用本企業產品而帶來的一切問題和麻煩，方便實用，放心使用，降低成本和風險，從而增加顧客購買後的滿足感或減少顧客購買後的不滿情緒，以維繫和發展品牌的目標市場，使老顧客成為「回頭客」，或者

樂意向他人介紹推薦企業產品。售後服務的關鍵是堅持、守信、實在，主要方式有：免費送貨、安裝和測試，包退包換，以舊換新，使用者免費熱線電話，技術培訓，產品保證，備品和配件的供應，維修服務網站，巡迴檢修，綜合性聯合服務，特種服務，組織使用者現場交流，顧客抱怨處理，顧客聯誼活動，向用戶贈送自辦刊物和小禮品等。

營造人情味

特色服務尤其適合創業者在激烈競爭的市場中擁有一塊立足之地。許多創業者非常了解顧客的期望，但他們卻認為滿足顧客期望只有大企業才能做到，對於自己的企業來說是心有餘而力不足的。不可否認，服務專案和服務水準是受客觀條件限制的，任何企業不可能滿足顧客的所有要求，有些顧客要求太高，無論是以服務為標榜的大牌企業如何盡力也同樣達不到。

那麼，創業者是否就不能以服務為優勢來定位呢？否。創業者完全可以擁有服務方面的優勢，關鍵在於如何做。如果跟在大企業後面，亦步亦趨，則注定永遠落在他人後頭。只要企業在某一方面服務創出特色，即使規模再小，同樣也能在這方面處於服務領先地位，引人注目，在消費者心中留下深刻的印象。

創業者擁有大企業無可比擬的優勢——與顧客的親密度和迅速應變能力。創業者既可以憑創意加強顧客忠誠度，也可以提供大公司所沒有的個性化，更細心，更有人情味的服務。我們來看看美國小書店是如何在大書店的擠迫下以人性化服務贏得顧客的。

延長時間，提供點心

亞特蘭大的牛津書店，為了讓顧客有更多的翻閱時間，每天午夜才打烊，週末甚至開到午夜兩點，還附設美食咖啡廳，提供三明治、甜甜圈、咖啡和茶。

代尋難找的書籍

　　丹佛市一家書店，為顧客代尋罕見書籍，每週至少吸引兩千名顧客利用這項附加價值服務。

贏得企業間的交往

　　經營企業是不是也能像自然界中的海葵和小丑魚這樣互利共生呢？當然可以。

　　小天鵝公司和寶潔公司，分別是兩家有名的家電公司和日用化學品公司。可是，他們的行銷方法引起了人們的關注。在現代社會中，洗衣機和洗衣粉已形成魚離不開水，花離不開秧的關係，電器公司和日用化學品公司之間該以一種怎樣的方式相處呢？他們是這樣做的：小天鵝公司在商場銷售該公司生產的洗衣機時，同時宣傳介紹碧浪洗衣粉。顧客在購買小天蛾洗衣機時，會在包裝箱內發現一個小塑膠袋。塑膠袋裡裝了三件東西，一袋碧浪洗衣粉，一本小冊子和一張不乾膠廣告。那一小袋洗衣粉當然是寶潔公司提供的贈品，這一方面可以看做是小天鵝洗衣機的一種促銷手段；另一方面，在這一過程中，也宣傳了碧浪洗衣粉。此外，一起裝在袋中的那本小冊子也值得一提。小冊子的封面上印的圖像是，小天鵝洗衣機和碧浪洗衣粉在藍天白雲中飛翔，上面有幾個醒目的大字：「小天鵝全心全意推薦碧浪」。小冊子的內容是介紹碧浪洗衣粉和小天鵝洗衣機的使用方法的，而且把介紹碧浪的內容放在前面。與此向對應的是，碧浪洗衣粉也在本產品的包裝袋上，印上小天鵝洗衣機的宣傳圖片。像小天鵝在介紹時強調「選擇合適的洗衣粉才能洗淨衣物和保護洗衣機」一樣，碧浪洗衣粉則強調，選擇合適的洗衣機才能充分發揮洗衣粉的洗滌效果，並且保護衣物。結果是：「小天鵝、碧浪全心全意帶來真正乾淨。」

　　「同行是冤家」，現在也成為創業者的一種定勢思維，在處理與其他企業的關係時，常常弄得劍拔弩張，人人緊張，個個自危。其實大可不必弄得如

此緊張，換一個角度，換一種思維方式，事情可能變得容易得多。

CHAPTER 19
以變應變，才不會被改變

　　企業能夠長存下去嗎？美國商業銀行前總裁路易‧尼倫伯格（Louis Nirenberg）認為：「適當的經營管理可以使企業長壽。」在當今市場變幻、風雲莫測的情況下，創業者只有「以變應變」，才能求得生存和發展，那些安於守成、重複經營、固執己見、抱殘守缺的做法，必然會導致失敗。

如果你不變，就會被改變

　　如何認識變化，應對變化已成為成功創業者的一門必修課，否則就不能適應變化的要求，最終結果只能是被社會淘汰。因此，創業者要正確面對變革，善於應變，解決變革中存在的問題，使企業適應社會變化的要求。變革意味著風險，意味著對自己過去的否定，意味著擺脫傳統的方式，在社會環境發生變化的時期，人們往往缺乏足夠的知識與經驗來保證適應變化，但是無論應付變革有多麼困難，對於創業者而言，要想保證企業生存只能以應變來適應社會。

何謂應變力

　　創業者的應變力，是指創業者在市場競爭中的應變能力、適應能力。在激烈的市場競爭中，創業者應變能力、適應能力越強，企業的競爭力必然越強；反之，創業者應變能力、適應能力越弱，企業競爭力必然越弱，企業的生存與發展就面臨重大威脅。因此，創業者的應變力是企業生存與發展的基

本生命力。

創業者的應變力表現在以下幾個方面：

（1）產品的應變力

隨著市場需求的不斷變化，調整自身產品的品項、規格、花色和品質等的能力。

（2）市場行銷的應變力

隨著市場需求的變化而不斷地調整自己的行銷策略和方式。

（3）管理的應變力

隨著市場的變化調整經營管理制度、經營方向、用人用工制度等的能力。

創業者應變能力的大小決定了企業應變力的強弱，它離不開創業者的膽識、智慧和謀略。正因為有創業者的膽識，企業才能面對複雜多變的市場，不斷推陳出新；正因為有創業者的智慧，企業才能面對複雜多變的市場，不斷調整自己的行銷方式和策略，不斷開闢新的市場；正因為有創業者的謀略，企業才能面對複雜多變的市場，不斷調整自身生產要素的組合、生產經營管理制度、生產經營方向等。

因此說，創業者的應變力是企業在競爭中取得主動和優勢的來源，是企業具有強大的競爭力和生命力的動力。

培養你的應變力

產品應變力培養

企業之所以存在，是因為它源源不斷的向自己提供自己的產品和服務。如果某一天企業不能向人們提供自己的產品和服務了。那麼，這家企業也就失去了它存在的價值。

現代的市場環境複雜多變，人們的需求日益個性化。因此，要滿足這種日益變化的需求，企業就必須能夠提供日益變化的產品和服務，產品的品

種、規格、花色和品質應能夠不斷調整以適應人們的變化。只有「以變應變」，企業才有可能存在和發展。否則，它就會「落伍」，甚至「送命」。

企業能否根據市場需求的變化推出新的產品，決定著企業的生存和發展。

行銷應變力培養

行銷應變力，是指在市場發生變化的情況下，企業對變化作出反映，及時調整行銷策略、方式和行為等的能力。行銷應變力是創業者應變力的重要組成部分。因此，它的強弱，在很大程度上決定著企業應變力的強弱，決定著企業競爭力強弱，決定著企業的生死存亡。從市場行銷觀念的形成和發展，企業的行銷活動經歷了這樣三個階段，即生產觀念階段、推銷觀念階段和市場行銷觀念階段。

生產觀念階段

是以生產為中心的市場觀念，實行以產促銷，主張企業「生產什麼就賣什麼」，這個階段，物資短缺，消費者需求旺盛，產品供不應求，這個社會經濟的商品市場發育程度不高，是一種重生產、輕市場的賣方市場，因而行銷問題不突出。

推銷觀念階段

是以推銷為中心的市場觀念，實行以產定銷，主張「我們賣什麼，人們就買什麼」，這個階段，由於大量的生產問題已基本解決，企業擔心的不是如何大量生產，而是如何去銷售，由於消費者不會因自身的需求與願望而去主動購買商品，所以只有採取「推銷」刺激，才能誘使其採取購買行為。因此，在這個階段，行銷問題已是一個必須考慮的問題了，促銷策略和手段已顯得重要。然而，企業對產品是否能滿足消費者的需求則漠不關心，行銷者採用各種引誘手段進行推銷，並且「貨物出門，概不負責」，是一種重推銷、輕市場的市場觀念。

市場行銷階段

是以消費者需求為中心的市場觀念，實行以銷定產，主張「顧客需要什麼，我們就生產什麼」，企業的生產經營是以顧客的需要和要求為出發點，實現企業目標的關鍵是確實掌握目標消費者的需求和願望，以消費者需求為中心，站在消費者立場上考慮所有行銷活動。集中全力生產和經營適銷對路的產品，安排適當的市場行銷組合，採取比競爭者更有效的策略，滿足消費需求，獲取適當利潤。與生產觀念、推銷觀念相比，市場行銷觀念是一種根本性的改變。生產觀念、推銷觀念都是「以企業為中心」的，在從事行銷活動中，只考慮企業自身情況而不考慮消費需求，迫使消費者接受他們所不喜愛的產品，認為顧客應當適應企業，顧客應當圍著企業轉。而市場行銷觀念是「以顧客為中心」的，在經營中首先分析顧客需要，然後結合企業特長確定目標市場，透過整體行銷在各個方面充分滿足目標市場的需要。認為企業應當適應顧客，企業應當圍著顧客轉，從而真正明確了顧客與企業的關係。

作為創業者不僅要花時間來研究消費需求，而且要根據消費者的需求變化，不斷調整產品結構和更新產品品種，消費者是企業活動的軸心。企業之間的競爭，實際上是爭奪消費者的競爭，企業關於整體產品的設計，產品定價分銷與促銷，產品的上市與退出等，都是以消費者的需要為出發點。因此，創業者的行銷應變力，就顯得十分重要。市場時刻都處於變化之中，唯一不變的東西就是「變」。傳統的那種「酒香不怕巷子深」的說法已經過時了，「皇帝的女兒不愁嫁」的時代也已經一去不復返。即使是名牌精品、百年老店、產業巨頭，也只能在「變」中求生存求發展。這種「變」，不僅表現在產品的性能和樣式等方面，而且也表現在行銷的方式、方法和行為上。誰能在急劇變化的市場中，適應消費者需求的變化而靈活的調整自己的行銷行為，誰就能在競爭中獲得主動，獲得成功。否則，它就會被市場無情的淘汰。

一個企業的生存與發展，在很大程度上依賴、取決於小企業主的行銷應變能力。

管理應變力培養

管理應變力，是指企業經營者根據市場狀況，相應的調整生產經營管理制度，改善企業內部組織機構，選拔和安置適用人才，建立一個有效而富有活力的整體能力。

小企業主管理的應變力培養來自於三個方面：

經營上的年輕朝氣

企業比單一的生命更具複雜性，它會隨時代的進展，而不斷的變化，讓企業的活動不斷的充滿著年輕朝氣，是企業充滿活力和長存的重要方面，也就是說，在經營上應該保持的年輕朝氣。所謂經營上的年輕朝氣，是指該企業的經營者的年輕朝氣，經營者本身的心靈，經營者充滿著跳躍的思維，它將感染給所有的企業員工，使企業的經營活動顯得朝氣蓬勃。

適當的經營管理

企業管理者開拓進取的精神和創造力，是企業「長壽」的關鍵，適當的經營管理可使企業長壽。「適當的經營管理」是一種「變化」，是「創造性的破壞」，只有「以變應變」，企業才能發展。那些安於守成、重複經營、固執己見，盲目自信的經營者，必然會導致自己事業的失敗。

敏銳觀察和出新

企業管理者對市場環境敏銳的觀察、判斷、推陳出新能力是管理應變力的重要組成部分，它來自於創業者個人的權威、冒險精神和洞察力。因此，在發展企業的過程中，絕不能「固守成法」，必須「以變應變」，發揮個人的創造性和靈活性，促進企業產品的不斷改進和市場創新，以適應市場對企業發展的要求。

競爭應變力培養

競爭應變力，不僅表現在根據市場需求變化和技術進步而不斷調整產品

結構、品種、規格、品質等的產品應變力之上，不僅表現在根據市場狀況，不斷改變市場策略和行銷方式的行銷應變力之上，而且更重要地表現在根據外部環境、不斷調整內部管理制度和組織等的管理應變力之上，它是產品應變力、行銷應變力、管理應變力的綜合體現。

競爭具有普遍性，是市場經濟發展的結果，競爭導致優勝劣汰。作為企業管理者應該看到這種競爭的普遍性，深刻理解優勝劣汰機制的要求，應該敢於競爭，在競爭中使企業求生存求發展。應該善於競爭，有良性的競爭心態，將競爭機制引入企業的經營管理中。

第四部分
把握投資理念

窮人努力存錢，而富人不斷投資；窮人越來越窮，而富人越來越富。

即使你現在是一個不斷投資的人，但在拿血汗之錢進行所謂的最大膽的投資後，你仍可能是個窮人，只因你從不願意學習投資所需的基本理念和策略，要知道，真正的意義上的投資並不存在風險。不投資或少投資也能賺錢才是最高的投資境界。

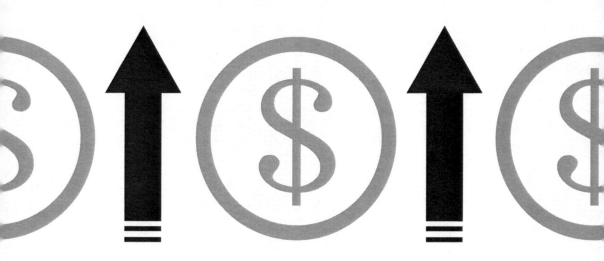

CHAPTER 20
投資理念比投資本身更重要

　　許多人常說：「投資充滿風險。」對他們來說或許如此，因為他們認為那句話是正確的。這將成為他們的現實，即使投資未必總伴隨風險。在實際生活中，風險無處不在，就像你穿過馬路或者騎腳踏車時一樣。許多人認為投資充滿風險，因為他們認為自己是想法的正確的。

投資成功的最重要因素是理性

　　投資人的年齡、智商、健康狀況、氣質、性格、風險偏好程度、受教育程度和個人抱負、投資人所掌握的投資理論和知識以及投資技巧、投資經驗等在很大程度上影響投資的結果。

　　投資成功與個人的機遇有很大關係，但更主要的還是決定於投資人自身特點，尤其是個性與素養。有利於投資成功的個人內在特徵包括以下幾方面：

1. 理性。投資人要有理性，要有對市場及投資活動的客觀態度。投資人的投資活動應受理智，而不是個人願望和感情控制。缺乏理智的人，過分感情化和情緒化的人往往難以在投資中成功。

2. 自信心。自信心使投資人按照自己既定的交易策略交易，而不是輕易的被表面現象、小道消息所迷惑。缺乏自信心的投資人往往盲目跟風，按照別人而不是自己的判斷進行交易。在投資造成的所有損失中最嚴重的莫過於喪失對自己獨立、成功的交易能力的信心。

3. 耐心。投資決策是否正確需要時間來證實，投資人不可急於求成，不能急功近利。市場波動具有一定的時間性，對市場趨勢的判斷是否正確也需要經過一段時間的觀察，市場訊號是否可靠也要時間來證實。因此，對投資人而言，耐心是一種必不可少的素養。耐心與捕捉時

機、果斷決策並不矛盾。在經過觀察和分析確認某一市場訊號的可靠性和某一投資決策的正確性之後，投資人應果斷的採取行動，捕捉獲利的可能性並將其轉化為現實性。

4. 嚴謹作風。嚴謹的作風使投資人的投資活動有條不紊。嚴謹的作風可以使投資人避免犯一些不該犯的錯誤，如發生錯誤指令、忘記某重要事項等。在存在巨大風險的市場上，一個操作失誤可能造成致命的損失。因此嚴肅認真的工作態度、嚴緊的工作作風是投資人必備的基本特點。

5. 自制力。缺乏自制力的投資人在投資活動中往往表現出焦慮、緊張與衝動，從而在市場壓力與利潤的誘惑下作出不符合投資策略的決策。缺乏自制力的投資人往往會違背投資計畫進行交易，並出現過度交易等危險行為。

投資人的心理因素對投資活動有很大的影響。在投資活動中，贏的欲望和輸的恐懼貫穿始終，希望與害怕的衝突使大多數投資者在不知不覺中削減了自己的盈利，擴大了自己的虧損。投資人的心理在很大程度上被投資市場上價格的運動所左右。在必然存在矛盾判斷的市場上，投資人面臨相信別人還是相信自己的近乎永久性的矛盾心理，他往往被廉價的建議以及謠言和小道消息所影響，作出與自己分析和判斷相反的決策。因此，成功的投資人必須努力克服心理因素對於投資活動的不利影響。

成功的投資人應具有理智、自信、耐心和嚴謹等個性特徵，但這些特徵並非所有的人都能具備的。

相當多的投資人的投資活動不是出於理智的分析和判斷，而是來自某些想當然的想法以及自己的願望。

相當多的投資人缺乏自信，他們往往對自己的判斷表示懷疑，不能在變幻的市場中堅持己見，很容易受新聞的誤導和聽信壞的建議。

相當多的投資人缺乏耐心，在投資活動中表現出不安和急躁，因此難以根據市場的運動趨勢交易，從而給自己帶來很大的損失。

還有很多投資人缺乏嚴謹的工作作風和條理性，從而由於粗心大意犯一

些不該犯的錯誤。人無完人，每個投資人在個性方面都存在某些不利於投資的因素，投資人應努力克服這些不良個性對投資活動的不利影響。

所有這一切表明，時刻保持理性是投資人必須始終遵循的原則。投資人必須始終如一的保持客觀，以冷靜的態度分析市場和進行交易。投資活動應是非主觀的、非情緒化的和完全理性的，保持理性是最主要的投資策略原則。

保持理性與對投資行為進行全面的約束，兩者是相互聯繫、密不可分的。全面的約束包括對個人心理傾向的約束、對不良個性的約束、對投資計畫的約束以及對資金方面的約束等。許多堪稱天才的投資人，他們有著令人炫目的獲利紀錄，他的投資業績使他們在投資領域成為倍受讚譽的專家。他們或者投資於股票市場，或者進行貨幣或債券買賣，或者進行期貨與期權交易。

研究每一個成功者的經歷我們都會發現，他們中的每個人在投資活動中都有其獨特的方式方法，而這些方式方法幾乎沒有什麼共同之處，但僅有一點例外，這就是對個人投資行為的約束。嚴格的約束，是在存在巨大風險的市場上生存的保證。追逐利潤固然重要，但相對於生存而言，它將退居次位。因為在市場上，生存是獲利的前提，被迫出局的人是無獲利機會可言的。成功的投資人必須有一個系統的自我約束機制，這一約束機制既是針對市場風險的，又是針對投資者個人的。投資人約束這一方面是對於投資人心理、個性、感情、願望的自我約束，另一方面是針對市場風險，從資金運用、投資運作等方面進行的約束。

在投資過程中很重要的一點就是避免過度交易。所謂過度交易包括兩層含義：

其一，是指透支交易；

其二，是指相對於資金總量而言過大的交易頭寸。

投資者一般應當嚴格杜絕透支交易，另一方面，應為每一交易帳戶的交易總量確定一個上限，並保證在任何情況下都不超出這一限制。過分重視

短線投資往往導致過度交易，在過度交易的情況下，如果市場走向與期望相反，投資人將面臨巨大的損失。投資人的約束還表現在對於風險的控制和約束。投資人應確定每一交易帳戶一日或一次的最大損失限額，比如說資金總量的百分之一～百分之三，具體比例取決於帳戶規模大小。期貨交易中，投資人也可以透過讓每筆交易的風險限制在保證金的一定比例之內。

除了避免過度交易、限制每一寸的風險之外，投資者還應進行保護性止損，以及時地截斷損失。

樹立正確的投資理念

投資是一種計畫，而不是某種產品或是某種程序。

交易≠投資

世上有不同的投資產品或者投資工具，因為社會上存在著需求不同的人，就像一個有五個孩子的家庭與一個單身漢或者一個農夫的需求大不相同。投資專案或投資工具能夠讓你在財務上從現在的狀況在未來某一時間到達你期望達到的任何狀況。

許多人竭力透過他們認為是投資的東西賺錢，但是交易並不等於投資，它只是貿易。或者說交易是一種程序或者技術。貿易是一種職業，但並不是真正的投資。真正的投資應該是一種計畫，一種使你從現在的所在地，到達你想到達目的地的計畫。

現實生活中有許多自認為在進行投資活動，而財務上又毫無成果的人，他們就像是推著單輪小車在原地繞圈。

投資是一個透過機械操作而達到富裕的過程

許多人以為，投資是一個充滿戲劇性、激動人心的過程。還有人認為，投資包括風險、運氣、時機和熱門投資消息等諸多因素。有些人自知對投資

這個神祕課題知之甚少，因此，他們找到內行一些的投資者，把資金連同信賴一併交給他們。另外一些所謂的投資者要顯示他們比其他人懂得多……因此他們投資，以此證明他們智勝一籌，這就是許多人眼中的投資。

但高財商者的眼中的投資卻不是這樣，他們認為投資是一個枯燥無味的計畫，是一個透過機械操作而達到富裕的過程。或者說，投資僅僅是一個由固定程序、策略和一系列能使人致富的措施組合而成的計畫，這一切幾乎能保證你成為富翁。投資就像按照食譜烤麵包一樣簡單無味。想要致富，只要照計畫或公式去做就行了。

既然投資和發財就像照食譜烤麵包這樣簡單，那為什麼有那麼多人不願意遵循投資程序呢？在這樣一個致富機會人人平等的國度裡，只有少數人成為富翁，這又是怎麼回事呢？為什麼對大多數人而言，遵循一個簡單的計畫卻難如登天呢？

因為遵循一個簡單的計畫是一件單調而乏味的事情。人性是很容易對老做一件事變得厭倦無聊的，因此他們總要尋求刺激和有趣的事情來做。就是這個原因，導致也許十萬人中只要一個人是百萬富翁。他們起先照計畫去做，沒過多久，就感到這種日子索然無味，於是他們拋開計畫，尋找一種能迅速致富的魔法。他們的一生都在單調和趣味往返交錯的過程中度過，所以他們沒有成為富翁。他們不能忍受日復一日的遵循一個簡單而枯燥的致富計畫。

許多人認為，投資致富的過程很神奇，同時他們還會認為，如果計畫不夠複雜，那就不算是個好方案。但高財商者相信，涉及投資時，簡單要比複雜好得多。

單純努力工作和儲蓄不會成為富人

努力工作和儲蓄只適合一般大眾，卻不是高財商者致富的原則。高財商的人懂得，寄希望於努力工作和儲蓄的人沒有真正的致富的機會。工作帶來的、或因付出某種勞動而獲得的收入稱為「薪水收入」，它的最普通的形式是

薪水，這也是納稅最高的收入。因此，要靠薪水收入來累積財富是十分困難的。你的工作收入和儲蓄都將被徵稅。當你往銀行裡存一千元時，政府首先已從收入過程中徵過稅了。也就是說要往銀行裡存一千元，你至少要賺一千多元才行。如果不幸遇到通貨膨脹，你的一千元就會貶值，經過兩年，也許只有八百～九百的購買力了。

正因為如此，高財商的人才認為僅僅靠努力工作和儲蓄並不會讓人致富。如果你想成為富翁，不僅需要努力工作和儲蓄，還必須找到更好的賺錢方法。

沒有快速賺錢的捷徑

如果一種股票為眾人熟知並能賺很多的錢，這就意味著好事已經過去了或馬上就要過去。只有傻瓜才會迷戀那些快速賺錢、過眼財富的童話，這種故事只能吸引失敗者。

在投資理念方面，財商平平的人往往也能夠盡可能利用機會，但他們習慣進行「無差別」投資。他們聯繫一家從事經營個人投資業務的仲介機構，例如房地產公司、股票經紀人或財務籌畫顧問等，然後買下一些東西。這些東西可能是共同基金、房地產信託投資、股票或債券等。這是一條較好的、清楚簡單的投資方式，就好像一位商店老闆到電腦商店去購買一台組裝好的電腦。

高財商的人則是那種創造投資機會的投資者。這種投資者通常會組織一項交易，如同一個人去買來電腦零部件，然後將其組裝成一台電腦，雖然他連用部件組裝電腦的第一步工序都不知道，但他清楚應該如何將一個個機會組織起來，也知道誰正在這樣做。

正因如此，高財商的投資者最有可能成為職業投資者，但有時候可能要花許多年才能將一個個機會組織起來，儘管有時它們根本就不可能集合在一起，但是他們畢竟拓展了成功的機會。

高財商的投資者的投資理念與普通投資者是大相徑庭的。

◆ 大多數投資者會說「不要冒險」，而高財商的投資者卻恰恰在尋找那些被一般人認為是「冒險」、「不敢涉足的領域」。

◆ 大多數人強調「多打幾槍也能打中」，而高財商的投資者卻喜歡專注在一種投資。

◆ 大多數投資者盡力將債務減至最少，而高財商的投資者卻增加能夠帶來資產的債務。

◆ 大多數投資者希望盡量削減開支，而高財商的投資者卻知道如何透過增加收入使他們變得更富有。

◆ 大多數人希望自己變得更聰明，以便能夠在競爭某一理想職位時獲勝，一旦他們取得了這個職位，就拚命地工作；而高財商的投資者會雇用那些最聰明的人，自己在工作得越來越少的同時，獲得越來越多的財富。

如果你想成為高財商的投資者，那麼你需求發展三種主要技能，這三種技能是成為財務能手所必要的更高要求。

1. 能夠把握住其他人都忽視的機會。
2. 能夠籌集投資所需的必備資金。
3. 知道怎樣把那些更聰明、更能幹的人組織到自己的麾下。

真正的資產或負債是投資者本身

高報酬、低風險的投資是可能的，你所要做的就是學會如何做這種投資。

最冒險的投資者是那些對自己的財務報表沒有控制力的人。其中最危險的，又是那些自認為擁有資產其實卻是債務的人；取得收入時，還要支付更多的費用的人；以及其經濟來源主要靠勞力的人。說他們冒險是因為通常他們是不顧後果、孤注一擲的投資者。

有人認為黃金是唯一的資產。高財商者卻不這麼認為。如果你的買入價低於賣出價，那麼它就是資產。換句話說，如果你買時花了一百元，賣時得到兩百元，那麼它就是資產。但是，如果你買一盎司黃金花了兩千元，賣時只得到十元，那麼這次交易中的黃金是一項負債。正是交易中這些真實的財

務數字告訴你事實。實際上，唯一的資產或負債是你自己……因為最終是你把黃金變成資產，而同樣你也能把黃金變成負債。這就是為什麼財務教育如此重要的原因。有許多所謂的「投資者」，在別人賺錢時，他們卻在丟錢。有這樣一些所謂的商人，公司在他們手上不久就遭到破產的厄運。還有人買了一份非常好的不動產，並且用它賺了很多錢，然而幾年之後，這份不動產還是虧損了，最後變得七零八落。事實上，投資高手擅長關注有風險的投資者的一舉一動，因為他們常常能從那些有風險的投資者手中買到最合適的投資專案。

所以說，投資本身並不冒險，只是有了那些缺乏足夠的投資技巧的投資者，才導致了投資的高風險。許多自稱為投資者的人其實並不是真正的投資者，實際上是投機商、生意人；說得難聽點，叫賭徒，這些人與真正的投資者相比，有著明顯的區別。一個投資者怎樣做才能不冒險呢？答案就是讓事物變得簡單化，懂得做事的基本原則，首先擬定你的安全和舒適的投資計畫，然後把這些計畫交給有能力的人去做，讓他們照現成的程序按部就班。最後，你就得為你變成賺錢多而風險少的投資者付出代價了。如果你想成為安全的投資者、內部投資者和富有的投資者，理財知識是所有投資基礎知識中最重要的一部分。那些不懂理財知識的人無法看到投資專案的真實情況，而掌握理財知識的人就不同了，他可以在分析投資時，透過財務報表，看到隱藏在內部的真實情況，從中辨別假象，看到機會，評估風險。

很多人畢業了就去找工作，卻沒有找機會；他們只知道為薪水收入而賣力工作，卻不知道為被動收入和證券收入而努力；更多的人連記帳都不會，更別提讀寫財務報表了。在投資前，每個人首先應該掌握個人財務報表。這是一個自我控制的過程，這種控制對你的財務報表也同樣適用。很多人想投資，但他們負債累累。很多人想投資是為了賺錢，一旦希望成為現實，就能還債、買大一點的房子、買新車，這些都是傻瓜的投資計畫。你應該只為一個原因投資，就是得到一份資產，並用它將薪水收入轉化為被動收入或證券

收入。這種收入形式上的轉化正是真正的投資者追求的基本目標。要達到這個目的，絕不像結算帳單那麼簡單，投資者必須具備更深層次的財務知識。

高財商的投資者總能未雨綢繆，非投資者卻總想猜測將來會發生什麼、什麼時間發生。

大部分能為你賺錢的投資專案常常稍縱即逝。通常達成交易的時間只是一瞬間，而等待新的機會可能要幾年的時間，比如不動產交易。但不管機會什麼時候降臨，如果你不事先儲備好足夠的知識、經驗、足夠的現金的話，就只能與好機會擦肩而過了。那麼，有如何準備呢？

要記住其他人正在尋找什麼東西，如果你想買股票，就要先上一個教你如何選股票的學習班。投資不動產也是一樣的。起目的就是訓練你的大腦對投資對象的靈敏性，學會為瞬間出現的投資項目提前做好準備。

在很多人的觀念中，這個世界是貧乏的而不是富足的，他們經常為錯失良機而捶胸頓足，或死命抓住一筆買賣不放，因為在他們看來，那是唯一的機會。但是，高財商的人知道，商機和買賣多得是，他們信心十足，因為他們知道，他能達成別人放棄的交易，並使之成為一樁好生意。當然，這需要投資於時間去進行準備。如果你有所準備的話，機會和買賣就會出現在你一生中的每一天每一刻。有些人不去進行準備，卻總認為自己沒有機會。那麼，怎樣才算做好準備了呢？

首先要學習一些基本的交易技巧，這些技巧是投資專家必備的，比如空頭、買方期權、賣方期權、雙向期權，等等。如果你是那種沒有勇氣的人，你將放棄生活對你的每一次推動。這樣的話，你的一生會過得平靜無波，不做錯事、隨時準備著當永遠不會發生的事情發生時解救自己，然後，在無聊中老死。你會有許多像你一樣的朋友，不敢承擔風險。你的確想贏，但失去的恐懼超過了成功的興奮，事實是從內心深處，你就始終認為你不可能贏，所以你選擇了穩定。

一般的基金購買人因為忙著去支付稅款和貸款、儲蓄孩子上大學的費

用、償還信用卡費等，根本無暇去研究如何投資，所以他們依賴於共同基金的管理專家來幫助他們投資。而且，因為共同基金投資多個項目，使他們感到風險被「分散化」了。這些受過教育的中產階級贊成基金管理人提出的「風險分散」的說法，他們想安全運作，避開風險。但真正的原因仍在於早年缺乏必要的財務知識教育，這也是普通中產階級被迫迴避風險的原因。他們必須安全操作，因為他們的經濟地位虛弱：他們的資產負債表從未平衡過，承擔著大量的債務而且沒有能夠產生收入的真實資產。他們的收入來源只是薪水，生活完全依賴於他們的雇主。所以，當名副其實的「關係一生的機會」來臨時，這些人無法抓住機會，他們必須保證安全，因為他們負擔著高額的稅和債務。

最重要的規則是弄清資產與負債之間的差別，一旦你明白了這種差別，你就會盡力去買入能帶來收入的資產，這是你走上致富之路的最好辦法。不斷的這樣做，你的資產就會不斷增加。同時還要注意降低你的負債和支出，這會讓你有更多的錢投入資產項。很快，錢會多到可以讓你進行一些投機性的投資了，這些投資能產生從百分之百到無限的報酬，五萬元的投資很快就能翻到一百萬或更多。這種中產階級稱為「太冒險」的投資實際上並無風險，只是因為你缺乏某些很重要的財務知識，而不知道究竟該怎樣去看待這些投資機會。

創建公司是最好的一種投資

如果有想變成一個富有的投資者，那麼創建一家公司可能是所有形式中最好的一種。富翁中約有百分之八十的人就是透過創建公司起家的。很多人為這些創建企業或投資於企業的人打工，然後驚異於雇主的巨額財富。究其原因，那就是企業主把錢變作了資產。

投資者所要做的，正是把時間、投資知識、技能以及錢花在可變為資產

的證券上。就好像你投資一項不動產，比如出租房，或者買股票一樣，企業主則透過雇傭別人，來建立企業這項資產。窮人和中產階級為了生計和金錢苦苦掙扎的主要原因，就在於他們認為金錢比資產更具有價值。窮人和中產階級總是買一些不值錢的東西，他們白白糟蹋了錢。與此同時，富人用錢買公司、股票和不動產。他們總在貨幣減值時，尋找更為安全穩妥的證券。

存在財務問題的人經常是一生為別人工作的人，許多人在他們停止工作時就變得一無所有。因此，最明智的投資是建立自己的事業。為了擺脫經濟上的巨大壓力，人們需要關注自己的事業。你的事業圍繞著的是你的資產，而不是你的收入。

高財商的人關心的焦點是他們的資產，而其他人關心的則是他們的收入。高財商的人懂得，既要成為富翁，成為經濟上的強者，又要享受生活，這二者必須達到均衡。如果你整天花錢，借貸消費，你就不可能享受生活。精明的百萬富翁的確與眾不同，他們絕大多數都是名副其實的業主、總經理或自由職業者。他們大都是第一代百萬富翁，完全是依靠自己的能力和指揮發家，而不是依靠遺產或長輩的饋贈。在他們的生涯中，有些人起初是依靠借貸，但最終還是看到了光明。他們艱苦創業，終於打破了借錢消費、賺錢消費、欠債越來越多的困境。還有些人從來就不熱衷於借貸或以此來顯示自己的成功。

在四十歲就成為百萬富翁的一位美國大老闆認為，依賴借貸的人實際上是受到了其他人或某種金融機構的控制。在接受記者採訪時，他指著高樓、住宅、辦公樓、車庫和商店說：「我們擁有這一切……所有這一切。那不就是生意嗎？……你們正是在為我們做這些生意。你們這些傢伙就是在為我們、為金融機構做這些生意。」

高財商相信既享受生活又成為富翁的可能性，他們既不要採取簡樸的生活方式，也不要依賴於借貸，他們要成為經濟上獨立自主的成功者。當然，這肯定需要某些過人的智慧。

　　下面的這種思想就是他們「過人的智慧」的表現之一：「如果你能雇傭別人為你做事，並且他們能做得比你好時，為什麼要自己做呢？」亨利‧福特就是這種類型的人，有一種流傳的說法，講一群所謂的知識分子譴責福特「無知」，他們認為福特實際上什麼也不懂。為此福特邀請這些人去他的辦公室，並鼓勵他們向他提問，他願意回答任何問題。這個小組召集了全美最有影響力的實業家，並開始向福特提問，福特聆聽了他們的問題，當問題結束時，他僅是打了幾個電話，叫來幾個聰明的助手，由他們給出小組想要知道的答案。最後他告訴這個小組，他喜歡雇傭那些受過良好教育並知道答案的聰明人，這樣他就能讓自己的大腦保持清醒，以便做更重要的工作 ——「思考」。

　　毫無疑問，經營者要賺大錢，將生意轉化為企業化，把自己由小商人變成企業家，就必須懂得巧妙的運用他人的智慧和金錢。

　　在生意場上，借錢也是資產的一種，故擁有借錢能力亦可說是經營者的一項重要才能。如果能將借錢的能力與運用資金的能力互相配合，必可由一文不名變成一個大富翁。

　　借他人的「腦袋」、「錢袋」，發自己的小財，需要膽識，更需要技巧。猶太人的一句經商名言：「如果你有一塊錢，卻不能做成十元甚至一百元的生意，你永遠成不了真正的企業家。」

　　所謂生意的成功，並不是只顧實行自己的構想，而是巧妙的運用他人的智慧和金錢，以創造另一番事業。而生意之所以失敗，則是其中的經營者被成功沖昏了頭腦，不知不覺的走向自我專制。凡事以個人構想為中心，要下屬執行，漠視了其他人的意見，無形中是把所有人的智慧抹煞，倒退至一個人經營的局面。

　　在借用別人的「錢袋子」的時候，必須要有明確的指標，將賺回來的錢除去基本開支外，其餘的放回生產線上。社會上最普通的籌集他人資金以發展事業的機構是銀行和保險公司。如果有雄心在商業上大幹一番成就，必須借用別人的資源；固守個人風格，只會困於「自己」的圈子，永遠開創不出

大業績。

別把負債當資產

「富人獲得資產，而窮人和中產階級獲得債務，只不過他們以為那些就是資產。」

為什麼不是每個人都發財呢？因為人們實際上並不明白資產和負債的區別。你必須明白資產和負債的區別，並且盡可能的購買資產。如果你想致富，這一點你必須知道。這就是第一條規則，也是僅有的一條規則，這聽起來似乎太簡單了，但人們大多不知道這條規則有多麼深奧，大多數人就是因為不清楚資產與負債之間的區別而苦苦掙扎在財務問題裡。如果你能明白資產和負債的區別，你的生活會變得富有而且不會受到財務問題的困擾。正是由於簡單，它才常常被人們忽略。

大多數情況下，這個簡單的思想沒有被大多數的成年人掌握，因為他們有著不同的教育背景，他們被其他受過高等教育的專家，比如銀行家、會計師、地產商、財務策劃人員等等所教導。難點就在於很難要求這些成年人放棄已有的觀念，變得像孩子一樣簡單。

是什麼造成了觀念的混淆呢？或者說為什麼如此簡單的道理，卻難以掌握呢？為什麼有人會買一些其實是負債的資產呢？答案就在於他所受的是什麼樣的基礎教育。我們通常非常重視「知識」這個詞而非「財務知識」。而一般性的知識是不能定義什麼是「資產」、什麼是「負債」的。實際上，如果你真的被弄混，就不妨去查查字典中關於「資產」和「負債」的解釋吧！那上面的定義對一個受過訓練的會計師來說是很清楚的，但對於普通人而言可能毫無意義。可我們成年人卻往往太過於自負而不肯承認看不懂其中的含義。

「定義資產」不該用詞語而是數字。如果你不能讀懂數字，你就不能發掘和辨認出資產！在會計上，關鍵不是數字，而是數字要告訴你的東西。數字

不是詞語，但像詞語一樣，它能告訴你它想告訴你的事。許多人在閱讀，但並不十分理解他們所談到的東西，因此有閱讀理解這一說法，而人們在閱讀理解方面的需求和能力是不同的。

最簡單地說，資產就是能把錢放進你口袋裡的東西。負債是把錢從你口袋裡取走的東西。如果你想致富，只須在一生中不斷買入資產就行了；如果你想變窮成為中產階級，只須不斷買入負債。正是因為不知道資產與負債兩者間的區別，人們常常把負債當作資產買進，導致了世界上絕大部分人要在財務問題中掙扎。看不懂財務方面的文字表述或讀不懂數字的含義，是問題發生的根本原因。如果有人陷入財務困難，那就是說有些東西，或是數字或是文字他讀不懂，或是有些東西被他誤解了。富人之所以富，是因為他們比那些掙扎於財務問題的人在某個方面有更多知識。所以，如果你想致富並保住你的財富，財務知識的確十分重要，包括對文字和數字的理解。

在財務報告中，讀數字是為了發現情況、了解流向，即錢在向哪裡流。百分之八十的家庭中，財務報表表現的是一幅超前努力工作的圖景，不是因為他們不賺錢，而是因為他們購買的是負債而非資產。

那麼，什麼才是真正的資產呢？真正的資產包括：

1. 你所擁有的業務，但由別人經營和管理，不需你到場就可以正常運作（如果你必須在那裡工作，那它就不是你的事業而是你的職業了）。
2. 股票、債券等有價證券。
3. 任何其他有價值、可產生收入或可能增值並且有很好的流通市場的東西。

和銀行建立良好的關係

即使是最有錢的經營者，有時也難免需要有銀行貸款的支撐。而銀行是不會輕易往外拿錢的，除非經營者本身已經取得銀行方面的絕對信任。要博取銀行的信任，經營者需要把握以下幾點：

1. 如實向銀行或金融機構反映帳目情況。經營者應該將你的發展計畫和財務報表，呈交銀行要求貸款。你所呈交的計畫和報表必須是真實可信的，如果弄虛作假，企圖騙取銀行的貸款，終究會露出馬腳，那你以後再也不要想和銀行打交道了。因為做假文件騙人的經營者是不可能再獲得銀行信任的。

2. 申請貸款要提前。因為銀行本身對貸款的審批和核准也有一定的時限，如果你沒有提前申請，萬一銀行不能如你所願及時提供資金的話，就有可能耽誤你的生意。而且，匆匆忙忙的急著貸款，銀行可能認為經營者本身缺乏計畫和制度，影響公司在銀行的信用和形象。

3. 把握還款期限。俗話說「有借有還，再借不難」。銀行的錢不是白給的，一定要如期還款。所以生意人在獲得銀行的信任貸款後，就應該準時按借款條款還貸付息。如果能遵守借款條款的規定，準時還款付息，必定能夠提高公司在銀行的信用等級，以後再需要貸款時也好辦得多。如逾期不還，就顯示經營者的周轉能力和償還能力發生問題，雖然你超過的時間也可能就是一天半天，但銀行卻對你的信用度產生懷疑，日後再貸款時肯定會更加困難。如果實在不能如期還款，最好提前與銀行方面協商，或更改貸款條款，這也是經營者應採取的補救措施。一般情況下，銀行方面還是會諒解的。

4. 盡量避免跨產業務往來。經營者最好集中精力跟一家銀行來往，輔助一兩家即可。因為來往的銀行過多，必將造成精力分散，效率肯定不如與一家銀行交流好。東家跑一跑，西家走兩趟，表面看起來都不錯，但沒有一家比較「鐵」的，一旦有事仍然難免陷於被動。所以說，跟一家銀行建立良好的往來關係，總優於與一百家銀行只有「點頭之交」。另外，輔助銀行也是必不可少，主要是為了彌補主力銀行的不足，但輔助銀行不宜過多，一兩家足矣。

5. 與銀行人員保持經常性接觸。經營者平時可跟銀行的主任、經理等有關人員，建立起良好的個人關係。當雙方的交往加上了個人友誼時，需要貸款時就方便得多。相反，平時不燒香，臨時抱佛腳，到了有事之時才去跟人家打交道，人家會覺得你這個人太勢利，對你的申請只會例行公事，並不會給予特別的關照。

6. 多為銀行介紹客戶。如果經營者能夠為銀行拉到比較大的客戶，銀行

方面肯定會感激你的幫助。禮尚往來，你有事銀行也會幫忙的。

不投資也能賺錢

　　一九六八年，LTV 公司是當時紐約證券交易所最熱門的公司。該公司創立於一九六一年，僅僅七年的歷史，LTV 公司竟崛起激升為全美國最大的十五家公司之一。該公司的普通股票由每股二十美元漲到每股一百三十五美元。

　　創造這個奇蹟的就是白手起家、靠別人的錢致富的詹姆斯‧林（James Ling）。他於一九二〇年出生在一個油田工人家庭裡，幼年喪母。由於艱辛的生活，使他幼早的心靈過早成熟。總認為自己長大了，能打天下。十四歲那年，正念初中時，他就棄學偷偷的離開了家，開始了遊蕩的生活。幾年的遊蕩生活，磨練了他的意志，也開啟了他的智慧，他想的是創一番事業，沒有資金，把自己唯一的房子賣了，加上當兵時的積蓄共三千美元。用這些錢，開了家小電機工程行，取名為林記電氣行。當時的財產只有一部舊汽車，一間租來的辦公室和他本人。小電氣行的業務只是外出承攬一些住宅電線架設，收益不大。林注意觀察更大的市場，那就是辦公樓和工業建築的電氣工程，但想擠進去，談何容易。與大工程簽合約，這也是詹姆斯‧林夢寐以求的。他很勤勞，每天只睡很少幾個小時的覺，時常半夜醒來，發現自己滿腦子都是高明的想法 —— 競爭。詹姆斯‧林首先想到的是從裝修成本上尋找突破口，他買到了一些物美價廉的軍用剩餘的電線和其他物資，來降低成本增加自己的利潤。這樣，承攬工程時，報價低於其他公司，就憑競爭力，拉到了一些非住宅工程合約。這是他在事業上第一次成功的突破。小電氣行，也得以脫穎而出。到一九五五年，營業額已經超過一百萬美元。

　　人的欲望是無止境的，詹姆斯‧林想進一步擴大業務，要創立股份有限公司，一個沒有任何背景的電氣行，去申請公司公開發行股票，在當時被認為

是異想天開，不予理睬。他沒有氣餒，自己把「林記電氣行」改為「林氏電氣工程股份有限公司」，並獲准發行八十萬股普通股票。

根據股份有限公司內部股權規定，允許他個人持有一半的股份。其餘的一半四十萬股，以每股二點五美元公開上市，也就是說，如果股票全部售出，就可獲得一百萬美元的現金投入。這時有些金融界的人，正瞪著眼睛看林的笑話。此時，林想的是如何把股票發行出去，他冥思苦想：要打破原來的股票發行辦法，即找到一個方便有效、費用低廉的推銷方法。

林和他朋友，出乎意料地出現在工業區博覽會上，向來賓們散發公司將發行的股票傳單。此舉果然奏效，在很短時間內，他的四十萬股票全部售完，令那些保守的證券商們大吃一驚。林氏股份有限公司，有了自己的發展資金。公司及個人擁有的股權，建立起全新的高水準的市場信譽。

詹姆斯·林不是見好就收，而是躊躇滿志地計畫建立一個企業王國。首先以現金買下一家電機工程公司，使林氏公司擴充了一倍，公司股票在證券市場上立刻看漲；林又以股票交易買下了一家電子公司，並改名為林氏電子公司；接著又買了一家叫阿提克的電子公司，將整個公司更名為林氏——阿提克電子公司。一九六〇年代後期，在一次股票交易中，他又獲得了一家叫迪姆柯的電子與火箭公司的產權。又將公司第三次改為「林·迪姆克電子公司」。

在風雲變幻的市場競爭中，詹姆斯·林獨闢蹊徑，在短短幾年內買下三家公司，此時的林，不在被人看作是一個小生意人，他的新崛起的股份有限公司，資產總額扶搖直上。在公司初具規模的情況下，他又在籌畫購買飛機製造廠——伏特股份有限公司。這家公司有著悠久的飛機製造歷史，伏特公司不甘心被別人吃掉，公司的經營者奮力吵鬧，反抗林氏公司的收購。但林最終還是以股市上公開收購和跟現有的股東私下議價成交，取得伏特公司的大部分股權。一九六一年春天，他終於如償所願，兼併了伏特公司，第四次改名為林·迪姆柯·伏特股份有限公司，簡稱為 LTV 公司。

對詹姆斯·林來說，金錢不過是一個紀錄而已，他真正喜愛的還是冒險事

業的本身。一九六五年，他把 LTV 公司分成了三個獨立的公司。每個公司發行自己的股票，母公司 LTV 企業公司大約擁有各子公司的百分之七十五～百分之八十的股票。股票上市後，果然如林所料的，在投資者搶購的情況下，這三家公司的股票價格激增，而使母公司的財產迅速上升，它本身的股票也隨之上漲。

　　最精彩的也就是林事業中最輝煌的壯舉，吞併威爾森公司。威爾森公司工農業每年十億美元，比 LTV 公司大兩倍，在當時美國來說算是一個龐然大物，不可侵犯的。但野心勃勃的詹姆斯·林，想要吞併它，採取的手段仍然是用股票做抵押。貸款八千萬美元，在公開場合下，買了一部分威爾森的股票，私下又用高價買了其餘股東的股票。詹姆斯·林終於占有了威爾森公司的絕大部分股份，並把八千萬美元的債務記到威爾森公司的帳上，採取辦法仍然是利用別人的錢賺錢的方法，把威爾森公司分成三個股份有限公司，發售股票，三個股份公司發售股票所得款項已足夠抵上八千萬美元的債。

　　詹姆斯·林不費吹灰之力，未動 LTV 公司一分錢就吞併了威爾森公司，這真是華爾街精彩絕倫的手法。

CHAPTER 21
投資者的七個層次

　　著名美國投資家羅伯特，把投資者分出了七個層次，我們不去分析它是否有合理性，只是希望在閱讀過程中能有所收獲，假如我們都對投資成為富人感興趣的話。

最初級：一無所有的投資者

　　這些人沒有錢用來投資。他們不是花掉了他們賺來的每一分錢，就是花的比賺的還多。有很多「有錢」人會處在這個等級，因為他們花的錢和賺的錢一樣多或者花的錢比賺的錢還要多。不幸的是，大約百分之五十的成年人屬於這個等級。

第一級：借錢者

　　這些人透過借錢解決財務問題，他們甚至還用借來的錢進行投資，他們的財務計畫就是用張三的錢付給李四。他們的財務生活就像鴕鳥一樣，將頭埋在沙子裡，希望並祈禱一切都順利。當他們擁有一些資產時，而實際上是他們的債務水準提高了。對於這些人來說，他們對金錢沒有意識也沒有好的花錢習慣。

　　他們擁有的任何有價值的東西都與負債有關。他們無節制的使用信用卡，把債務轉成長期家庭資產貸款，這樣他們就能結算他們的信用卡，然後再次開始消費。如果他們的房價上漲，他們將再次使用房權貸款，或者購買一所更大更貴的房子，他們相信不動產的價值只會上漲。

那些「低首期支付，輕鬆每月支付」的廣告語總是吸引他們的注意力，聽了這些話，他們經常去購買容易貶值的玩意，如小船游泳池、汽車或者去度假。他們把這些容易貶值的東西看成是資產，到銀行要求另一項貸款，同時他們奇怪為什麼他們的狀況變得很糟。

購物是他們喜愛的運動方式。他們購買他們並不需要的東西，並對自己說：「噢，買吧，你付得起」，以及「你應該得到」，「如果現在我不買它，我將永遠看不到這麼便宜的價格」，「這是減價商品」，或者「我要讓我的孩子得到我從未有過的東西」。

他們想，把債務拖延很長時間是明智的。他們欺騙自己，相信自己將來會更加努力的工作，會在某一天付清他們的帳單。因此他們花掉賺來的每一分錢，或者更多。他們是徹底的消費者。商店老闆和汽車交易商喜歡這些人，如果他們有錢，就花掉它；如果沒有，就去借。

當被問到他們的問題出在哪裡時，他們會說他們賺的錢不夠多。他們認為更多的錢會解決這個問題，其實無論他們賺多少錢，他們都只會欠更多的債。大多數這樣的人沒有意識到，他們今天賺到的錢在昨天對於他們來說是一份幸運或者是一個夢想，但是今天，即使他們得到了昨天作為夢想的收入，他們還是會覺得遠遠不夠。

他們看不出問題不在於他們的收入（或者沒有收入），而是在於他們的用錢習慣。一些人甚至認為他們的狀況無法挽救，因而放棄了努力，結果，他們把頭埋得更深，並繼續做相同的事情。他們這種借錢、購物、消費的習慣失去了控制，就像狂食者在心情沮喪時沒完沒了的吃東西一樣，這些人在心情沮喪時花錢。他們花錢，沮喪，然後花更多的錢。

他們經常因為錢與愛人爭吵，強硬的捍衛著自己購物的偏執欲望。他們生活在嚴重的財務災難中，期望他們的財務問題會奇蹟般消失，或者假想他們總會有足夠的錢滿足他們的購物欲望。

這個等級的投資者通常看起來很有錢，他們有寬敞的房子，漂亮的汽

車……但是如果你檢查一下，會發現他們是用借來的錢購物。他們也可能賺很多的錢，但是他們隨時會發生財務危機。

除非這些投資者願意改變，否則他們的財務前景是淒涼的。

第二級：儲蓄者

這些人通常定期把一「小」筆錢放起來。這筆錢以低風險，低報酬的方式保存，如貨幣市場的支票存款、儲蓄存款或者大額存單。如果他們有個人退休帳戶，他們會把它存在銀行或者共同基金的現金帳戶中。

他們儲蓄通常是為了消費而不是為了投資（例如，他們存錢買新電視、汽車、去度假等等）。他們相信現金支付，害怕信用卡和負債，他們喜歡把錢放在銀行裡的那種「安全感」。甚至在今天儲蓄帶來負收益（除去通貨膨脹和稅收因素後）的經濟環境中，他們也不願去冒險。他們通常擁有終生人壽保險單，因為他們喜歡這種安全感。

這個等級的人經常浪費他們最寶貴的資產 —— 時間，卻去試圖節省某一分錢。他們花幾個小時從報紙上剪下優惠券，然後在超市中排著長隊，笨拙的找到那些贈品。同時，他們對安全感的強烈需求，也是出於恐懼，這迫使他們把儲蓄用於低報酬投資，如銀行的大額存單專案。

你經常會聽到這些人說，「節省一分錢就等於賺到一分錢」，或者「我們為孩子們節省」。事實是某種深層次的不安全感支配著他們和他們的生活。其結果是，他們通常「少給了」他們自己和他們為之省錢的人，他們幾乎與第一級的投資者完全相同。

儲蓄在農業時代是個好觀念，但是當我們進入工業時代時，儲蓄就已經不再是明智的選擇了。當然，如果我們進入負通貨碰彭漲時期，他們將是大贏家……但條件是印刷的紙幣仍然有價值。

有些儲蓄是件好事，建議你們在銀行中保持有可支付半年到一年的生活

費的現金，但是在這之後，有比銀行儲蓄好得多也安全得多的投資工具。把錢放在銀行並收取百分之五的利息，而讓別人獲得百分之十五或者更多的收益，這種做法無論如何都不能說是一個明智的投資策略。

然而，如果你不願意學習投資，害怕金融風險，那麼儲蓄是比其他投資更好的選擇。如果你把錢放在銀行裡，你就不必想很多問題……你的銀行家將會善待你。他們為什麼不這樣做呢？你儲蓄一元，由於派生存款，銀行最後實際可向外貸出十到二十元，並收取高達百分之十九的利息，反過來它只付給你不到百分之五的利息。我想，我們都應該試著成為銀行家。

第三級：聰明的投資者

這組中有三種不同類型的投資者，該等級的投資者知道投資的必要性。他們可能參加公司退休計畫、超級年金計畫、養老金計畫等等。有時，他們也進行外部投資，如共同基金、股票、債券等。

通常，他們是受過良好教育的聰明人。但是，對於投資，他們卻不甚精通 —— 或者缺乏投資產業所說的「老練」。他們很少讀公司年報，或者公司計畫書。對於如何投資，他們沒受過訓練，缺少財務知識，不會閱讀財務報告。他們可能有大學學位，可能是醫生或者會計師，但是很少有人接受過正規的投資培訓和教育。

在這個等級的人又可分為三類。他們都受過很好的教育，有豐厚的收入，而且從事投資活動的聰明人。然而，他們之間還存在著不同。

3 —— I 級

這類人構成「我不能被打擾」組。他們確信自己弄不懂錢是怎麼回事而且永遠不會懂。他們會這樣說：

「我不太擅長數字。」

「我永遠不會知道投資是怎樣運作的。」

「我只是太忙了。」

「我有太多的書面工作要做。」

「這太複雜了。」

「投資的風險太大。」

「我更喜歡把金錢決策留給專家。」

「有太多麻煩。」

「我丈夫（妻子）為全家管理投資。」

這些人只是把錢放著，很少關心他們的退休計畫，或者把錢交給推薦「多樣化」的金融專家。他們不考慮他們的財務前景，只是日復一日的努力工作，並對他們自己說，「至少我有一個退休金計畫」。

當他們退休時，他們才會考慮他們的投資是如何做的。

3 —— II 級

第二類型是「憤世嫉俗者」。這類人知道一項投資為什麼會失敗，身邊有這些人是危險的。他們通常看起來充滿智慧，說話具有權威性，在他們的領域裡很成功，但是在聰明的外表下，他們事實上是懦夫。當你徵求他們對股票或者其他投資的意見時，他們會告訴你，你到底是如何以及為什麼在各種投資中「受騙」的。結果你會感覺極差，帶著擔心或者懷疑走開。他們最經常重複的話是：「恩，我以前被這樣騙過，他們再也別想騙我了。」

然而奇怪的是，這些憤世嫉俗者像綿羊一樣溫馴的跟隨著市場。他們總是在工作時讀財務紀錄或者《華爾街日報》，然後在喝咖啡的時候告訴其他人。他們的言談中充斥著最新的投資行話和術語。他們談論大額交易，但不參與其中。他們尋找第一版上刊登的股票資訊，如果報導符合心意，他們通常就會購買。問題是他們買晚了，因為如果你從報上得到消息 —— 那實在是太晚了。真正聰明的投資者是在成為消息之前就購買了，憤世嫉俗者卻不知道這一點。

當壞消息傳來時，他們通常會抱怨道：「我早就知道會是這樣的。」他們

總以為他們是遊戲中人，但事實上他們只是旁觀者。他們也想進入遊戲，但很遺憾，他們是如此害怕受到傷害。對他們而言，安全比遊戲的樂趣更重要。

據心理學家們分析，犬儒主義是恐懼與無知的結合，他反過來產生自大。這些人通常在市場波動的後期進入市場，並等待人們或社會證明他們的投資決策是正確的。因為他們期待得到社會證明，所以當市場崩潰時，也會隨著市場一樣高買低賣，並把高買低賣標榜為再次「受騙」。他們如此害怕發生的這類事情……卻一次又一次的發生。

憤世嫉俗者就是那些專業人士通常稱之為「愚蠢」的人。他們不停尖叫，然後跑進自己設下的圈套。他們高買低賣，為什麼會這樣？因為他們非常「聰明」又過於謹慎。他們聰明，於是害怕冒風險和犯錯誤，為此他們更加努力的學習，變得更聰明。他們知道得越多，看到的風險也越多，因此學習得也更加努力。他們犬儒主義式的謹慎使他們等待太久，直至太晚。當他們的貪婪最終戰勝他們的恐懼時，他們來到了即將從高峰跌入低谷的市場，和其他同類人一同來到市場共赴絕境。

但是憤世嫉俗者最差勁的地方，是他們裝成智者並用他們內心的恐懼影響身邊的人。當談及投資時，他們會告訴你，為什麼事情進展得很糟糕，但是他們不能告訴你該怎麼去做。在學術界、政界、宗教界和新聞界裡到處都是這些人，他們喜歡聽到關於金融危機或者壞事情的消息，這樣他們就可以去四處「散布這些消息」。對於投資，他們實際上是一群指手劃腳的人，他們很少稱讚金融成功。憤世嫉俗者們發現挑別人的毛病很容易，這是他們掩蓋無知或懦弱的最佳方法。

不用花錢，不用冒險就迅速致富是可能的，但條件是你必須親自使之成為可能。你所需要做的事情之一就是要思想開放，同時警惕憤世嫉俗者和小人。他們在金融方面都是同樣危險的。

3 —— III 級

這種類型的人叫做「投機者」。他們仔細觀察股市或者任何投資市場，就

像賭徒們緊盯著拉斯維加斯的賭桌一樣，一切全靠運氣。拋出骰子，然後祈禱。這些人沒有設定交易規則或準則。他們如同「大男孩」一樣行事，總是假想，直到他們贏了或全部輸光，當然後者的可能性更大一些。他們尋找投資的「祕密」或「聖杯」，尋找新鮮刺激的投資方式。他們不靠長期的勤勉、學習和領悟，他們靠的是所謂的「內幕」、「暗示」或者「捷徑」。

他們涉足商品、初期公開買賣、汽油與石油、牲畜和任何其他人類已知的投資市場。他們喜歡使用「老練的」投資技術，如邊際差價、賣方期權、買方期權。他們參加「遊戲」，卻不知道誰是玩家和由誰制定遊戲規則。

這些人總是試圖來一個「全壘打」，結果他們自己卻經常「出局」。當人們問他們怎樣投資時，他們總是「含糊其辭」或者「有些局促」。事實上他們賠了很多錢，通常是一大筆錢。這種類型的投資者百分之九十以上的時間是在賠錢。他們從不談及他們的損失，只記得曾經「賺」過甚至更久前「賺」的那一大筆錢，他們認為自己很聰明，不認為僅有的幾次「成功」只是走運罷了。他們認為，他們所需要的是等待「一筆大交易」，然後就會一路順風了。社會上管這種人叫「不可救藥的賭徒」。說到底，他們只是在投資問題上過於懶惰。

第四級：長期投資者

這類投資者非常清楚投資的必要性，他們積極參與自己的投資決策。他們會十分清楚列出長期計畫，並透過該計畫達到他們的財務目標。他們在真正投資之前，會投資於他們的自身教育。他們利用週期性投資，並在任何可能的時候盡量利用稅收的好處。最重要的是，他們向有能力的金融設計師徵求意見。

請不要認為這種類型的投資者是那些花大時間用於投資的投資者，他們根本不是這樣，然而令人疑惑的是，儘管投入的時間並不多，他們卻正在投

資於不動產、企業、商品，或者任何其他刺激的投資工具。而且，他們採用保守的長期策略，這種策略者是「忠實的馬吉蘭」基金的彼德·里奇或華倫·巴菲特等投資家所推崇的。

如果你還不是一位長期投資者，那麼你應盡快成為這種人。這是什麼意思？這就是說，你應該坐下來，制定一個計畫，控制你的花錢習慣，最小化你的各種債務；用你的錢生活，並增加你的錢；弄清楚你將每月投資多少錢，用多長時間按實際報酬率獲得收益，以最終實現你的目標。目標應該是這樣的：我計畫在幾歲時停止工作？我每月將需要多少錢？有了長期計畫，你會減少你的消費負債，並把一小筆錢（定期的）放在一個績效最好的共同基金上，只要你及早開始並時刻監督自己的行為，那麼在累積退休財富方面你將有個良好的開端。

如果你處在這個等級，那麼你需要使投資簡單化，不要頻繁的改變花樣。忘掉那些複雜的投資，只做績效好的股票和共同基金投資，趕快學會如何購買封閉式共同基金，如果你還不會的話。不要試圖超越市場，要聰明地使用保險工具，把它做為保護措施而不是累積財富的措施。先鋒指數五百基金在過去比三分之二的共同基金績效要好，可以把這樣的共同基金作為一種投資基準。十年後，這種基金給你的報酬將超過百分之九十的「專業」共同基金經理獲得的報酬。但是始終記住沒有「百分之百保險的投資」，指數基金同樣有其固定的悲劇性缺點。

別再等待「大額交易」，試著透過小額交易進入「遊戲」。先不要擔心是對是錯，開始做就行了。一旦你投了一些錢進去……僅僅用一小筆錢開始，你就會學到很多東西。錢可以迅速增加你的經驗，恐懼和猶豫則拖延著你。你總有機會加入更大的遊戲，但是你永遠無法挽回你在等待辦合適的事情或做大額交易時失去的時間和受教育的機會。記住，小額交易通常導致大額交易……但是首先你必須開始。今天就開始，不要再等待。剪掉你的信用卡，買一份績效好、不用貸款的共同基金（雖然，沒有真正的「不用貸款」的基

金）。和你的家人坐下來，制定一個計畫，找來一位金融設計師或者去圖書館，讀些有關金融設計的書，開始親自管理你的錢（即使每月只有一百元）。你等待的時間越長，你的最寶貴最寶貴的財產——無形並且無價的時間資產就浪費得越多。

對於一些人來說，如果你想過一種成功富裕的生活，你必須成為第四級投資者。同時，徵求金融設計師的建議非常重要，他們能夠幫助你制定投資策略，使你在正確的軌道上開始長期投資。

這個等級的投資者富有耐心，善於利用時間。如果你早些開始，進行有規律的投資，那麼你能創造出驚人的財富。

第五級：老練的投資者

這些投資者有良好的財務習慣，堅實的財力基礎和卓越的投資智慧。他們不是投資遊戲中的新人，他們實行集中化，而不是通常的多樣化投資策略。

這些投資者經常進行「成批」而不是「零售」投資，他們把自己的交易整合在一起供自己使用。他們還會足夠「老練」的去參與第六級的朋友們組織的交易，這些交易需要投資資金。

是什麼決定人們是否「老練」呢？是他們擁有的雄厚的財務基礎，這種基礎來自於他們的職業、企業或者退休收入。此外還有他們擁有的堅實而保守的投資基礎，這些人很好地控制著個人的債務／權益比率，這意味著他們的收入比支出多得多。他們在投資領域受過很好的培訓，能積極地尋找新資訊。他們謹慎，但不憤世嫉俗，始終保持開放的頭腦。他們將全部資產的不到百分之二十用於投機性投資。他們通常在開始時投入很少的錢，這樣他們能學會各種投資，如股票、企業取得權、不動產組合、購買抵押品等等。如果他們損失了這百分之二十，他們也不會破產或者沒錢吃飯。他們會把這次失敗看成是一次教訓，從中學習，然後再回到遊戲中學習更多的東西，他們

十分清楚，失敗是成功過程的一部分。他們憎恨失敗，但並不害怕失敗，失敗激勵他們不斷地前進和學習，而不是使他們跌入痛苦的深淵或向他們的律師求助。

這些投資者知道，運行不良的經濟時期或市場為他們提供了最好的成功機會。他們在別人退出時進入市場，他們通常知道何時才真的應該退出市場。對於這個等級，退出策略比進入市場策略更為重要。他們知道自己的投資「準則」和「規則」。他們選擇的工具可能是不動產、貼現合約、企業、破產或者新發行的股票。雖然他們冒的風險大於普通人，但是他們憎恨投機。他們有計畫並有具體的目標，他們每天都研究，讀報紙，看雜誌，訂閱投資時事通訊，參加投資研討班，積極參與投資管理。他們了解錢，知道如何讓錢為他們工作。他們的主要目標是增加他們的資產，而不是只為了能多賺幾塊錢去花。他們把他們的利潤用於再投資，形成更大的資產基礎。他們知道強大的資產基礎產生高現金收入或高報酬，而且稅收最少，這將有利於形成巨大的長期財富。

他們幾乎沒有個人財產，因為他們充分認識和利用著稅收制度的好處，但是他們透過企業控制著一切占有他們資產的法律實體。他們有私人董事會為他們管理資產，他們接受董事們的建議並且不斷學習。這些人通常被人叫做「金錢管理員」，甚至在他們死後，仍然繼續控制著那些錢的命運。

第六級：「資本家」

不是很多人能達到這個投資精英所在的等級境界。這種人通常既是優秀的企業家，又是優秀的投資者，因為他或她能夠同時創造企業和投資機會。

他們讓別人富裕，創造工作機會，並使一些事情發生，當然前提是他們自己有利可圖。他總是在人們發現到機會的幾年前早已參與使這種機會產生出來的專案、產品、公司或者國家的有關活動。當你在報紙上讀到一個國

家陷入了麻煩，或者爆發了戰爭或災難時，你可以肯定，這些人很快會到那裡，或者已經在那裡了。當真正的資本家打算去那裡時，大多數人卻在說：「離遠一點。那個國家，那個企業正處在混亂中，風險太大了。」

真正的「資本家」能夠期望獲得百分之百，甚至無窮多的報酬，這是因為他們知道如何管理風險，沒有錢時如何能夠賺到錢。他們這樣做是因為他們知道，錢不是一種事物，而僅是在人們頭腦中被創造出來的一種概念。雖然他們同樣有每個人都有的恐懼，但是他們利用這種恐懼並把它轉化為刺激。他們把恐懼轉化為新知識和新財富。他們生命中的遊戲是用錢賺錢的遊戲，他們喜歡金錢遊戲勝過任何其他遊戲 —— 勝過高爾夫球、園藝等等，這種遊戲賦予他們生命。無論他們贏錢還是賠錢，你都能聽到他們說：「我喜歡這種遊戲。」正是這點使他們成為真正的「資本家」。

與第五級投資者一樣，這個等級的投資者也是優秀的「金錢管理員」。當考察這個等級的大多數人時，你常常發現他們對朋友、家人、教堂、和教育十分慷慨。

要創造一個更好的世界，我們需要更多的「資本家」，而不是像很多憤世嫉俗者力圖讓你相信的那樣，我們不需要「資本家」。

現在，請反覆閱讀這七個等級。當你每次閱讀這些等級時，都能看到所有這些等級中有一些符合自己的特徵。通往巨大的金融財富之路就是要增強你的優點，克服你的性格缺陷。而要做到這一點，首先要認識到你的缺點而不是掩飾你的缺點。

任何想成為第五級或第六級投資者的人，都必須成先成為第四級投資者以發展他的技能。如果你想到達第五或第六級，不能簡單的跳過第四級。任何沒有第四級技能，並試圖成為第五級或第六級投資者的人，事實上都是一個第三級投資者 —— 一個投機者！

CHAPTER 22
重要投資工具投資技巧

> 　投資有技巧，投資也需要技巧，道理和打籃球是一樣的，
> 技巧越多，機會越多，得分也越多。

儲蓄投資技巧

　　儲蓄是最常見的一種投資方式，但它同樣需要掌握一定的技巧，否則同樣的一筆存款，要是存款時機把握不好，存款種類選擇不當，存款期限確定不合理，其所獲得的利息收入就將有很大的差異。另外，由於利率相對通貨膨脹率的變動，儲蓄也面臨一定的風險，這時需要你有膽有謀，果斷安排儲蓄存款結構，以期獲得最大收益。

合理選擇儲蓄投資組合

　　儲蓄投資組合的最終目的就是要獲得最大的利息收入，同時將儲蓄的風險降到最低。但是儲蓄投資並非沒有風險，其風險主要是指因為利率相對通貨膨脹的變動而對儲蓄投資實際收益的影響。當利率上漲幅度小於通貨膨脹率上漲幅度時，儲戶就將蒙受貨幣貶值的損失。儲蓄投資組合的核心即「分散化原則」，這主要是指：

　　儲蓄期限的分散化。即根據家庭的實際情況，安排用款計畫，繼而將閒置的結餘資金根據效益性、安全性、流動性的原則劃分為不同的存期。期限分散化的要求是在不影響家庭正常生活的前提下，盡量減少儲蓄投資風險，獲得最大收益。

　　儲蓄品種的分散化。即在將結餘資金劃分期限後，對某一期限的資金在儲蓄投資時選擇最佳的儲蓄品種搭配，其要求是以收益最大化為原則。

到期日分散化。即對到期日進行搭配，避免出現集中到期的情況。

在這裡我們重點討論儲蓄期限的分散化。每個儲戶的實際情況是不同的，因此不可能有一組非常理想的儲蓄投資組合模型都適合每個儲戶的需要。下面介紹一些富人較為常用的儲蓄投資組合方式以供參考。

一、利率相對穩定時期的儲蓄投資組合

梯形儲蓄投資法：梯形儲蓄投資法就是指家庭的結餘資金平均投放在各種期限不同的儲蓄品種上。利用這種儲蓄投資方法，一方面有利於分散儲蓄投資的風險，一方面有利於簡化儲蓄投資的操作。運用梯形儲蓄投資法，當期限最短的定期儲蓄品種到期後，將收回的本息投入到最長的儲蓄品種上，同時，原來期限次短的定期儲蓄品種變為期限最短的定期儲蓄品種，如此循環往復。利用這種儲蓄投資方法，投資者始終是有固定的等額的各種定期儲蓄品種，從而規避了風險，獲得了各種定期儲蓄品種的平均效益。

啞鈴儲蓄投資法：啞鈴儲蓄投資法就是將投資資金集中於長期和短期的定期儲蓄品種上，不持有或少量持有中期的定期儲蓄品種，從而形成啞鈴式的儲蓄投資組合結構。長期的定期存款其優點是收益率高，缺點是流動性和靈活性差，而長期的定期存款之所短正是短期的定期存款之所長。啞鈴式的儲蓄投資結合，將長期的定期儲蓄品種與短期的定期儲蓄品種結合在一起，兩者各取所長，揚長避短。

二、預測利率變化，調整儲蓄投資組合

一般說來，當年通貨膨脹率上升，社會上流通的貨幣量過大時，國家就要調高利率吸收和穩定存款，這時利率看漲，就要選擇存期短的儲蓄品種去存，以便到期時可以靈活的轉入較高的利率軌道；反之如果利率看降時，就應該選擇較長的儲蓄存款品種，以便出現利率下調時，你的存款利率不變。

因此，投資者在通貨膨脹時應多留心國家利率變動情況，不要錯過時機。當然，利用銀行利率就高不就低的特點進行投資，就要進行長期儲蓄，

需要長期規劃，不能隨意提前支取。

我們在對預備進行儲蓄投資的個人閒置資金進行期限的投資組合之後，僅僅是完成了儲蓄投資的第一步。第二步，我們就要對同一期限的儲蓄投資進行儲蓄品種的選擇，也就是說，我們透過對同一期限內不同儲蓄品種的搭配來獲取盡可能多的利息收入，這就是我們下邊要討論的問題。

股票投資技巧

選擇最好的股票

進入股市的第一步就是選擇股票。選擇什麼樣的股票，將在很大程度上決定你是否獲利，獲利多少，由此可見選擇股票的重要性。那麼，究竟應該如何選股呢？簡單說來，你不妨從以下兩個方面加以考慮。

第一，選擇股票要注意公司所在產業。不同產業不同種類的股票，必然風險不同，報酬不同，所以，依據個人的不同情況，正確的選擇投資產業，往往是成功的開端。

概括來說，從經濟發展的角度予以分類，股票投資產業可分為三大類：

第一類：基礎性的民生產業，主要是指電力、煤氣、自來水、通訊、食品、燃料、交通等基礎產業。該產業的股票，股息穩定，風險度低，對於較保守的投資人員，尤其是廣大退休、離休人員最為適宜。

第二類：週期性產業，是指一國經濟中處於成熟階段的支柱性產業。對於投資者來說，必須準確的判斷經濟發展階段性的變化，當蕭條來臨時，逢低購買該類產業的股票；而當經濟過熱時，果斷賣掉所持該類股票。

第三類：成長性產業，即處於發展階段的、極具有成長潛力、未達到飽和狀態的產業，此類產業發行的股票在股市中最有魅力，是投資者追逐的對象。對於投資者而言，購買成長性股票非常有利：股息成長最快，股利最為豐厚；股價上漲最快；長期性持有往往可抵銷購買時機的錯誤。正因為如此，

對於投資者而言，購買成長性股票獲利比較豐厚。

但是，如何判斷何種股票為成長性股票並加以投資呢？ 成長性股票未被大眾發現時往往股息和股價都很低，而一旦被公認為成長性股票時，市價已被抬高，此時再投入，已無利潤可言，因為，必須及時發現。此外，成長性股票終有一天會衰退，但何時衰退卻難以預測，所以投資成長性往往風險高，一旦股市波動，成長股的下跌速度、波動的幅度比其他股都要大得多。

第二，分析上市公司的本益比指標。本益比，又稱價格盈利比例，也就是某一時點上每股股票價格與每年的每股盈利之比。計算公式為：

本益比
＝ 股價 × 總股數 ÷ 稅後利潤
＝ 股票價格 ÷ 每股盈利 × 百分之百

對於投資者而言，本益比高時，股價多半進入高價圈；本益比低時，股價多半已進低價圈。希望取得穩定收入的投資者，可以購買本益比比較低，股息紀錄較穩定的股票。但從長期看，價格盈利比較高的股票，往往價格上漲快，發展前途廣，極富潛力。

買賣股票的技巧

掌握賣出股票的最佳時機

以低價購進股票後，並不說明投資者就穩操勝券了，手中的股票一天不變成現金，投資者遭受損失的可能性就存在一天，即使是賣出以同一種較低價位購進的股票，不同個投資者也會有不同的收益，有人多賺，有人則虧本，原因在是地方呢？ 關鍵就是一個時機問題。能否選擇好賣的時機，是投資者能否盈利的關鍵所在。

何時賣出股票最好呢？ 當然，在最高價時賣出是最好的，但是，這一時機並不容易把握住。

　　的確，所有股票投資人都夢想著在最高價時賣出，在最低價時買進。但是，事實上任何人都不能未卜先知，因為何時是最高價與最低價根本就無從確定，再高明的技術分析家也只能提供一些所謂的「高價圈」、「低價圈」、「最小漲幅」或「最小跌幅」等預測值。因此，在現實中的「最高價賣出，最低價買進」的夢想的機率幾乎等於零。即使有時果真實現，也僅僅是一時的僥倖。何況那種「最大」、「最小」也只是就某一階段相對而言的。

　　因此，如果高價不易賣出的話，那麼對於一般投資者在無法確定拋售的最佳時機的情況下，唯一的對付辦法，就是逢漲便脫手，以確保小賺不虧。這樣做的好處是，既保證了自己有一定的收益，又不至於承擔過高風險。總的說來，根據自己手中持股情況，你可以在下面的情況下尋找賣出的時機。

1. 買進股票後，只要有百分之十的收益，就應當售出。時間掌握在一個星期、一個月或再稍長一些，只要此時期內出現了百分之十的收益率，並且扣除交易費後仍有利可圖，你就應該拋出。

2. 買進股票後，有百分之二十的收益時，你就應當果斷拋出。想要有更高的收益的機會是很少的。因此，有了百分之二十的收益後，即使還可能有更高的收益，為了降低風險，也應當果斷售出為好。

3. 突然漲價的股票，應當考慮脫手。有時手中股票的幾個突然上升許多，這時候投資人往往會異常緊張，一時弄不清股價突然上漲的原因是什麼？於是怕售出後股價仍大幅度提升，總想再觀察一段時間。其實，一般情況下，股價突然上漲，是有大的機構投資人參與買進，所以，很可能價格在突然上漲後又突然下跌，跌漲的機率都很大。為了避險，果斷售出是上策。

4. 當買進股票價格上漲一段時間後趨於平穩，則應趕緊售出。原因是有一部分投資人想等行情再上漲時脫手，而另一部分投資者正在觀察股價走勢是否會繼續上漲而減少購買量，這樣，股價就會出現一時的停頓，如果這時沒有新的需求因素出現，行情就會看跌，投資者應該在股價下跌之前及早脫手，以確保盈利。

5. 當買進股票的成交額增加和股價達到最高段時，就抓緊拋出。一段時期的成交總金額和股價上漲，都預示著售出股票的時機到了。當股價

接近過去的最高點，以及成交額比以前增加一倍左右時，就表明售出股票的時機到了。

6. 股票價格下跌階段具備以下情形，你可以拋出：

(1) 當股價在下跌初期，成交量大增，而價格卻急速下滑時，就表示要大跌，你應該果斷拋出。

(2) 股價持續下跌，並且沒有明顯的力竭或反彈訊號，也應賣出觀望。

(3) 在長期下跌中，股價稍微反彈一下又開始下滑，且跌破支撐線，對注重短期利潤的投資者來說，應該立刻賣出。

股票套牢處理

套牢，是指股票投資者原預測某種股票的價格會上漲，但買進該種股票後，股價卻產生下跌，直到低於買進價格，使買入股票的成本，遠遠高出目前售出價格的狀況。套牢就意味著虧本，它是每一位股票投資者都不願遇到的。但在充滿風險的股票市場中，要想永遠不被套牢是不可能的。若您作為一名股票投資者，一旦真的被高價套牢，該怎麼辦？這就需要您在努力爭取勝機的同時，也要做好被套牢後解套的充分準備。

面對套牢，首先要冷靜，要經得住賠本的打擊：即在投資之前，做好一定的心理準備，被套牢後，就會鎮定自若，迅速作出反應，著手處理，擺脫困境。

其次，投資者還需具備一定的解套技能。脫套方法通常有被動解套和主動解套兩種方式。在被動解套方式中，投資者主要採取持股等待的方式，即在股票被套牢後，只要尚未脫手，就不能認為已經虧本。若手中所持股票均為品質良好的績優股，且整體投資環境尚好，股市走勢仍為多頭市場，就可緊握手中籌碼，靜待時機好轉，待到價位高於成本時再賣出，取得解套。這是一種消極的處理方式，在資金周轉上，投資者會陷入一定程度的窘境；在心理上，投資者還需要承受一定壓力，冒有較大的風險。

由於被動解套多偏於消極的一面，大多數被套的投資者都採取主動、積

極的解套方式，依靠自己買賣股票的知識和技巧來達到解套的目的。它主要包含以下幾種方式：

一、停損了結法

所謂「停損了結」即把高價買進的股票低價拋出，以免股價繼續下跌而遭受更大的損失。一投機為目的的短期投資者和持有劣質股票的投資者多採取這種方法，因為在處於跌勢的空頭市場中，品質較差的股票難有回升的機會，持有時間越長，投資者的損失也將越大。

在一般情況下，投資者當然不要輕易賣出股票了結，但在特殊情況下這種方法不僅是必要的，而且還是一種股票操作技巧。一名成熟的股民是敢於賠錢了結的。因此，在以下三種情形中，投資者一定要注意股市走勢，選擇合適時機，果斷的採用此方法。

（1）當大盤要反轉下跌時要停損了結

當大盤要從上升趨勢轉為下跌趨勢時，持有股票是很危險的，投資者要丟掉幻想，即使虧本，也要迅速拋出手中的股票，否則，損失會提高且很慘重。

（2）誤購炒高股時要停損了結

在人為的炒作下，有些股票的價格遠遠高於它的價值，且脫離大盤運行的軌道；而在市場上，有些投資者欠缺思考，盲目跟風追漲，錯將這些被炒高的股票購入。事實上，這類股票已屬「天價」，一旦下跌，難有回升、解套的機會，因此，買入該種股票是極其危險的。特別是很多新股，一旦入市，往往成為人們惡炒的對象，投資者誤購這些高價股的可能性更大。

因此，投資者在投資過程中不要盲目跟隨「潮流」，在選購某種股票前，需查找相關資料，確定其最高、最低價格和平均價格，看清目前該種股票走勢；千萬不要購買因惡炒而創新天價的股票，一旦誤購，應當機立斷，迅速脫手，即使虧本也在所不惜。因為這種高價位購入的股票已無上漲空間，而有更多的下跌空間，除了停損了結，別無選擇。

在停損了結的方法中，根據持有股的多少，可採取一批了結法和分批了結法：例如，某投資者手中持有六百股股票，當價格跌到界限點，他全部售出，這為一批了結法；當他持有股數較多，如四萬股時，便可規定一個臨界度，如二十～十九點五元，出一萬股，跌至十九元時，再出一萬股……，這是分批了結法。這種方法有助於進一步減少風險損失，如若價格反轉上升，可能減少損失，增大反敗為勝的機會。

二、打檔法

打檔就是多頭先賣出股票，即先停損了結，然後在價位變動到較低價位時，給予補進，待到上升時拋出，以本次盈利抵補上次虧損，減輕或軋平解套的損失。打檔法多適用於資金有限的投資者，而且在熊市中有明顯的效果。

三、攤平法

隨著股市的下跌，投資者可採用該種方法，在不同的界限點多次加碼買進股票，以降低所持股票的平均成本，在股價回升至平均成本之上時，即可解套。

採用攤平法，一般須有較充實的資金，並以整體環境尚未惡化，股市並未由多頭市場轉入空頭市場為前提，否則，就會陷入越套越多的困境。

四、冷熱互換法

在該方法中，有兩種操作方式可供投資者選擇：

一是去弱留強：即先忍痛把手中的弱勢股拋出，然後換進市場中的強勢股，當投資者在發現手中所持股票為明顯的弱勢股，且在短期內難有翻身機會時，採用此方法有明顯效果。

二是去冷留熱：與前者相反，這時是熱門股的股價已高，難有再上升的機會。此時可把熱門股賣出，換進未上漲的冷門股，由比價效應，低價冷門股一般有補漲行情，這樣，避免了被套牢的危險，又提高了一定的勝機。冷熱互換法看起來有點保守，但較為穩健。

在股票市場中，股票被套牢的現象、原因多種多樣，投資者在運用解套

方法時，要果斷、迅速、敢於忍痛割愛，同時針對不同問題，選擇相應的方法，對症下藥、靈活運用。

利用聯動效應買賣股票

聯動，原意是指一事物的變動帶動其它一些與相關事物的變化。在股票市場中，我們可以這樣理解它：當某種股票有所「行動」時，那些和它「關係」密切的股票，相應地作出反應，從而產生一系列變動。認識和了解股票的聯動效應，對於股票投資者判斷大勢、選擇個股有著重要意義。

（1）利用地域板塊的聯動買賣股票

顧名思義，地域板塊就是由上市公司所在地域相同的股票組成的。該種板塊具有穩定、容易操作、內部聯動效應明顯的特點，投資者可充分利用這些特點，尤其是它所具備的聯動效應的特性，在股市中大展身手。

雖然地域板塊有著突出的聯動作用，但也要注意一點，各地域板塊聯動強弱不一，投資者要細心觀察，作出自己的判斷。

（2）利用收購板塊的聯動買賣股票

收購板塊大多不是國家股、B股、法人股，它們的股本較少、盤子較輕，往往成為收購的對象。該種板塊產生於一九九四年十月。

（3）利用同產業板塊的聯動買賣股票

除上述兩種板塊外，還有同產業板塊，即構成板塊的股票類型相同：如藥業板塊、紡織板塊、電力板塊、金融板塊等。該種板塊的聯動影響也不小。

股民在分析股票之間的聯動效應時，要根據市場的行情具體分析，切忌死板教條。因此，投資者一定要對同產業板塊有一本質、清醒的認識，避免盲目出錯。

（4）利用聯動效應預測股市行情

股市經常是風雲突變，令人措手不及的。如何才能盡量取得股市行情的正確預測？綜合上述的各種聯動效應，它在這方面發揮不小的作用，突出表現在避免了投資者的風險。

股市中的各種現象已充分證明了聯動效應的作用，股民應多觀察、多思考，靈活運用聯動效應，為勝利提高把握。

大、中小型股票及投機股的買賣

（1）大型股票投資策略

大型股票的特點是，其盈餘收入大多呈現穩步而緩慢的變化。由於炒家不會輕易介入這類股票的炒買炒賣，其股價漲跌幅度較小。大型股票的長期價格走向與公司的盈餘密切相關，短期價格的漲跌與利率的走向成反向變化，當利率升高時，其股價降低，當利率降低時，其股價升高。

大型股票的買賣策略是：

1. 大型股票在過去的最低價和最高價，具有較強的支撐阻力作用，投資者要把其作為股票買賣時的重要參考依據。
2. 當投資者估計短期內利率將上升時，應拋出股票，等待利率真的升高後，再予以補進；當預計短期利潤將降低時，應買進股票，等利率真的降低後，再予以賣出。
3. 投資者要在經濟不景氣後期的低價裡買進股票，而在業績明顯好轉、股價大幅度升高時賣出股票。

（2）中小型股票買賣策略

中小型股票由於股本小，炒作資金較之大型股票要少，較易成為大戶的炒作對象，其股價的跌漲幅度較大，股價受到利多利空消息影響的程度，也較大型股票敏感的多，所以經常成為大戶之間達消息戰的爭奪目標。

由於中小型股票容易成為大戶操縱的對象，因此投資者在買賣中小股票時，不要盲目跟著群眾走。要自己研究，自己判斷行情，不要因未證實的傳言改變決心。投資者要在本益比較低的低價位區買進股票，而不要跟風賣出股票，要耐心等待股價走出低谷。在股票的高價區，千萬不能貪心，要見好就收。

（3）投機股買賣策略

投機股是指那些被投機者操縱而使股價暴漲暴跌的股票。投機者買賣投機股可以在短時間內賺取相當可觀的利潤。

投機股的買賣策略是：

1. 選擇優缺點同時並存在的股票。因為優缺點同時並存的股票，當其優點被大肆渲染時，容易使股價暴漲；當起弱點被廣為傳播時，又極易使股價暴跌。
2. 選擇資本額較少的股票。因為資本額較少的股票，炒作的資金較少，一旦莊家投入鉅資容易造成價格大幅度變動，投資者可透過這種大幅度波動賺取可觀的利潤。
3. 選擇新上市的股票。新上市的股票，常常令人寄以厚望，投機者容易操縱而使股價出現大幅度的波動。
4. 選擇有炒作題材的股票。例如有收購題材的股票，有送配股分紅題材個股票，有業績題材的股票等等。因為這些題材有助於大戶對投機股進行操縱。

一般投資者對投機股票要持謹慎的態度，不要盲目跟風，以免被高價套牢，成為大戶的犧牲品。

新股民如何防範股市風險

股票的收益和風險總是緊密的聯繫著，每一個股民都希望以最小的風險換取最大的收益，然而在實際的投資中往往不能如願以償。作為理智的股民只有面對風險，正確認識並預測風險，採取各種正確的投資方法，才能有效的防範各種可能的風險的發生，使投資收益受到保障。

（1）投資三分法

投資三分法是指投資者將其可支配的全部資產分配在不同投資領域的一種投資方法，其具體操作為：將全部資產的三分之一存入銀行，三分之一用來購置房地產等不動產，三分之一用來購買債券、股票等有價證券。在這種投資組合中，存入銀行的資產具有較高的安全性和變觀性，但收益性較低；購置房地產等不動產的資產具有較好的收益性，但變現性差；而投資股票的

風險性和收益性都較高。如投資者將全部資產合理地分配在這三種投資形態上，則可以相互補充，相得益彰。

在有價證券的投資上，也可以實行三分法，即用一部分資產購買證券，另一部分購買風險較小的股票，再以一部分資產購買風險大收益高的股票。

投資三分法兼顧了投資的安全性、變現性和收益性的三原則，是一種適合新股民採用的可以減少股市風險的投資策略。

（2）試探性投資法

新股民在股票投資中，常常把握不住最適當的買進時機。如果在沒有太大的獲利把握時就將全部資金都投入股市，就有可能在股市下跌時遭受慘重損失。如果新股民先將少量資金作為投資試探，以此作為是否大量購買的依據，可以減少股票買進的盲目性和失誤率，從而減少了投資者買進股票後被套牢的風險。

試探性投資法是一種可以使投資者在風險發生時不受太大損失的投資策略。

（3）分散投資法

為避免風險，投資者應當分散投資。現有如下原則作分散風險時的參考：

1. 企業的分散。投資者不要將全部資金集中購買一家公司的股票，而應將其資金分散於數家公司的股票。

2. 產業種類的分散。有一部分投資者因為對某一種產業較為熟悉，而將資金全部購買該產業的股票。一旦這類產業遇到商業循環過程中的不景氣，則投資者必將遇到重大的損失。若能將投資分散於數種不同性質的產業，便有可能避免重大的損失。

3. 時間的分散。根據股市發展的淡季與旺季，在不同時間段上買賣股票，可以減少風險。

4. 地區上的分散。不要全部購買某一地區的股票，而應分散到不同的地區，以減少風險。

5. 投資組合。投資組合是根據股票的收益與風險程度，加以適當的選擇、搭配，以減低風險負擔。其基本前提是：在同樣風險水準下，選

擇利潤較大的股票，在同樣利潤水準下，選擇風險最小的股票。

（4）分段買入法

當投資者對股市的行情走勢不能準確把握時，若投資者將全部資金一次投入來購進某種預計會上漲的股票，那麼當該種股票的價格確實大幅度上漲時，投資者可以獲得十分豐厚的利潤；但如果股價反而下跌，投資者就會蒙受很大的損失。為穩妥起見，投資者可以採取分段買入法。

其具體做法是在某一價位時買入第一批，在股價上升到一定價位時買入第二批，以後買入第三、第四批等。在次過程中，一旦出現股價下跌，投資者可立即停止投入，也可根據實際情況出售已購股票。分段買入法的優點是能有效的降低風險，但同時也存在著投資收益方面的缺陷。如果市場行情一直看漲，採取一次投入的方法就會比分段買入法獲取更多收益。

（5）分段賣出法

分段賣出法的做法和分段買入法的做法類似，起具體做法是在某一價位時賣出第一批，在股價下跌到一定價位時賣出第二批，以後再賣出第三、第四批等。在此過程中，一旦出現股價上升，投資者既可立即停止賣出，也可根據實際情況購進股票。分段賣出法的優點是能有效的降低風險，但同時也存在著可能減少投資收益的缺陷。如果市場行情一直看跌，採取一次賣出的方法就會比分段賣出法獲取更多的收益。

債券投資技巧

債券投資技巧很多，但每人自身情況不同，面對的市場狀況不同，因此，投資者應具體情況具體分析，下面所列投資技巧僅供參考，以便啟迪投資者做出最佳投資選擇。

根據各種債券收益率差異投資

投資者可以透過對各種債券價格從而對各種債券收益率的判斷來選擇高

收益債券持有，同時拋出低收益債券。具體操作的將價格高的債券賣出去，將價格低的債券買進來，當這些債券提高以後再把它賣出，購進價格低的債券。如此操作，就能夠獲得比長期持有某種債券更多的利益。

一般而言，證券公司制定市場價格有四種策略，投資人可以相應的制定投資策略：

賣出價低，買入價也低。這是一種單向流出的策略。這證明證券公司此時證券庫存較多，鼓勵投資人買券而不是賣券，此時投資人購進此種債券持有最合算。

賣出價高，買入價也高。這也是一種單向流入的策略。證明證券公司此時證券庫存較少，鼓勵投資人賣券，利用自身充足的資金購入債券。此時的證券行情很有可能向有利於投資者的方向發展，即此時投資者可以賣出手持債券獲得比較好的收益。

賣出價低，買入價高。這是一種雙向進出策略。說明證券公司資金充足，庫存證券多，希望活躍市場，增加交易量，鼓勵投資者大進大出。這時投資者可以積極的參與市場，因為無論買券還是賣券都有利可圖。

賣出價高，買入價低。這是一種求穩策略。說明證券公司自己不充足，庫存證券少，不希望增加市場交易量不鼓勵投資者買賣。

當然，以上幾種情況中證券的高低是相對而言的。投資者要透過科學的分析、判斷，制定出正確的投資選擇。

根據預期利率的變化投資

在市場利率不斷變動的情況下，應該進行長、短期債券的更換。在預期利率下降時，就要使債券組合的平均期限長期化；反之，在預期利率上升時，就要使債券組合的平均期限短期化。只有根據利率的波動趨勢不斷變換手持債券的期限種類，才是最佳投資選擇。當然，具體操作時應該注意：

1. 影響利率變化的因素很多，因此，正確判斷利率的動向非常困難。這就要求投資者認真的觀察、分析。同時，要分散持有各種期限的債

券，以便短期虧損長期補或長期虧損短期補，避免持有單一債券可能遭受的損失。

2. 判斷利率走勢還應該注意，當利率水準降低到最低點時，就不能作長期組合的操作。因為此時的利率情況預示著不久將有利率的反彈甚至是大幅反彈，因此應該作相反的操作，即當利率水準跌進谷底時，進行債券組合的平均期限短期化；而當利率水準幾近頂峰時，就做長期化組合。這樣，雖然目前收益會惡化，但就長期來看卻能夠增加收益。

把低收益率債券換成高收益率債券

把低收益率債券更換成高收益率債券，即「換券」，實際上大多是選擇直接利率高的債券更換。直接利率是用投資金額除年利息收入得出的。公式為：

直接利率＝年利息收入 ÷ 投資金額 × 百分之百

直接利率是固定的收益，不受市場利率波動的影響。為了提高債券投資組合的收益，必須提高直接利率。當然，直接力量並不是越高越好，因為直接利率越高，債券期限就越長，債券的流動性就越差，債券遭受利率風險的可能性以及投資者的機會成本就越大。因此，當市場利率變化需要選擇低利率債券時，就必須投資於短期債券，有必要把直接利率降下來。

一個訣竅是：先把債券的年收益率折算成月平均上漲率，如有幾個債券價格累計超過了月平均上漲率，說明此債券已經超過了月平均收益，假使再持有，以後的收益便會低於月平均水準，這時就可以選擇新的品種適時「換券」了。

梯形投資

所謂梯型投資，就是均等地持有從短期到長期的各種債券，使債券組合不斷地保持一種梯型的期限結構。

例如，假定有從一年期到五年期的債券共五種，投資人可按百分之二十的比例把五中債券都買入持有，當一年期債券到期收回本利以後再按百分之

二十的比例買進一種五年期的債券，同樣，當次年兩年期債券到期後也買入五年期債券，如此反覆，該投資人每年都有百分之二十的債券到期，這就使債券投資確保了一定的流動性。此外，由於投資人持有的都是相同期限的債券，其各年的收益基本上是穩定的。當然，投資者可根據自己的實際情況選取更長期限的債券，如八年期、十年期。

啞鈴形投資

啞鈴形投資就是為了保證債券的流動性而持有短期債券，為了確保債券的收益性而持有長期債券，不持有中期債券。投資者可根據自己的流動性要求來確定長、短期債券的持有比例。同時，投資者也可以根據市場利率水準的變化而變更這一比例，即，當利率趨升時，可提高長期債券的比例；反之，當利率趨降時，可降低長期債券的比例。

啞鈴形投資是以長期債券為主和短期債券為主結構的統一。下面介紹以長期債券為主的投資結構，以短期債券為主的投資結構則與之相反。長期債券為主的投資結構的在預測債券市場行情上升（利率下降）或剛剛開始上升時可確定的一種投資結構。在市場利率下降時期，長期債券價格上升幅度逐漸增加，而且隨著時間的推移，便越向高點接近。

信用交易方式

信用交易是指投資者買賣債券時間向經紀人交付一定比例的保證金，從而買賣超過自身所持資金規模的債券，以求獲得更大的收益。由於信用交易能夠帶來事半功倍的效果，故被稱為「借雞生蛋」。

信用交易可分為融資和融券兩種情況。

無論是融資或融券，投資者都需繳納一定比例的保證金給經紀人，下面舉例說明：

融資。投資人有一千元閒置資金可用於債券投資。A 債券行情將上升。若投資人不採用交易方式，以一千元購入 A 債券，日後 A 債券價格上升百分

之十。投資人拋出可獲利一百元。若保證金比率為百分之五十，投資人採用信用交易可交納一千元保證金購入兩千元 A 債券，日後 A 債券下跌百分之十，投資人再購入 A 債券歸還經紀人，可從中獲得兩百元收入。較不採用保證金信用交易的收入一百元（1000×10%）多一百元。

當然，我們也應看到問題的另一方面。即信用交易要求投資人對行情走勢的正確判斷。否則，其損失也是成倍的。譬如融資，仍沿用上面的例子。A 債券行情不是上升，而是下降了百分之十，那麼採用信用交易就要損失兩百元，較不採用時的損失一百元多一百元。

選擇恰當的買賣時機

如何判斷交易時機呢？也就是說怎樣才能斷定債券價格處於低位或高位呢？從根本上講，債券買賣之所以能賺錢，就是因為債券的不斷波動。因此，只要在投資過程中注意觀察和預測影響債券幾個漲落的因素，就能做到心中有數。

利率變動是影響債券價格變動的最重要、最直接的因素，但利率本身並不自動變動，而是受外界多種因素影響才發生變動的，進而影響到債券價格。這些因素包括經濟發展狀況、物價水準、外匯匯率等。下面僅以這三種最常見的因素變動情況為例分析債券買賣時機的選擇。

經濟發展初期可分為四個階段，即復甦、繁榮、危機、蕭條，在不同階段上，債券價格也會隨之變化。當經濟處於復甦或繁榮階段時，經濟發展需要的資金量增加，銀行等為籌措資金而賣出債券，增加市場貨幣供給量來刺激經濟發展，結果形成債券價格下跌趨勢。此時是購買債券的好時機。

當經濟處於危機和蕭條階段時，生產投資收益減少，資金會大量流入證券市場，債券價格會隨之上升。此時則是賣出債券的最好時機。

因此，一般而言，買入債券的機會是經濟復甦、繁榮階段，而最理想的機會點是繁榮階段；賣出證券的機會是經濟危機、蕭條時期，而最理想的機會點是蕭條階段。

　　物價水準的高低對債券價格也有影響。一般講，當物價水準較高時，政府為了抑制物價進一步上漲，控制貨幣購買力，將調高銀行存款利率，以吸收存款，此時債券價格會下降，這時是購買債券的好時機。相反，物價水準降低時，政府為活躍市場，會降低銀行存貸利率，增加社會的貨幣需求，一部分資金也會轉入債券市場，增加債券投資，從而使債券價格提高，這時就是賣出債券的好時機。

　　匯率的變動也會對債券價格產生一定的影響。所謂匯率是指以一國貨幣折換成它國貨幣的比率。或者說，是用本國貨幣單位表示的外國貨幣的價格。匯率對債券價格的影響是間接的，它主要反映在幣值的變化上。如果外匯匯率升高，也就是本幣幣值有所下降，這有利於產品出口，出口產品生產增加，對資金的需求量將會增加，銀行利率就會提高，債券價格下降，是買入債券的好時機；相反，如果外匯匯率下跌，本幣升值，這將不利於出口，資金的需求量會減少，銀行利率下降，債券價格上升，是賣出債券的好時機。

　　掌握了上述原則，可為你的投資決策提供參考。實際投資時，一定要分清哪一點是上漲前、上漲中、上漲後，哪一點是下降前、下降中、下降後，不要錯把高點當低點，錯把地點當高點，實際判斷失誤，將會帶來不必要的損失。怎樣才能準確的抓住時機呢？這要來自於資訊。及時、可靠的資訊是抓住時機的關鍵。

　　資訊就是金錢，敏感的和有心計的投資者都會用心的搜集各種有可能影響債券價格變動的資訊，並對資訊進行加工、整理、分析，形成對債券行情的判斷，從而掌握投資的主動權。

　　隨著現代通訊事業的發展，影響債券價格變動的各因素的變化資訊都能夠得到迅速的傳播，只要投資者不間斷的收集各種有關資訊，並能夠分類、整理、分析，定能為投資決策起到指點迷津的作用，使投資者抓住時機，獲取高利。

房地產投資方法

投資三分法

任何一種投資都可以獲得收益，但同時也都存在著風險，風險與收益之間存在正比關係，即收益越大，風險越大，而投資者無不希望透過投資能取得最大收益而承擔最小風險。但這在現實中是很難實現的，於是投資專家發明了既可分散風險、降低風險，又能確保投資收益的投資三分法。投資三分法的主要做法是：將自己的投資資金分為三部分，分別投資於低中高三種風險投資對象上，以求在降低風險的同時，獲得較為滿意的收益。其中高風險投資希望獲得較為豐厚的報酬；低風險的投資可為自己設置投資準備金，作為投資虧本的補充資金以便翻本，中風險的投資則兼顧兩頭。在房地產投資中也可採用三分法：即將用於房地產投資的資金分成三份，一份做長期投資、一份用作中線投資，還有一份用於短線投資。

試探性投資法

對房地產價格的升跌有時投資者並不可能絕對有把握，盲目的將所有資金全部投入既不科學也不合理。於是房地產投資者將自己用於房地產投資的資金分成兩部分，或幾部分。先拿出一部分進行試探性投資，購入房地產後，市場行情看好，價格看漲，而且估計還有繼續上漲的行情，那麼將剩餘的資金繼續投入。如果購入房地產後，行情下跌或不動，而且估計將來行情仍繼續下跌，那麼立即停止對房地產的投資。這樣，即使行情對購入的房地產不利，投資者的負擔也不會太大，損失也不會太重。試探性投資法在下面情況下較適用：房地產價格經過一段時間的下跌後，但已有跡象表明房地產價格將回升，交易將再度繁榮；房地產市場價格有較長時間的徘徊，沒有較大幅度的漲落，預計今後將受投資週期波動的影響，或者特殊因素的影響而發生較大的變化，但是跌、是漲的方向不大清楚。

趨勢分析法

某些投資者認為房地產價格的變動具有慣性，無論是價格上漲還是下跌，一旦出現就會持續相當一段時間。投資者如果確認房地產價格已形成，可以投資購入房地產或保持自己購置的房地產，等價格上漲到較理想水準時再賣出。採用趨勢分析法必須注意：房地產漲跌趨勢必須明確；必須盡早看準趨勢。

房地產投資技巧

目標的選擇

選擇什麼樣的房地產作為自己的投資對象，是投資房地產的最關鍵的一步。在投資對象的選擇上，投資者應該重點考察房地產的以下方面：

1. 房地產的確切位置。現在的廣告中多使用一些模稜兩可的話語，對購房者進行誤導。清楚房地產的確切位置至關重要。
2. 該房地產的交通狀況。
3. 實際面積大小。這是與售價關係最大的一個因素，不可不查。
4. 房地產周圍的環境及公共設施。
5. 房地產的建築品質以及建築公司的聲響。
6. 房地產的產權、稅收以及產權登記管理方面。
7. 房地產升值的潛力和出手的機會。

何時買入

抓住最佳的買入時機是投資成功的重要環節，一般來講，合理的買入時機為：

（1）房地產開發初期

房地產剛開發時期，由於人們對該地區房地產價值缺乏足夠的認識，因而其價格往往受到壓抑，其實際價格低於市場價格，同時人們 購買力並未

轉入該地區的房地產市場，需求者相對較少；而另一方面開發商又急於收回所墊付的資金以歸還銀行貸款以清償其它債務，會同意以較低價格出售。過一段時間後，人們在此地區的購買需求將會有所增加，同時隨著開發進程加快，投資資金的湧入會從供、需兩方面推動房地產價格大幅上揚，因而房地產開發時期是低價買入的有利時機。

(2) 經濟不景氣時期

經濟發展是呈現週期性變化的。當經濟蕭條期出現時，人們的購買力下降，對房地產的需求減少，促使房地產價格下跌；但隨著蕭條期向復甦期的轉化，市場開始啟動，人們的購買力在逐漸增強，投資熱情也在上升，從而對房地產需求有所增加，促使房地產價格上漲。所以蕭條期是低價買進房地產的大好時機。

(3) 通貨膨脹到來之前

通貨膨脹的顯著特徵就是貨幣貶值，物價上漲。房地產在通貨膨脹的作用下其價格會自然上漲，同時由於在通貨膨脹時期人們都在尋求保值商品，因而紛紛搶購房地產商品，由此更加促進房地產價格上漲。如果在通貨膨脹到來之前購入房地產，當發生通貨膨脹時所購入的房地產商品將會較大幅度增加其價值。

殺價的技巧

殺價前的準備

買房屋的關鍵之一在於殺價。買到便宜的房屋才有利潤。買到不便宜的房屋，轉售的利潤有限，甚至沒錢可賺或虧本。殺價前應了解各種資訊，知己知彼，才能百戰百勝。一般來講，投資者在殺價前應該了解：

1. 房屋已推出多久？推出很久仍未售的，可能的因為標價過高、地點不佳、建材不好，或其他原因。

2. 有多少其他人出過價？ 出價多少？ 這可以作為你計算房價的基礎。越
   的多人出價的房屋，其轉售力越強。

3. 該房當時的買入價是多少？ 從該房當時買進的價格加上現在的增值，
   可以算出應有的利潤和時價。須注意，一般賣主所謂的買進價格常會
   偏高，因此，計算時有時要稍打些折扣。

4. 賣主當時為什麼買進房屋？ 賣方買進的原因主要有自住、保值、轉售
   圖利、因職業關係而遷徙、離開舊市區遷往新市區、換環境等，了解
   賣方買進房屋的原因，可以知悉很多你想知道的購買資訊，對你買房
   有一定的參考價值。

5. 改建費有哪些？ 自主的房屋，一般都經過裝修改建，一經裝修改建，
   售價必然會增加。

6. 了解賣方的心理。

　　了解賣方賣房的期限，對於什麼時候殺價非常重要。越接近賣方賣房的
期限，賣主越急切出售，就是你最有利的殺價時刻。

　　了解賣方售得房款作何用途。如果賣方售得的房款並非急用，則房屋殺
價必會遭到許多挫折。遇此情形，是你罷手或轉向的時候了。

　　賣方有無其他房屋出售。如：賣方有數屋，通常會將地點較差、不易脫
手的房屋先上市出售，好的房屋留待以後出售。遇此情況，應選擇較好的房
屋購買。

殺價的訣竅

1. 「沉默是金」。在勘察你投資的房地產時，應盡量少開尊口，多聽賣主
   解釋、多問賣主問題，盡可能少的回答問題。但同時也要裝出對購買
   該房地產極有興趣的樣子，以便促使賣方盡可能詳細的介紹該房地產
   的一切情況。這樣做有時甚至不主動殺價，就能以低價買進。

2. 暴露房地產的缺點。對於賣主的房地產所有缺點加以暴露，並同時推
   舉類似房地產廉價出售的真實例子，使賣主對自己所開價格發生動
   搖，從而達到殺價的目的。

3. 替賣主算帳。讓賣方認識到，能早日賣出就能早日得到現款，這樣賣

主既可存入銀行獲取利息，以彌補售價高低之間的差額，也可用於其他投資獲利，使賣主接受殺價。

4. 迂迴策略。即利用第三者出面與賣主接洽，連續多人分別殺價，從而得出賣主所願意出售的價格，了解到可以殺到的價位。

5. 後發制人。在房地產買賣中，往往誰先開口，誰就是輸家。因此，投資者應盡可能讓賣主先提出一個價格，然後再殺低。

6. 欲擒故縱。對於你購買的房地產，明明極為滿意，但仍要提出種種不喜歡的理由，並作出不太願買的樣子，從而使價格能盡盡量壓低。

7. 拖延戰術。為了壓低賣主所開的價格，可以提出很多理由拖延，表現出既想投資購買，又有不得已的苦衷。例如佯稱資金籌集需要時間、必須與投資夥伴商量等等，提高賣主急於脫手的願望，或等至賣主待售期限的最後時刻，將賣主的開價殺低。

8. 另外還應注意的是，賣主常將稅金計入房屋成本，買主應注意。

何時賣出

賣出房地產的基本法則為「貴時賣出」。通常下列情況下預示房地產賣出時機已經到來：

1. 房地產市場價格大於目標賣價或預期賣價。所謂目標賣價簡單的講就是你自己所制定的賣價；預期賣價就是自己計畫拋售價格。在房地產市場價格大於目標賣價時賣出房地產可獲得目標利潤，當然這個時機並不一定是賺取利潤最多的時機，但這個時機出售可獲得滿意的利潤。

2. 經濟高漲時期。正如前面所談買入時機應選在蕭條時期一樣，賣出時機應選在經濟高漲時期。在經濟高漲時期投資亢奮，對房地產需求達到相當高的水準，房地產價格也將上漲到較高水準；而隨著經濟蕭條到來，投資驟減，需求降低，房地產價格也會隨之大幅下降。如果能在經濟高漲時拋售房地產商品，然後在危機到來時購入，那麼你所獲利潤將是十分可觀的。

3. 通貨膨脹較嚴重時期。會抬高房地產市場價格，但隨著通貨膨脹程度的日益嚴重，國家將採取有力措施以達到遏制膨脹的局面，而一旦局

面被控制，房地產價格又會自然回落，因而在通貨膨脹嚴重時期為賣出的最好時機。

賣出定價

要選擇適當的定價標準與定價方法。房地產賣出定價可採用再造成本價，即現在生產同種類型的房地產需投入多少資金來定價，這種定價方法對賣方比較有利。也可以參照附近房地產商品的價格定價。有時也可採取靈活定價的方式：如果你擁有多個房地產投資單位，你可以先按上述方法定價進行銷售，如果銷售順利，就可在下次銷售時提高售價，以求得最大收益。

賣出技巧

了解買方心理。為什麼要購買房地產？購買目的何在？是否為生產或生活所急需？為何選中我的房地產？

1. 買者是否在本地區商談過許多賣方，為什麼沒有成功？
2. 買方對所出售的房地產最中意的是什麼？
3. 向買方暗示房地產價格看漲，不要錯過大好時機。
4. 讓買方出價。如果出價可以接受，在此基礎上適當加價，或折中賣方價與買方價，表示已做適當讓步。要求買方也適當讓步。如果出價過低，說出理由，讓買方動搖其所出價格，認識到自己出價過低。
5. 對房地產有利之處要強調，並設法讓買方認為所出價格並不高。
6. 保持沉默，多聽聽買方意見。
7. 賣出時機不利時，不妨先採用租賃形式收取租金，等待有利時機再出手。

CHAPTER 23
投資誤解點撥

　　從某種意義上講，對投資誤解的認識比學習那些狂人投資分子所「授」的東西更為重要。

　　無論是擴大企業發展或是白手起家創業，如何正確投資，有效迴避投資誤解，已成為創富者獲得成功的必修課。

投資技術誤解

過度關注短期的股價變動

　　當你決定用企業資金投資買進一家所看好的上市股票後，幾乎每日一有空暇，就緊盯著股市中該股票每一分鐘的漲漲跌跌。終於看見該股價呈上揚趨勢，欣喜不已的你，一口氣買進了近百股，但轉眼間該股票又降落了幾個百分點，可這足以讓你想盡辦法將他們盡數拋出。不久，該股價又開始呈上升趨勢，你又美滋滋的投資將其買進，等待更高的上升。就這樣，你高價買，低價出，如此反反覆覆，僅幾次後，你手中這筆不大不小的企業資金就無一生還的全部「犧牲」在股市上，而驚詫的你則連連抱怨：「為什麼？ 為什麼？ 我沒做錯什麼呀？」

　　企業領導者在投資買進股票後，因懼怕賠錢耗費大量時間和精力，如情緒失常般過於熱心股市的變化，關注短期股價的每一點波動，緊盯著每日股票的買價、賣價、收盤價不放，結果陷入忙於高進低出的愚人投資策略的陷阱，使所有投資被短期的股價波動一點一點吞進肚裡，最終落得一無所獲的悲慘下場。

　　就短期而言，股市只是個情緒化的投票機器。企業領導者在投資過程

中，不僅不要過於注重股價的短期變動，對某些經濟形勢的短期變化也不要過於關切。而要以「旁觀者」的心境對待股市的變化，觀察股市的情緒。

事實證明，如果你所投資的企業營運情況良好，它的股票價格終究會上漲的。巴菲特先生的投資哲學認為：在買入股票之後，就算是休市一兩年也不要緊，一點也不需要關心短期的股價波動。因為股票的價值不取決於每日的市場行情。

計算失誤

你經過長時間的研究之後，終於開發出了一新產品，對此，不放過每一分鐘的你，採取了風險分析法對所開發產品的市場潛力進行一番計算，預測結論是：這是一種前所未有的優秀產品，勢必有著廣闊的市場前景。針對這一令人振奮的計算結果，你也自信投資生產必能大賺其錢。然而，新產品還未投入市場，消費者對於產品的需求就發生變化，為此，你又不得不對這一產品頗費心思進行一番精加工，由此，開發費用急劇增加，投資額大大超過最初的預算，加上市場需求並未如計算時所預期的那般洶湧，而是漲漲跌跌，忽冷忽熱。最終，你再也承受不了離最初計算結果背道而馳的投資，無奈只好宣布放棄了你苦心研究出的新產品。

市場需求常因諸多條件的波動而每時每刻都在經歷著微妙的變化，如果企業領導者在預測產品的未來市場前景時，考慮不足，分析不夠透徹，必然會導致產品預算結果出現誤差，而且估計越不足，誤差越大，這無疑嚴重誤導企業投資決策的走向。如此一來，原本極具潛力的項目，無奈被束之高閣，而產品從市場上敗下陣來也就不足為奇了。這也說明，預測結果是很脆弱的投資市場指標，有時甚至不堪一擊。而企業領導者卻盲目相信計算結果，並以此為依據制定投資決策，從而造成錯誤。

詳盡而謹慎的計算結果是投資成功的一個先決條件。企業領導者對產品市場的預測要有科學而充分的依據，並考慮到各種不同的因素；而且對投放市場遇到的問題要進行認真分析，結合不利因素指出針對不利情況的應對措

施，以隨時調整投資計畫，確保計算結果的準確性和靈活性。否則，盲目信任計算結果，馬上投資，不但不能獲益，反而會將企業引入投資的陷阱。

濫用投資工具

你在被總部受命為分公司總經理後，自認為才智敏銳的你，經過多方預測，認定某公司的股票很快就會上升，未經總部批准，你就一舉認購了價值幾十萬元該公司的期貨。緊跟著，你又以買空的做法，買進了價值數百萬的債券，想以買進帶動上漲。結果，人算不如天算，你所買進的股票不但遲遲不升，反而一跌再跌。二十天以後，幾乎相當於你公司全部的資產霎時在市場上化為烏有，這時，任你再怎麼聰明，對這次投資「扭轉虧損」已回天乏術了。

「不怕錯，就怕拖」是期貨市場非常流行的話，企業投資者濫用投資工具是錯之根本。這一錯誤的出現，在於缺乏有效科學的投資監控，使投資者在操作過程中，無視公司制度的制約，在處理投資時，多次濫用投資工具，越權投資。在發現投資方向已有失誤，並且已到了自己的止損價值時，固執己見，不但沒有果斷認賠，防止虧損的進一步擴大，反而暗存僥倖心理的把錯拖了又拖。最終，面對行情突變反應遲鈍的你，使「投資不相信眼淚」，造成不可彌補的損失。

企業對症下藥，在投資者具體投資操作時進行有效監控，是避免投資者濫用投資工具的根本措施。首先，投資者在操作之前，企業必須對投資額度的大小、投資時間的長短及投資工具的種類選擇等等諸多方面，有個明確的劃分，確保投資者只是在劃分範圍內操作。另外，企業應在投資者投資前、投資中和投資後建立完善的控制制度。同時，企業還可設立牽制制度，在投資工具適用的各個環節，劃清責任，設定位置，以避免投資決策者本人權力過大，在處理投資時越權投資，及時、有效的防止投資者濫用投資工具的現象出現，避免給企業造成不必要的損失。

不遵循投資法律程序

當你決定向一家超市投資時，對方主動將超級市場的現狀做了一番自我表述，而你在對投資的法律工作一項未做的情況下，僅僅憑著對方向你提出的作價，就出資購買了該超級市場百分之五十的股份，事後不久，你發現該超級市場的存貨遠高於你所估計的數量，其債務也遠遠高於對方向你所說的數目，而且，會計帳目混亂，虧損十分嚴重。在這期間，為挽回這一窘境，儘管竭盡全力，最後，對方仍不得不宣布破產，你所投入的幾百萬元伴隨著其破產的宣告，頓時化為烏有。

在投資時，企業領導者因自身的法治觀念淡薄，不夠慎重，使企業的投資不嚴格按照法律程序辦事，在對本應遵循的投資法律程序在執行過程中走了樣，提高了企業領導者投資的盲目性和風險，從而致使企業領導者在投資失敗後，陷入了有債難討、有理難講的尷尬處境。

要想成功的走出這一誤解，企業領導者首先必須了解投資的正常法律程序。即先請公證行評估資產，再請專業公司對存貨進行清點，請會計師清算債務，在此基礎上再商談投資參股條件，並由律師按雙方達成條件制定法律檔案，雙方簽署後執行。企業領導者在了解了這些以後，還必須增加自身的法律觀念，盡可能透過法律的手段使自己少走投資的彎路，力求投資的準確、到位、成功。

只重視投資不重視管理

無論誰都能看出你所準備的這個項目的前景之美好，前途之遠大。備受鼓舞的你，於是信心十足，在投資之前，你投入了大量的人力、財力，對市場進行了一系列具體的、詳細的、科學的可行性調查研究，制定了一個近乎完美的投資操作方案。然而，你卻將這個投資方案給了一個「江湖術士」執行，他的操作過程你很少過問。在你的意念中，只要投資方案做得好，而且在操作的具體過程中資金到位，實現這一專案就像小孩堆積木那樣簡單。

　　這裡，企業領導者犯了一個把投資理解為投資決策，認為投資即等於單純的資本運作，從而犯了只重視投資不重視投資管理的致命錯誤。投資者如此單純的理解投資，疏忽投資過程的管理，必然無法保證投資結果的品質，這常會使前景良好的投資變成不良投資，不僅不能使企業領導者取得滿意的投資報酬，而且可能連本錢也收不回，甚至受到法律的無情制裁，給投資投下失敗的陰影。

　　企業領導者如果不想讓自己的投資有始無終，必須對投資有個全面、清晰的認識。投資是涉及企業生產經營的重要活動，投資的完成不能以投資決策的做出而結束。那只是整個投資活動的一部分，餘下的工作就是同等重要的管理。投資管理是企業投資品質的關鍵，有效的投資管理是對企業投資全過程的資金使用、材料設備的配置等做出適時、適地的安排，是成功的又一前奏。如果企業領導者在擁有完美的投資方案的前提下，又加強了投資管理，就會為以後企業利用投資項目創造高額投資報酬，奠定堅實的基礎。

投資策略誤解

盲目相信「風險越大，獲利越高」

　　當你宣布打算為公司買進一個實際上都快要倒閉的公司股票時，面對下屬們不解的目光和種種反對意見，大有「眾人皆醉我獨醒」之感的你，振振有詞的說：「你們不知道什麼是『風險越大獲利越高』嗎？這種『邊緣股票』常比藍籌股價格波動更大，因此，在適合的條件下，常能一下子讓我們賺很多的錢。」為進一步證實自己，鍾情「邊緣股票」的你還找到許多有關的歷史資料，證明這類股票向上的價格波動總的來說多於向下的價格波動。對此，你的下屬們啞口無言，但仍擔心不已。

　　企業領導者在買進「邊緣股票」時，過於樂觀，只看到有利的一面，忽視了不利的因素。買進「邊緣股票」在力量上雖然是可行的，但問題在於，

劇烈的價格波動，既能使你賺錢也能使你賠錢。因為，如果一個產業的發展前景不妙，首先受害的就是「邊緣企業」，另外，與此相關的歷史資料，並不能說是完全正確的。這也提高了投資失誤的危險係數。綜合這些因素，如果企業領導者投資買進一筆破產公司的股票，那麼你得不到一分錢。

當投資人一旦有了不實際的預期心理時，便會鑄下最大的投資錯誤。避免「邊緣」錯誤發生的最直接有效的方法，就是不要冒巨大風險投資買進垃圾一樣的「邊緣股票」。事實證明，「邊緣股票」是股票投資中特別危險最不值得投資的一種。你若細心的冷眼旁觀一下，不難發現，「邊緣股票」只不過是被戳穿外皮的空心「點心」，值得投資的分量微乎其微，希望你不要太過於相信自己的分辨能力！

拒絕賺錢的小企業，投資賠錢的大公司

你為達到擴張企業經營規模，加強企業在市場中的影響力和競爭力的目的，決定採用收購企業的投資策略。此時，擺在你面前有兩個可選擇收購公司的方案，一家是賺錢但規模極小的小企業，另一家則是賠錢但規模很大的大公司，到底該選哪一家呢？思來量去，你認為自己投資收購企業，本身即是為了擴大自身，小企業即使再賺錢也一時難以達到這一目的，便決定投資收購那一家大企業。很遺憾，完成投資收購後，無論你在原投資基礎上又多投多少資金對大公司進行調整，其效益依舊非常差，「大」規模像一輛巨大的破車，拖著你的經營「後腿」，讓你短時間內損失了更多的投資。

擁有一份龐大的事業的確是令人羨慕的事情。但現實中沒有人能夠一步成功。企業領導者為擴大實力，在投資擴張收購中，如果失去耐性，指望一步登天，非理性的認為收購一家即使賠錢的大公司也比賺錢的小企業要好得多，而為此白白犧牲自己辛辛苦苦賺來的利潤，必使自己陷入經濟狀況步履維艱的境地中。

毋需多言，任何投資收購只有在讓企業領導者有所收益的時候才叫成功。畢竟效益才是投資擴張發展的根本。所以，企業領導者在投資之前，最

好運用預測、評估、分析等一系列手段，清楚的了解所欲收購的那些企業，哪一家確能產生效益及產生效益的大小，以此來確定你沒有因擴張，在不產生效益的企業上白花錢。總之，企業領導者在投資收購時，千萬不要以被收購企業規模的大小為選擇標準。很多時候，賺錢的小公司比賠錢的大公司要好得多。

不信任投資方

　　為了完成這個令人垂涎的項目，你在自身實力不足的情況下，不得不與一企業達成合作意向。隨著合作時間的推移，精明的你總懷疑合作方存在越權行為，感覺他們在私底下為自己找便宜、取私利，於是，你越來越懷疑合作夥伴每一個舉動，對他們提出的每一步發展建議都要思量再三，明察話外音。你的這種不信任的做法終被對方察覺，深感受侮的合作方非常生氣，在以後的合作過程中，你們就像一對水火難容的「冤家」，對投資項目發展方向出現嚴重分歧，工程根本無法進行，心急如焚的你悔不當初，眼睜睜看著已走到半途的大好項目前途盡失。

　　不可否認，合作需要嚴格的監察制度。但企業領導者如果在合作中把對方視為無知者，不去理解和相容對方，反而過分猜忌和戒備對方是否過多染指合作的權和利，監視、窺探對方，這種不信任態度必將給合作蒙上陰影，這樣的合作無疑也難以成功。因為猜疑會削弱雙方的合作力量，最終使雙方都付出慘重的投資代價。

　　信任是合作成功的關鍵，對於企業領導者而眼，投資合作需要的是充分信任，絕不是害人匪淺的懷疑。尤其是當企業領導者自身勢單力薄時，更需要相信一切可以信任的東西。只有這樣，才能共同在市場上進退，達到合作的真正目的，才能因互信而互助，因互助而成功，而使企業領導者的投資獲益。當然，這關鍵還需要企業領導者擁有博大的胸襟，納人納事。

把盈餘估計值當作投資決策的最好基礎

在投資收購企業前，面對眾多的選擇，你本不十分看好某企業，但後來調查結果分析表明，該企業第一季度的盈餘估計值與先前估計的有很大上升。這一資訊和現象引起了你的注意力，讓你以為該企業的實質價值已經改變，不再如以前所認為的那般低價值。根據這種認識，並以此為投資基礎，你開始採取行動，投資收購這家「大有前途」的企業。然而，你最後在這項投資收購上所賠資金的數額，讓你跌破眼鏡。

盈餘估計值的短期變動並不是投資決策的最好基礎。實踐證明，這一數字因受諸多因素的影響，有相當大的彈性空間，與實際的盈餘數字有較大的出入，它對企業領導者了解該企業的實際情況只能是一個參考。投資人在投資中若過分注意盈餘估計值，對盈餘估計值的細微變動反應過度的話，必然會為此在投資上跌破眼鏡，大賠其錢。

企業領導者要想保護自身投資，必須正確了解盈餘估計值的本質價值。在制定投資決策時，對這一數值的種種變動聽之即可，千萬不要每遇盈餘估計值略有提高便立即採取投資行動。因為，很快到來的真正重大的價值變動很可能讓你大驚失色，使把盈餘估計值盲目捧至投資決策最好基礎的「寶座」的你，遭受慘重損失。

選擇實力遠超自己的投資夥伴

你看好了一個很有市場的投資項目，但由於你本身規模小，沒有雄厚的經濟基礎作後盾。從經營的角度考慮，你不得不尋求投資合作夥伴，利益共用、風險共擔。所以，經過多方考察，你選擇了一個極具經濟實力的大型企業。對方投入大量資金占據了大部分控股權。資金問題解決了，但在許多問題上無法達成共識。由於你所占股份較少，對方根本不按你的思路運作，結果不僅導致項目失敗，還使你的原有企業在破產的邊緣徘徊。

單純認為只要能注入資金，就什麼問題都解決了。而事實上，由於你的合作夥伴過於強大，在他攬權、搶權的強勢意識支配下，處於劣勢的你不僅沒有用武之地，而且將會受到排擠、壓制。它對於原本就羽翼未豐、蹣跚前

行的你來說，無疑是致命的牽制和羈絆。

　　要將資金進行合理投資，尤其是合資，不光是資金實力的增強，更重要的是智慧的互補、決策的統一。在你看準一個項目後，要做一份投資調查，根據調查結果選擇一個實力相當而有志同道合的合作夥伴，只有這樣，才不會和你的初衷背道而馳，你才能和對方享有平等的權利，在以後的決策及運作中，占有相對重要的位置，很好地施展自己的才華，而不會受到挾持。

只注重新專案不注重老專案的投資

　　你所經營的是一家有幾十年歷史的老企業。後來你看中了一個新項目，喜「新」厭舊的你就將全部精力都投入到建立這個新專案上。一天，一下屬向你提議：「經理，市場上新出現一種產品與我現有產品競爭得很激烈。我覺得是否給工廠那邊也投資幾十萬元，為老廠的產品融入些高科技，提高我們產品的競爭力呢？」你不以為然道：「不用了，這沒什麼值得緊張的，等我們這個新廠建成後，相信會讓他們都大吃一驚。」然而，你的新廠尚未建成，你的現有市場已被競爭對手盡數吞食，老廠產品嚴重積壓，使企業資金源泉枯竭，無奈只好宣布就此倒閉。

　　在很大程度上，經濟基礎決定企業的發展。因此，再好的投資目標，如果沒有一個牢固的資金後備做支撐，其最終的結果必然是走向失敗。企業領導者在投資過程中，過於注重新建項目，而不去考慮企業的綜合性，不去投資鞏固已有的市場，導致了自身後院失火，不但丟失了經濟「大本營」，而且還斷了新生力量的「食糧」，使新項目在建設中途因「餓」昏了頭而落下馬。對企業領導者來說，無疑是「丟了夫人又折兵」。

　　在投資過程中，企業領導者應從大局出發，放寬視野，以一業為主，主次分明。也就是說，企業領導者發展投資新項目，增強前進勢力的時候，也要根據需求，投資發展原有的項目，以確保後院不失火，只有在這種情況下，企業領導者才能真正成功的衍生出「新生軍」，使企業新舊嫁接成功，而這也是確保投資不失的萬全之策。

投資目的不明確

在企業興衰存亡的關鍵時刻，你臨危受命，入主「東宮」。你首先嚴厲指責了前任的各種委靡不前的發展投資策略和規劃，你認為，這世界遍地是黃金，會拿、敢拿的多拿，不會拿的少拿或根本拿不到。因此，你上任後，就到處設廠，多目標的不計成本的多投資。如在海外投資熱的推動下，你首先匆匆投資海外，設廠以「小試牛刀」；在國內很多地方你又投資建了很多新廠；與此同時，你又決定不惜老本投資，要將主廠規模擴建一倍。

每個人都有很多很多欲望，而你卻奢望經過努力將這些欲望通通一次瞬間滿足。企業領導者在實現企業的發展目標時，首先對未來的投資目標沒有一個明確的認識，且對自身能力定位也不清晰，故在實現這諸多目標面前，不知應先投資哪一個，後投資哪一個，主次不明，過於籠統，這極易使企業投資出現優化失衡的現象，更容易使企業資金流遍「肥田」，卻顆粒不收，從而導致企業巨額資產損失，甚至虧損倒閉。而這對急待被挽救的企業來說，無疑是雪上加霜，致命一擊。對此，企業投資者此時更是難咎其責。

外面的世界很精彩。企業領導者做投資決定時，周圍可以投資的機會很多，但並不是每一種投資機會都會對你的企業發展有利。企業領導者這時必須具有敏銳的捕捉能力及確定企業發展方向和策略目標的能力，集合企業的目標、未來市場的走勢、新技術發展狀況等多方面的因素，排除各種干擾，給投資目標以明確的定位。否則亂槍打鳥，再精彩的世界也會變得很無奈。

確立不切實際的投資目標

你看到企業一片興旺繁榮景象，心血來潮，當即宣布要把企業建成二十一世紀的世界領先企業、高科技企業，即「世界第一家二十一世紀的超越未來公司」。它擁有高級技術精英，實現了無人操縱的全部電子化。為實現僅憑你一時主觀空想，與「今日」距離遙遠的未來藍圖，你大刀闊斧的推出一系列革新措施，指揮企業奮不顧「身」地進行高額貸款，去投資實現自己

的革新藍圖。而且，所有你認為能夠創造「二十一世紀輝煌」的企業，即使與你的本行無關，財務、生產狀況很差，也大量吃進。

你是企業的投資決策者，而你的投資目標的制定不是根據市場環境的變化而定的，它只是你個人的一時主觀空想，脫離實際，毫無科學性可言。而實踐永遠在嘲笑一切不切實際的空想。因此，你的幻想結出的不切實際的投資目標，只不過是空台樓閣，水中撈月，注定要以悲劇收場。在現實中，頭重腳輕、不切實際的投資目標，就好比斷了線的風箏，飛得越高，跌得越慘，可能會葬送一個企業的大好前途，即使你是一個「超級新星」，也會被你的不切實際的投資所造成的難以估量的損失而搞得精疲力竭，舉步維艱。

企業投資並非賭博，要麼贏得一切，要麼輸得精光。企業領導者在發展過程中切不可急躁冒進。在制定企業投資決策時應穩定，在風險與收益中找到良好的結合點，對任何超過企業承受能力的高風險目標都不要抱有幻想，腳踏實地，有多少錢辦多少事，保證企業持續穩定的發展。另外，企業領導者投資時必須頭腦清醒，時刻提醒自己不要頭腦發熱，胡亂投資。因為，產生「心比天高」的投資幻想常是企業領導者個人一時興起產生的想法。

只求盈利不進行創新投資

你是一個很有能力的領導者，你將手中的企業打理得井井有條，生產穩定，產品暢銷，盈利更是豐厚無比。此時，你唯恐任何新的變動和變革都會給你今日的霸主地位帶來不利影響。堅持不再超越「雷池」一步，信奉「以不變應萬變」就是企業的生命」。認為企業產品只要銷路好、盈利高，就不需要再尋求變化，不再研發新產品，進行創新投資。為此，你還特定制定了絕不「另起爐灶」的固守城池的發展策略。

作為一名投資決策者，如果抓緊今日的輝煌不放，不思進取，安於現狀，用「固守城池」的策略作為發展企業的依據，只求眼前盈利，無疑是在開倒車，是企業「自殺」的絕招。而拒絕創新投資的直接結果就是導致產品老化，使自身競爭力下降，這無疑是投資決策者親手為競爭對手打開有機可

乘的缺口，甚至在將自己的一席之地拱手相讓，最終使自己在激烈的競爭中一敗塗地。無疑，「固城守地」拒絕創新是決策者投資之大忌，對企業而言，到來的永遠是毀滅性的災害，要付出慘重的代價。

對付「固守城池」策略失誤最有效的方法就是手捧成功的「獎盃」，另起「新」灶，投資創新。創新是企業生存的原動力。這要求每個投資決策者應有「憂患」意識，能夠在企業盈利時想到下一步投資該做什麼，努力開拓潛在市場，而不要讓一時利益蒙蔽了雙眼。如果你想透過創新贏得市場優勢，要不斷的研究投資計畫，生產一代、設計一代、構想一代，讓投資永遠充滿創新。同時，你的不斷投資本身就可以促進企業提高產品品質和開發新品。這也是企業投資決策者最好的自我激勵。

缺少談判簽約經驗

你是一位靠自身努力發家致富的企業家。一日，一家大企業的管理者在參觀你生產的專案後，表示非常感興趣，希望能與你合作，共同發展。對此，你當然求之不得。在談判中，沒什麼經驗的你幾乎對對方的種種要求聞後即允，很快與對方簽訂了合作協定。後來你在合約的執行過程中發覺，這個合約中，有許多條款對自己發展非常不利，如合約規定了產品由對方包銷，卻未明確規定產品價格和定價方式。而合作的結果也表明，你的投資最終不過是在為他人忙碌做嫁衣。

企業領導者在與對方談判簽約前，對簽訂合約的知識嚴重缺乏，談判經驗更是不足，在許多重要方面沒有明確界定下，是非難辯，導致企業領導者受對方誘使，帶著近乎理想化的念頭，簽訂了條款不嚴密的「不平等條約」。企業領導者為這種性質的合約進行投資，哪怕投入資金再多，也不過是吃啞巴虧，讓對方討便宜。

「知識和素養才是致富的基礎，沒有這個基礎，單靠運氣談判，投資是走不長的。」企業領導者要從自我開始，增強自身素養，加強對談判簽約條款等諸方面知識的了解，以所掌握的知識，在談判、簽約中爭取更多的主動

權，在堅持自身權益和必要的妥協之間尋求平衡，力保合約的公平性，使自己的投資獲得更多的報酬。同時，在項目談判、簽約方面，企業領導者應注意對方投入資金的合理性及所採取的投入方式。在合約制定上，推行「合約範本制」做法，切忌隨意變更，產生漏洞。

不願尋求投資合作夥伴

面對強大的生存壓力，你決定對公司未來發展所需的新技術進行投資，以全面推進產品的品質，這一決策預計將需要公司投資近億元。面對如此龐大的資金投入，有人提議採用「外援式」的合資，這樣可適當化解投資風險和壓力。然而，你對公司尋找合作夥伴有一種不信任心理，你擔心如果合作不成功，自己會被對方拖入艱難的泥沼。你認為當那些熱衷於合併、聯合的對手忙於協調生產、設備以及銷售之間的配合，以及使不同的企業文化相互相容時，你的公司卻因自我投資，跳過這些不適，變革自身的產品和升級自己的廠房，必能領先他人一步，占領市場。

合資可以使企業競爭力極大增強，使弱小企業在未來的市場中站穩腳步。如果企業領導者執迷不悟，執意不合作，只一味心急，想憑自己的力量發展壯大企業，而不願為自己找個投資搭檔，那麼最好做好承擔巨大風險的準備。實踐證明，如果企業領導者在巨大投資數額面前，在自身尚不具備抵禦強大投資風險能力的時候，執意拒絕外來投資合作，獨立投資，就會把自己引上絕路，直接導致企業跌入深淵，而你也就成為一個「孤獨求敗」的昔日英雄了。

合作是未來的發展趨勢，合作的直接結果是彼此差異縮小，共同發展。因此，面對龐大的投資，精明的企業領導者即使對自己的能力充滿自信，也不願讓自己的公司無謂的承擔巨大風險。為了化解巨額投資的風險，有經驗的公司總是特別謹慎的與「兄弟」公司達成合作的意向，以求風險共擔，成果共用，為投資的成功打下根基。畢竟，分享利潤總比承擔全盤皆輸的後果要好受得多。

盲目投資收購

歷數前任之功過，你發現並沒有太大建樹，於是上任後的你決定先燒三把火，讓上上下下刮目相看。為此，你寄希望於將公司從一個單一的生產型企業，轉變成供產銷一體化的大企業，為了盡快實現這一願望，你採用了大肆收購相關企業這一最簡單、最直接的方法。而且在收購前，對每個企業前後只花了不到兩個星期的調查便匆匆決定投資收購。然而，後來的事實證明，你在這一收購投資計畫中，做了許多賠本生意。

風險始終與報酬共存。應該說你的這一投資決定並無大錯。關鍵在於，你在處理如此大規模的收購行動時，顯得過於草率和盲目，提高了自身對收購來的企業的消化過程。這不但加重了企業的負債負擔，而且，由於投資收購速度過快，很容易造成企業資金和管理上的失控，從而使公司的市場份額急劇萎縮，給企業帶來重大損失。

實踐證明，收購不但是企業低成本擴張的重要方法，也是企業無需花費太多的時間即可控股或擁有現成的企業、品牌及其行銷網路的重要手段。實踐證明，如果企業領導者能買到條件適當的公司，可使企業在相對較短的時間內獲得豐厚的報酬。然而，這遠非在企業領導者粗略的調查基礎上就可完成的，它需要企業領導者對市場及所收購企業進行精心的分析，對收購的投入、報酬的多少以及報酬時間的長短有個正確的判斷。

投資思維誤解

相信金錢操縱市場

在同產業中獨占鰲頭的你，一直讓人刮目相看。看著那令人羨慕的豐裕的企業「小金庫」，你不禁自以為是起來。你認為：我有錢，只要我捨得投資，即使再不被看好的專案，我也能讓它產生利潤。「有錢能使鬼推磨」，為表明自己的觀點正確，你力排眾議，收購了一家不被任何人看好的瀕臨破產

的企業，並對它進行空前的資金投入，從「根」開始，對該企業的設備、廠房、生產線自動化程度進行全面升級，同時加強廣告宣傳力度。但是消費者對你生產的過時的「新」產品反應十分平淡，儘管你又投鉅資加強產品促銷，市場占有率仍遲遲上不去，你投資失敗的訊號出現了。

　　過度迷信金錢的力量，投資沒有商業意義的專案，是企業領導者在投資中所犯的一個非常愚蠢而又重大的錯誤。金錢並不是萬能的，它並不能操縱市場的運轉方向，更不能讓不好的商業機遇變成好的。企業領導者如果執意用金錢的力量試圖去改變一個項目的價值，違背市場運行規律進行投資，必遭失敗的打擊。

　　企業領導者不要過度迷信金錢功能，當然，也不要全盤否定金錢在投資中的作用。因為投資本身就是企業領導者對金錢的一種操作方式。而應該予以辯明的是，這種作用絕不包括能夠改變所投資機遇的實質。所以，企業領導者在投資中，千萬不要亂打「黃金」的算盤，以期望自己的投資如意、萬通。

過度依賴股評的投資

　　傾心股票的你，在將企業努力經營了一番後，終於有了充足的資金讓自己投資。為了不過於盲目，並讓自己有更多的投資理由，在投資前，你專門請來幾位分析師，讓他們對所要購進的股票進行股票評估分析，結果是形勢大好，你心安理得的積極投資購進該股。心想：這回總可以高枕無憂的從中獲利了吧。然而，在操作過程中，你很快發現，冷酷的股市輕而易舉的就無情摧毀了你的發財夢想。

　　實際而言，股評存在著巨大的偏差，企業領導者由此獲得的保證只到某個程度，過了這個限度，就必須為保護自己操心了。可見，如果你過度依賴股評進行投資，其投資走向出現誤差在所難免。如果你還幻想自己可以依賴股評讓投資獲利，而且相信一定會獲利，那時，只有乞求運氣的幫助了。

　　首先，股評並非投資的標竿。企業領導者應該對股評持懷疑態度，千

萬不能過分依賴分析師的分析，必須先對他們的言論大大打個折扣，然後再一一追蹤那些分析師們過去的表現，挑出少數信譽較高的分析師的話，客觀採納，排除其他分析師的胡言亂語，盡量減少因股評的偏差所帶來的投資失誤。

過於相信專家能力，缺乏有效監管機制

一天，你決定到某城市開發一新市場，於是，你從公司裡精心挑選出幾位「行家」，派到該城市。在那裡，行家們用老城市的成功辦法投資，操作運行，結果出力不討好，市場反應極為冷淡。當有人向自認為可高枕無憂的你彙報時，你答道：「萬事起頭難。他們都是專家，不用擔心什麼，應該相信他們。」因此，儘管長時間以來投資不見效益，耐心的你對專家的能力仍深信不疑。而且表示為信任，你使他們處在財務監管的真空中，對他們的要求有求必應，頻頻向那個城市輸資金。就在你滿懷希望等候專家的好消息時，這幾位專家卻因再也無法支撐，打道回「府」了。而你的所有投資，沒有帶回一分一毫的報酬。

專家不是萬能的。企業領導者對所謂專家的能力過於信任，對其資金運用甚至沒有一套監管措施，是投資失敗的直接原因。從某種意義上說，企業領導者對專家在投資中的作用定位不夠準確，在專家運行的投資遲遲不生效時，仍因他們是專家，有驚無恐，睜隻眼閉隻眼，是投資失敗的關鍵，無疑也是要不得的。

企業領導者要想在一個陌生區域開發新產品新領域，在投資前，首先，必須有一套適合當地情況的投資經營理念，萬萬不能僅僅依靠幾個所謂「行家」，草率行之。另外，企業領導者不要過度迷信專家的能力，正確看待他們，給他們適當的位置，適當的權力，使他們在投資中有效發揮其應有的作用，增大投資的成功率。

無視投資公司管理階層的重大變動

　　你在企業經營狀況暫時不佳的情況下，決定選擇投資股市。可當你正要投資買進自己千挑萬選的某企業的上市股票時，市場上突然傳來該企業的最高管理者因病辭職，而由一位年紀尚輕的管理者接任的消息。這時，你的下屬紛紛勸阻你且停一停再投資，看看新領導的經營走向，該企業的運行狀況是否有大的改變，及營運利潤如何後再說。可你卻執意不聽，仍按原計畫投資買下該企業的股票。在你看來，企業管理階層是否變動，與該企業的股票毫無關係。

　　任何企業都是在人的智慧操縱下發展壯大起來的。企業領導者在明知所投資股票的公司管理階層發生了重大變動時，不僅不審時度勢，靜觀其變；反而無視這一變動對企業本身和股價的影響，執意盲目投資，實在是糟糕透頂而有危險性極高的做法。事實證明，如此情況下的股價反應「十分病態」，這時投資，能賺錢是你的運氣，不能賺錢則是意料之中的事。

　　當投資公司的管理階層發生重大變動時，企業領導者最好能讓自己的投資暫時止步或轉移方向，靜觀其變，清醒的窺視新領導者的一切舉措，正確掌握他的決策方向。萬不可盲目固執的投資。因為後來者一旦沒有善策，將很可能使該公司利潤下滑，它的股價無疑也會隨之下跌。這時你若投資了，績效必然不敢談及。如果你已然買進，即必須定期核查手上的股票，時刻關注有關該公司的新業績是否符合自己的預期，萬不可只以企業的昨天進行衡量，「此一時非彼一時」。

對投資專案認識不足

　　這是一種生產高檔耐用消費品的項目，市場前景非常看好，你決定對這種消費品進行投資，雖然這需要一筆非常大的資金，但你仍然堅持下來了。最後，新產品一上市，就出現了空前的銷售高峰期，短短一天內定貨量就突破了近百萬元，可惜好景不長，不久，這種產品的市場銷售量就急劇下滑，無論你再怎麼宣傳促銷，銷售業績依舊平平，你從該項目中的獲益與多投鉅資數目的差距，依然很大。

一般來說，如果所投資產品屬於高級耐用型，那麼它的更新替換的週期無疑相對拉長，很容易達到市場飽和的界限；而一旦達到基本飽和，市場需求通常就不再上升，而會趨於下降。企業領導者在制定投資方案，預測投資與盈利的比例時，如果對這一點認識不足，估計有誤，那對投資「盈利」這點連想都別想，你一定會失敗，而且可能敗得很慘。

事實證明，投資專案產品的社會擁有量及產品的耐用程度，對投資專案收支平衡有著重大的影響力。在確定投資之前，企業領導者必須對投資專案產品已經達到的社會擁有量，以及產品何時達到消費飽和程度，掌握準確的基本資料，以分析自身在這一動態環境中所處的地位，弄清自己在市場上究竟可能占到多大的供給份額，以此為依據確定投資的規模，盡可能使投資專案收支平衡。

輕易放棄投資對象

經過嚴格調查、慎重考慮的你，終於選準了投資項目，躊躇滿志的著手興建。前期，一切程序都按你的既定目標進展得十分順利。然而，市場疲軟擊碎了你的夢想。你心急如焚，但又不知所措，就像握著一個定時炸彈，一心急於脫手。當你以最底價格將其轉手後，不禁暗自慶幸了好一陣兒。不久，極富戲劇性的一幕出現了，接受你眼裡「炸彈」的那一位，根據市場調查及分析做出來一系列調整後，該專案竟奇蹟般的盈利了。對此，你後悔不已。

面對商業浪潮中的驚濤駭浪，就驚慌失措，變得毫無理智，不具備接受挑戰和處變不驚的心理素養。這一缺陷使你當一個很有前景的專案只是遇到一點挫折，就在不做任何調整的情況下，急於將專案轉手，用這種畏懼困難、迴避風險的做法解決問題，等待你的只能是失敗。

沒有誰的投資之路是一帆風順的。當你在考察專案，做出科學論證之時，就應該考慮到各種不利因素和極有可能出現的險境，並在發現不利情況時，認真分析，及時調整計畫，制定出合理的應付措施，盡最大努力挽回敗局。而且，也只有具備了極強的抗風險能力，你的投資才不會付之東流。

高估自己承擔風險的能力

你在屢屢創造市場奇蹟後，終於成為所從事產業的龍頭老大。並不滿足的你，很快又準備進行下一個專案的開發。但這個開發專案剛一提出，即遭到很多人的反對。他們都認為這個專案規模過於龐大，風險過高。然而，固執的你不顧眾人勸阻，抽資金開始了該專案的運作。因為，你始終很自信的認為，即使投資出現失誤，損失也大概在一百萬元左右，自己完全可以承擔得了這一投資風險。可是不久，你便發現自己承擔風險的能力並非所想像的那麼高。而此時你已被這一專案拖入了資金危機的陷阱，為了彌補即將告罄的庫存資金，你不得不四處借債，陷入了債務的圈套裡。

高估自己的力量，不能夠真正認識自身實力是導致投資失誤的關鍵之所在。在這裡，企業領導者看到的強大，是過度膨脹的強大，並非真正的強大。這就使得企業領導者在投資之後，很快在許許多多個接踵而至的「萬萬沒想到」面前，因虛假的「強大」而疲於應付，最終掉入自己精心編織的那張錯綜複雜的網裡，在債務的窘境中苦苦掙扎。對於這一投資失敗，起決定性作用的企業領導者應負有直接的責任。

首先，企業領導者對自身的實力應做詳細的分析，正確的估計，確保實力計算結果的準確性，不要盲目大約的計算了之。另外，即使企業的經濟實力很雄厚，也應盡可能的使專案投資的風險，保持在自己可控制的範圍之內，千萬不要讓它過於接近甚至超出你的可操作的經濟實力範圍，避免專案投資與企業領導者之間發生錯位，使項目投資的風險反「客」為主。

情緒化的投資策略

近年來，你連續投資的幾個新專案，均不幸因各種各樣的緣故流產了。一系列的投資悲劇難免使你遭受到周圍人奚落的言論和懷疑的目光，這讓你深感自尊心大受傷害，也更激起了你的豪情鬥志。這時，下屬又呈進了一個市場調查後的投資潛機，輸急了的你連看都不細看，更別說什麼客觀評估

了。當即連聲的說：「投！投！我就不信這次還能不成功！」可是你實在太不幸了，市場很快又讓你的這次投資流產了，分文無回。為此，你的精神幾近崩潰的邊緣。

不恐懼失敗，不因失敗而退縮固然是好事。但企業領導者因無法忍受屢屢投資失敗的不光彩歷史的壓力，走至過度釋放自我，不約束自身的極端，帶著情緒制定的投資決策，運行起來必輸無疑。因為，受情緒引導的所有投資決策無不被錯誤所俘虜。而且，情緒化投資決策，常常讓企業領導者都到投資的盡頭時，還無法理解自己不知所云的投資決策。

情緒化投資是極大的策略缺陷。要想不受這一缺陷的制約，企業領導者應該先學習心理學，特別是有關投資方面的，他會告訴你究竟怎樣才能有效避免情緒化的投資決策。其實，企業領導者在任何情況下投資時，必須用清醒的頭腦，冷靜的思索和看待市場，及時調查和分析實際中種種不可預計的問題，只有這樣，才能制定出確實可行的投資策略，才能不讓自己的情緒誤導了投資走向。

過度顧慮投資報酬

你所經營的企業一直擁有相對穩定的一塊市場。這時，有人向你推薦一項新科技，這一新技術將使你的產品在性能方面遠遠超出對手。然而，這項研究並非十全十美，存在一定的缺陷，因而你對該產品的市場前景頗有些擔憂：這筆未來投資是不是有點大？要是賺不回來怎麼辦？如果消費者不接受，未來市場尚不如現在產品看好，那豈不是白辛苦一場？你長久的思來掂去遲遲不能下決心。直至有一天，你突然發現，原來屬於自己的顧客正紛紛轉向另一廠生產的含有這項科技的同類產品，這時，為了能保住剩下的消費群體，你不得不回過頭來投資生產這一產品。但毫無疑問，你此時已失去了這一大好的投資機遇。

機遇是轉瞬即逝的。企業領導者面對大好機遇，因太注重追求眼前一時的利益，過多的顧慮投資報酬，被投資風險所嚇倒，未能好好把握，無疑是

十分愚蠢和可惜的。因為，投資本身就是一種冒險行為。而當你看到「肥水」肥了對手的市場，才幡然醒悟忙於投資，這時的投資只能是力求自保的無奈之舉，失去了投資的根本意義，毫無發展可言。

機遇是企業發展壯大、走向成功的跳板。誠然，現實中機會有真假，機會的本質有優劣，這關鍵需要企業領導者在對眼前的機遇進行一番精心的反覆的比較和確認後，能慧眼識清真面目，一旦認可了這一機遇對企業未來發展的作用，企業領導者就不要再優柔寡斷，顧慮太多，「該出手時就出手」，「機不可失」，「時不再來」。

完全相信公司管理層最直接的訊息

當你決定投資買進某公司的上市股票時，經市場調查回饋回來的毀譽參半的消息，則讓你甚感不安，猶豫不決。當你剛打算轉移投資目標時，你從一隱密管道得到了該公司董事長在內部會議上，駁斥市場上利潤下滑的傳言是「無稽之談」，並毅然宣稱：「我們深信自己有資源和能力，使公司恢復獲利」等等的講話。聞後，重燃投資信心的你，立即買進了該公司股票。但市場很快就證實了那些傳言並非無稽之談。

你所得到的雖然是該公司管理階層最直接的資訊，但是，最直接不見得最可靠。有些時候，事件的發展令該公司管理者本人都大吃一驚。有時，那些聽起來合情合理的解釋，其實只在掩人耳目而已。更有甚者，他們根本不敢面對現實，他們所說看到的起死回生的跡象，也許只是公司倒閉前的「迴光返照」罷了。如果企業領導者要根據這些不可靠的資訊決定是否投資，錯了就該怪你自己了。

企業領導者在投資前，對從該企業管理者得到的該企業前景，一定要抱有懷疑態度。不要輕易接受。請記住，這些管理者很可能在自欺欺人。當然，這些訊息也有它一定的價值。假如你有過人的智慧，能從監聽到的管理者談話中，區分出什麼是正確的評估，什麼只是自欺欺人的說辭，那你就能從中找出即將東山再起的失寵公司，同時放空即將急轉直下的熱門公司股票。

合作夥伴選擇不當

你經營的是一家剛剛起步發展的企業，為加速企業發展速度，你想開發一個新專案。但因自身實力不足，便決定尋找一個合作夥伴，共同開展這一專案。找來找去，費盡九牛二虎之力，你竟然找到一家願意出資一百萬元的企業。大喜過望的你，合資心切，對該企業的基本情況只膚淺了解了一下，便草率的簽下了合約。簽約後半年多，你與合作夥伴在合約運行上很不合拍。你為加快專案開發速度，總將資金按約到位，而合作夥伴因對專案重視度不夠，一百萬元的投資，能拖就拖。結果，使得專案開發速度銳減，失去了搶占第一市場的大好機會。

企業領導者因急於發展企業，在以為覓求到最佳合作夥伴時，合作心切，對合作方的經營信譽、資金實力等所進行的多方面的可行性調查和綜合比較分析上過於馬虎草率，在一定程度上簡化調查過程，使考察流於形式，導致合作夥伴選擇不當。從而為自己的投資埋下「危險」的伏筆。

企業領導者在認為找到合適的合作夥伴之後，在合作合資前，為保投資不失誤，還必須對合作夥伴進行多方面調查，如合作夥伴的品行、經營能力、資金狀況、經營狀況等等諸多方面，逐一進行細緻的可行性調查和綜合分析。在合約談判時，企業領導者還要著重強調清楚合作夥伴資金的到帳期。這樣才能力保減少發展合作專案時，因合作方策略方向或投資興趣發生變化，使企業領導者自身資金投入白白流失的風險，提高合作成功率，取得最後的勝利。

誤入「最後一個牛市」的歧途

你一直徘徊在股市之外。近年底時，股市上突然傳出許多什麼年度之內「最後一個牛市」、「最後一個投資機會」之類的言論，讓你很受鼓動，認為這回肯定是一個大好的投資機遇。「機不可失，失不再來」，你立馬從企業抽調出一筆不菲的資金，一手拋入股市。結果，牛市不「牛」，看錯市場的你，

對誤踩上的股市地雷，走避不及，「炸」得遍體鱗傷。投資股市的所謂「最後投資機遇」的資金也隨之灰飛煙滅。

事實上，「機會」這個名詞在投資市場，永遠存在，永遠都不會是「最後一次」。企業領導者在對股市失之調查的情況下，受一個個所謂「最後」言論的蠱惑，失去理智的認為隱伏著暴跌的噩夢是千載難逢的投資機會，為了把握這個「最後」機會，企業領導者付出了自己辛苦經營的一筆又一筆利潤，這代價無疑的沉痛甚至是毀滅性的。

當投資市場上漲起一種熱潮，形勢混亂時，企業領導者最好的應對策略就是靜觀，而不要盲目的如蛾撲火般飛身投入。這也是正確辨析「最後」機會真與假的有效手段。如果真的是機會來臨，錯失了，對你實際無損；如果不是機會，而是危機，你的冷靜、謹慎的不投入，失去的不是賺錢的「機會」，而是避免了一場投資噩夢。另有話說，「忍」是企業領導者投資股市時的生存之道。如果你能讓自己成為市場種種誘惑的「柳下惠」，靜觀其變，就一定能「忍」到真正投資實際的來臨。

急於獲取報酬

你看到別人因生產某產品把錢都賺翻了，不由得心動萬分，籌集了大筆資金投資。就在即將投產之時，手下一技術員向你諫言道：「經理，如果您能將開工時間推遲四個月，我們就能調裝上一種世界先進的高科技設備，生產的產品也會比現在暢銷很多……」聞後，你近乎心痛的言道：「四個月？四個月的等待意味著什麼？你知道嗎？那可是上百萬元的利潤呀。別說了，馬上開工！」

企業領導者在投資過程中，受利益的驅動，只看眼前，忽視長遠，採取急功近利的唯金錢論的短期行為，這雖能使企業投資一時得利，但卻丟失了企業長遠發展的後勁，使企業很難長久有效的發展自身，哪裡再去尋覓強大的競爭力？換言之，企業領導者狹隘的效益觀念以及急切追求經濟利益的心情，必使投資的社會效益降低，失去發展的機遇和能力。

任何一項投資利益的獲得都需要一個過程。企業領導者要想克服投資中急功近利的思想，避免殺雞取卵、竭澤而漁的短期獲利行為，首先要制定詳細的投資發展計畫，爭取高起點，在經濟上和技術上保持投資的先進性和長久性。計算企業的效益不要金錢至上，應經濟效益和社會效益相結合，從結合角度進行效益分析，不斷提高企業整體效益和長遠效益，讓你的投資真正獲益。

只求名不求實的「名牌」投資

深深懂得名牌在企業生存發展中重要作用的你，決定用提高品牌的知名度，以加強產品在市場上的競爭力。但你知道創立一個名牌絕非易事，它甚至需要幾年、幾十年的時間，急火攻心的你，為如何縮短名牌創立的時距費盡心機，百思終有其解，你找到了一條創名牌的捷徑：在創名牌過程中，你不顧自身產品的實際情況，不惜花費巨額資金購買「國際金獎」、「全國大賽」等響亮的榮譽稱號，大興各種類型的評優活動，藉此大造聲勢，「我是名牌！」「我已成為了名牌！」

企業領導者在看到了商標、特別是品派在企業生存發展中的重要作用後，在創名牌過程中不是重視提高自身產品的內在品質，而是不惜付出大量財力、物力、精力，企圖走捷徑，單以利益為導向，用金錢買來「名牌」，結果，不僅貶低了名牌的價值，欺騙了消費者，而且，這種無價值的投資也加重了企業的負擔，畢竟「名不副實」的感覺並不好受，金錢換來的「虛假名牌」，後果亦無美好可言。

企業領導者切記：在投資創名牌過程無有捷徑可走。你若想創立自己的品牌，提高產品知名度，必須捨得大筆投資創名牌的同時，狠練內功，從抓自身產品的內在品質做起。在品質的基礎上，投資宣傳自我，讓世人評價自我，以質求名，以真實的產品求得真實的名牌，這才是成功者之所為，是投資創名牌、保名牌的根本之所在，是投資創名牌的「捷徑」。

投資過於單一

這確確實實是一個非常好的發展項目。面對如此好的發展機遇，自信「風險與利益並存」的你，儘管對該項目成功與否並無十足把握，但仍力排眾議，傾其所有，勇敢的將一筆相當於公司全部資本的百分之九十的資金，統統、集中投入到這個人家人愛的項目中，並全力以赴的單純的經營這個項目。信心十足的你，相信一定能從這個投資項目中獲得巨額利潤。

你的投資過於單一。雖然單一的投資常常會給企業帶來較高的收益，但是，單一投資思維會導致風險過於集中的結果，將投資風險度最大化。只要發生一次風險損失，就可能使你多年累積起來的財富毀於一旦，導致公司損失慘重，瀕臨破產境地。具體一點講，投資過於單一，猶如把所有的雞蛋放在一個籃子裡，稍不留神，就會籃翻蛋破。這是，你除了投降或者尋找求助之外，沒有別的選擇。

「不要把所有的雞蛋放在一個籃子中。」作為一名企業領導者，你在進行投資決策時，如果對所投專案無十足把握，就不要把所有的投資押在某種投資工具上，而應盡可能的進行多角化投資思維，使企業保持多種投資經營，形成風險高低各不同 經營結構。因為，採用多種投資構成的投資組合，可大大減少單一投資所造成的企業風險。即使你的投資發生風險損失，企業也可以從其他投資專案收益中得到補償。

投資方法誤解

用品牌當作投資資本

你本是一家非常有名氣的企業，令人驕傲的是你有高素養的員工，先進的設備，產品品質已取得消費者信任，更可貴的是你有屬於自己的名牌。這時，有一小廠想與你聯營，他們負責生產，而你唯一的投資，就是你響噹噹的品牌。不用多說，這是一筆大賺特賺的聯營，你欣然應允，然而，聯營後

不久，你發現這一小廠所產產品品質無法得到保證，流入市場後，很快使你所投入牌子因產品品質低劣而臭名遠揚，成為劣質產品的代名詞。這也使你在市場競爭中，再難確保自己的地位和市場。

創造一個品牌需要企業領導者耗費很大的心血，而毫無疑問，一個好的品牌，可帶給企業無窮的發展後勁。企業領導者因貪圖一時之利潤，在別人忙於打假之時，將自己的品牌作為投資，與品質無法保證的廠家聯營，使產品品質一落千丈，從而斷送了品牌的大好前程。使企業「自縊」，無奈成為市場激烈角逐中的明日黃花。從個人角度上講，這也是企業領導者，目光短淺，缺乏長遠投資意識的又一見證。

品牌是一個企業所有經濟利益的出發點和源頭。企業領導者在發展前進的過程中，如果想讓自己的品牌永保青春，就要明確認識到品牌的價值，及其對一個企業長遠發展的意義，增強對已創品牌的維護意識，千萬莫要輕視品牌，將無價之寶的品牌當作有價之投資，事實證明，企業領導者的這一愚蠢之舉，是再危險不過的投資行為了。

堅持所謂「逆向投資」

你打算用企業的一筆盈餘資金投資買進某公司的上市股票，到股市中嘗嘗「鮮」。但下屬們及時請來幾位專家，在對該公司的具體情況進行了一番仔細分析後，均紛紛預測到該股票的熊市不久就要來臨，而且此時股市中亦有許多公司預測到這一點，正紛紛忙於拋出該公司股票。可是聽了這些分析後，不僅沒有阻止你的投資想法，反而更堅定你的投資信念，一錘定音的宣稱：「就投資買進這家公司的股票。」對眾人驚訝的表情和種種反對的意見和建議，視而不見，充耳不聞。

企業領導者堅持採取逆向投資，完全不顧市場行情。事實證明，沒有人能找到萬無一失的方法，確保其他每個人左轉彎時，自己右轉沒問題。所以，面對市場都不看好的股票，當絕大部分人反對的時候，背道而馳無益於事，你若執意認為與眾人皆醉你獨醒，投資買進，只不過是讓自己扮演了與

市場作對的唐吉訶德而已。

在投資這個領域，保持謙卑之心可以說是比較可靠的態度。如果你自知判斷與市場走勢正相反，你的投資策略正與一般投資者的預期唱反調時，最好能趕快修改你的投資策略。另外，雖然逆向投資策略有些觀點還是較管用的，而且，能在群眾樂昏頭或垂頭喪氣之際仍保持理性，很能滿足自我。但你是否認為自己有足夠的聰明和經濟實力與市場唱反調呢？畢竟，逆向投資策略在可能帶給你擊敗市場希望的時候，它將更多地帶給你徹徹底底的失敗。

跌入自炒股票的陷阱

看著企業的經營狀況每況愈下，你為了維持企業的正常運行絞盡腦汁，決定以壟斷的方式買進自家公司一直不被看好的股票，以此造成銷售火熱的假象。待公司股票價格在市場上回升之時，再把所買進的股票賣出，大發營業外之財，彌補企業經濟空缺。可是，當你投盡手中所有現金購回自家股票後，市場颶風驟然襲來，原來就舉步維艱的企業很快露出風燭殘年的原形，你精心製造的泡沫繁榮很快被股民識破，公司的股票不僅沒有上漲反而落了又落。「偷雞不成蝕把米」的你，手握大批自家的低價股票拋不出去，提前跨進了破產的大門。

企業領導者在企業經營危難之際，不去從實際出發，想方設法解決困難，帶領企業走出困境，反而企圖涉足險境，用僅餘的現金參與股票市場，為自身創造一種泡沫繁榮的假象，炒高公司的股價，賺取大筆利潤。但是，泡沫畢竟是泡沫，它經不起任何的考驗。最終，企業領導者這一失招的投資，把自己結結實實的賠進去，使企業提前破產。

任何時候，企業領導者都必須懂得保護自己的餘力。特別是在沒有雄厚強大的經濟實力作後盾的情況下，企業領導者最好不要拿自己的「最後一口氣」到股票市場投資一搏。否則，你的「拚命三郎」似的股市一遊，將會使自己跌入「自吃自」的投資陷阱，落入「玩火自焚」的痛苦境地。

被市場調查欺騙的投資

一個中層員工告訴你，他發現大部分消費者在購買一種用特殊瓶子所裝的同類產品。但你對此根本不理睬。因為這種特殊的瓶子所裝的同類產品根本不在你的市場調查的範圍之內，因此沒有任何價值可言。而是根據那些各種調查結論決定生產和銷售的投資。殊不料，投資後的產品剛投放市場，你就被打得頭暈眼花，原來的市場已被這種特殊瓶裝的同類產品所占領。無奈之下，你不得不費盡九牛二虎之力去重新改裝自己，以求能奪回市場。

市場調查結果不是進行投資決策的真理。市場調查只能表現消費者今天的喜愛和厭惡，不會顯示他們明天的偏好。在這種情況下，常規的市場調查常因一天之差而毫無用處或錯誤引導。所以市場調查常帶有一定的個人傾向，以此來決定重大投資決策的做法是危險的、不準確和不可靠的。市場調查實際對投資決策的意義就好比電線桿。企業領導者若過於相信市場調查，使投資決策失去正確的準心，搞不好會使企業走進深淵。

對企業領導者來說，市場調查有一定的價值，但它只能是暫時的，所以，市場調查只不過是企業領導者投資時手中的一種工具，只能起著一定的輔助作用，絕不能代替決策。企業領導者做投資決策時，不要把注意力過多的放在市場調查上，盯住不放，不要過分依賴市場調查結果。事實證明，市場調查對投資決策的制定雖有一定的作用，但從未有一項好的投資決策是以此確立，精明的企業領導者都不會根據市場調查來決定投資開發的產品。

沒有保護的投資

在制定一項投資決策時，你認為在準確預測市場的漲跌規律和擁有詳實材料的堅實基礎上制定的投資決策是完美無缺的，盈利肯定沒問題，根本不需要做什麼「避險動作」。鑒於這一思想你制定了一項近乎完美的投資決策。然而，該決策上路不久，你自身經濟收益因市場風向突變急劇下滑，雪上加霜的是，銀行拒絕貸款給你。始料未及的「經濟危機」，讓準備不足的你手足

無措，雖百般努力卻始終無法籌集到所需的資金，為減少投資虧損，你無奈將大好的投資專案轉嫁於他人。

企業領導者的投資決策能不能成功，很關鍵的一點在於是否加強投資決策的風險抵禦能力。不增強投資的保護措施無疑提高了企業領導者的投資風險，容易使投資決策中途夭折。事實證明，企業領導者在制定投資決策時，如果缺乏完善防範風險機制，沒有做好相應的避險動作。那麼，企業領導者的投資舉動，就等於玩弄一把子彈已經上膛的手槍一樣危險！

任何一個成功投資決策的實現，背後都有一套防範風險機制。在制定投資決策之時，企業領導者要對投資的風險進行充分的估計和研究，最好能制定一整套科學有效的防範機制，確實針對投資過程中會涉及到的政治、經濟、法律、文化等各種投資風險有效規避，在風險中投資，在風險中獲益。

投資時缺乏整體規劃

你費盡力氣跑遍所有資金源，籌到兩百萬元的啟動資金。無疑這筆錢數目有些少，但你自信產品能很快創造出效益，誰知，工廠剛剛建成，你手中的資金就幾乎悉數投盡，流動資金已所剩無幾。捉襟見肘的你，被迫引進了工藝比較落後的生產線，投產後，由於瑕疵品較多，且產品沒有特色，又無錢用於產品宣傳，產品嚴重滯銷。與某企業簽訂合作協定，也因無力完成對方要求的技術改造，合作事宜中途夭折。債務壓身的你，終因資金投盡缺乏流動資金無法發展而宣告破產。

一個企業，從建立到發展到成功，是一個密不可分的過程。企業領導者將其分開，單純視之，「吃了上頓，不管下頓」的錯誤投資思想，是導致企業領導者有錢建廠，無錢發展，最終讓所有投資失敗的主要原因。換句話說，投資項目操作過程中，正是企業領導者對投資資金運作的失誤，才給企業帶來了滅頂之災。

不要把「沒有特色就是最大特色」當成你投資經營的至理名言。本身作為一個遲來的人，要想讓自己的投資能夠在陌生的港口成功靠岸，千萬莫照

搬他人的經驗。而應拿來作為借鑑，取其精華，在此基礎上，加之自身的努力進行創新、改造，將產品做出自己的特色，這是勝出先行者一籌，讓「後來」的你投資取得實際效益的關鍵之關鍵，也是讓你的產品引起消費者足夠注意的唯一法寶。

掉進淨現值陷阱

你是一位訓練有素的企業領導者。在決定上馬一項新專案之前，你首先經過一番詳細的市場調查，然後運用「淨現值法」所言：如果項目淨現值大於零，那麼決策者就應該進行該專案的長期投資。依此，對「淨現值法」深信不疑的你大手筆的將鉅款投入，卻沒有想到，一年後，市場運行方面發生一些改變，不能調轉投資船頭的你，所有支出均沉沒於市場的大海中，有去無回。對此，深感不解的你撕心裂肺的大喊道：「我精心計算過，怎麼會這樣呢？」

身為企業領導者，在理論上只看眼前的效益計算結果，卻忽視了淨現值法本身的不確定性的曲線，是投資決策失敗的致命所在。所以說，如果企業領導者在制定投資決策時，教條式的運用淨現值法，必然會跌進淨現值法的「陷阱」，做出不符合現實的投資決策，最終導致企業投資者作法自斃。

淨現值法是進行長期投資決策分析的基本方法。新的市場環境中，企業領導者在進行長期投資的決策分析時，不能以是否淨現值為正這一標準為基準，而是看淨現值是否超過設定的某一標準。要建立更為複雜和有效的決策分析模型，更多的考慮到淨現值的不確定性，針對淨現值所存在的這些缺陷，採取相應的措施。

投資時先選股票，再選產業

進入股市後，你一眼看中了 A 股票正在暴漲的大好行情，為抓住良機，你毫不猶豫的將資金完全投入購進大批的 A 股票。投入後，你才對發行 A 股票公司的產業進行詳細的調查分析，對其未來的經濟形式做了一番精心的比

較，結果發現，你所投資的產業，前景潛伏著危機，而且即將爆發。連連驚呼「上當」的你，為從「火山口」脫身，趕緊四處找門路，大賣特賣自己購得產業的數百萬龍頭股。此舉未近尾聲，「火山」就爆發了，為此，你的投資遭受了不大不小的損失。

企業領導者在投資之前，僅憑自己對股市的主觀臆斷，過於盲目，在尚未判斷出未來的經濟形勢對哪些產業比較有利時，就大手筆的投入資金，終將使投資因缺乏科學這一指示燈，走入「不幸」的股市漩渦。可見，在對所投資產業的未來不可知時，通常很難做出正確的判斷。

企業領導者要想確保自己的股票投資不受損失，或盡量減少損失程度。在選擇所投資的股票之前，必須要先選產業，選定產業後，再確定是否投資該產業的龍頭股。這也是企業領導者行走股市時，首先必須謹記的一則投資原則。只有這樣，才能搭上投資的順風車，否則，只有在股市逆流中為投資的損失疲於奔命了。

照搬他人經驗投資

看著某產品在市場上掀起的一次又一次銷售高潮，你再也坐不住了，決心也插手撈它一把。但是，你根本未涉足過這一產業，現在所經營的企業產品與這一產品完全是風馬牛不相及，所以，你對如何起動生產這一種熱銷的產品，如何開展經營等諸多細節，腦子裡一片空白。最後，你思來慮去，想出了一個不是辦法的絕妙主意，「完全照搬該產品生產廠家的生產經營經驗投資」；結果，你投盡了資金，卻屢不見成效。

企業領導者要想在激烈市場中謀一分利益本已不易，若要想照搬他人經驗進行投資，而「獲利滾滾」更是難上加難，也是完全行不通的。在企業領導者試圖進入這一熱銷產品領域之前，先行者毫無疑問早已建立了穩固的市場，而且，為增加自身競爭力，先行者必然在穩固的基礎上抬高了「暢銷」的門檻。這時，如果遲來的你還企圖以照搬先行發展的經驗投資，以同樣的產品採用同樣的方式去敲開市場的大門，無疑是白費心機。你的投資也將成

為一廂情願的付出。因為市場是不會回報你這種思維懶惰得連經營生產方案都照搬他人的投資者的。

企業需要現金以求生存。企業領導者要想擴大生產規模，發展自我而決定開發新項目，特別是耗資巨大的專案時，不論你對銀行界觀感如何，不論你自身的財力有多大，生意有多興旺，都不要輕易放棄銀行的幫助，反而要盡可能爭取，但也同時切記，絕對不要借超過你所能償還的數目。

從負人到富人
最努力工作的人，絕對不是最有錢的人

作　　者：楊仕昇，王岩 著

發 行 人：黃振庭

出 版 者：清文華泉事業有限公司

發 行 者：清文華泉事業有限公司

E-mail：sonbookservice@gmail.com

粉 絲 頁：https://www.facebook.com/
　　　　　sonbookss/

網　　址：https://sonbook.net/

地　　址：台北市中正區重慶南路一段六十一號八
　　　　　樓 815 室

Rm. 815, 8F., No.61, Sec. 1, Chongqing S. Rd.,
Zhongzheng Dist., Taipei City 100, Taiwan (R.O.C)

電　　話：(02)2370-3310

傳　　真：(02) 2388-1990

總 經 銷：紅螞蟻圖書有限公司

地　　址：台北市內湖區舊宗路二段 121 巷 19 號

電　　話：02-2795-3656

傳　　真：02-2795-4100

印　　刷：京峯彩色印刷有限公司（京峰數位）

國家圖書館出版品預行編目資料

從負人到富人：最努力工作的人，
絕對不是最有錢的人 / 楊仕昇，王
岩 著 . -- 第一版 . -- 臺北市：崧燁
文化發行, 2020.7
　　面；　公分
POD 版
ISBN 978-986-5552-43-5(平裝)

1. 成功法 2. 財富
177.2　　109017101

官網

臉書

定　　價：420 元

發行日期：2020 年 11 月第一版

◎本書以 POD 印製